新编21世纪高等职业教育精品教材 · 公共基础课系列

U0462060

新时代高职生职业生涯规划

XINSHIDAI
GAOZHISHENG
ZHIYE SHENGYA
GUIHUA

主　编◎陶昌学　朱　彦　陈文俊

副主编◎刘建明　严学新　吕永明　曾　琴　周利平　周娅敏

参　编◎梅　欣　陈孝平　杨　鹏　陈瑶玲　徐　飒　李泽东
　　　　吕航亚　唐　玉　王淑华　董　博

中国人民大学出版社

· 北京 ·

图书在版编目（CIP）数据

新时代高职生职业生涯规划 / 陶昌学，朱彦，陈文俊主编. -- 北京：中国人民大学出版社，2023.8
新编 21 世纪高等职业教育精品教材. 公共基础课系列
ISBN 978-7-300-31970-4

Ⅰ.①新… Ⅱ.①陶… ②朱… ③陈… Ⅲ.①职业选择—高等职业教育—教材 Ⅳ.① G717.38

中国国家版本馆 CIP 数据核字（2023）第 135254 号

新编 21 世纪高等职业教育精品教材·公共基础课系列
新时代高职生职业生涯规划
主　编　陶昌学　朱　彦　陈文俊
副主编　刘建明　严学新　吕永明　曾　琴　周利平　周娅敏
参　编　梅　欣　陈孝平　杨　鹏　陈瑶玲　徐　飒　李泽东
　　　　吕航亚　唐　玉　王淑华　董　博
Xinshidai Gaozhisheng Zhiye Shengya Guihua

出版发行	中国人民大学出版社	
社　　址	北京中关村大街 31 号	**邮政编码**　100080
电　　话	010 - 62511242（总编室）	010 - 62511770（质管部）
	010 - 82501766（邮购部）	010 - 62514148（门市部）
	010 - 62515195（发行公司）	010 - 62515275（盗版举报）
网　　址	http:// www.crup.com.cn	
经　　销	新华书店	
印　　刷	北京七色印务有限公司	
开　　本	787 mm×1092 mm　1/16	**版　　次**　2023 年 8 月第 1 版
印　　张	16.25	**印　　次**　2023 年 8 月第 1 次印刷
字　　数	322 000	**定　　价**　41.80 元

版权所有　　侵权必究　　印装差错　　负责调换

党的二十大报告指出，"统筹职业教育、高等教育、继续教育协同创新，推进职普融通、产教融合、科教融汇，优化职业教育类型定位"，"科技是第一生产力、人才是第一资源、创新是第一动力"，"为党育人、为国育才"。报告内容体现了党和国家对职业教育的关心和重视。目前，我国已建成全世界规模最大的职业教育体系，中高职学校每年培养 1 000 万左右的高素质技术技能人才，为经济社会发展提供了源源不断的技术技能人才。

职业教育是为国家培养技术技能人才、促进就业创业、推动制造强国和服务中国式现代化建设不可替代的教育类型。这些年来，各级党委和政府认真贯彻党中央、国务院决策部署，大力推进职业教育发展取得显著成绩。各职业院校坚持以习近平新时代中国特色社会主义思想为指导，坚持为党育人、为国育才，落实立德树人的根本任务。

"凡事预则立，不预则废。"对高职生而言，做好自己的职业生涯规划是将来成功就业、创业的前提。大学阶段是人生的黄金时期，也是进行职业生涯规划的重要时期。在社会就业竞争日趋激烈的形势下，职业院校从学生入学起就开展职业生涯规划课程是具有重要意义和作用的。

《新时代高职生职业生涯规划》根据职业教育教学特点与规律，针对职业院校课程设置的实际情况，用科学规范的方法帮助高职生发掘潜能、发挥优势，以使高职生对未来的职业发展有清晰明确的认知，满足高职生从入学到就业全过程的职业生涯规划学习需要。全书设置了"学习目标""精选案例""知识拓展""体验活动""实训练习"等小栏目，形式活泼，既增强了教材的实用性、可读性，又拓宽了学生的知识面。本书共七章二十四节，具体编写分工如下：第一章、第二章由陶昌学编写；第三章由朱彦编写；第四章由陈文俊编写；第五章由刘建明、严学新编写；第六章由吕永明、曾琴编写；第七章由周利平、周娅敏编写；全书由陶昌学统稿。本书既可作为各类高职高专院校职业生涯规划课程的教材，也可作为从事大学生职业生涯规划工作的人员的培训用书及其他人员的自学参考书。

编者根据自身多年的教学和实践经验编写了本书，同时还借鉴了一些专家学者的观点，援引了一些教材内容和网络素材。在编写过程中，黄勇林教授给予了大力支持和指导。在此，谨向黄勇林教授及相关专家学者表示衷心的感谢。由于时间和能力所限，本书难免存在一些不足之处，恳请广大读者提出宝贵意见，也请专家学者批评指正，我们将不断改进，努力提高本书质量。

编者

2023 年 5 月

目 录

第一章 认识职业生涯规划

　　人的一生，大部分时间做着与职业相关的事情，因此职业成功是人生成功的关键，工作幸福是人生幸福的源泉。当今社会正处在大变革、大发展的时代，竞争无处不在，职业活动的竞争非常突出，如果想在激烈的竞争中脱颖而出，大学生就必须规划好自己的职业生涯。而认识职业生涯，是大学生提升自我、实现理想、实现生命价值的第一步。

1. 认识职业，理解职业的重要性，树立职业意识。
2. 了解职业生涯及职业生涯规划的概念。
3. 掌握职业生涯规划的基本原则及步骤。
4. 熟悉职业生涯规划的指导理论。

第一节 大学生职业意识的树立

一、认识职业

（一）职业的概念

职业是一种社会劳动岗位，是人们从事的相对稳定的、有收入的、分专门类别的社会劳动，是个人社会地位的一般性表现，也是一个人的权利、义务和职责的体现。

我们可以通过以下几个方面来理解职业。

（1）并不是任何工作都能成为职业，某项工作只有变得足够重要、足够丰富，以至能吸引劳动者长期稳定地投入其中时才能够成为职业。并且，劳动者从事这项工作时还能够获得合理的劳动报酬，满足劳动者的物质需求。

（2）职业是劳动者获得的一种社会角色，劳动者必须按照社会结构中这一社会角色规定的规范去行事。

（3）职业为劳动者提供了一个体现个人价值的机会。

（二）职业的分类

职业分类是指采用一定的标准和方法，依据一定的分类原则，对从业人员所从事的各种专门化的社会职业所进行的全面、系统的划分。2022 年新修订的《中华人民共和国职业分类大典》包括大类 8 个、中类 79 个、小类 449 个、细类（职业）1 636 个。与2015 年版大典相比，增加了法律事务及辅助人员等 4 个中类，数字技术工程技术人员等 15 个小类，碳汇计量评估师等 155 个职业。

8 个大类的具体内容如表 1–1 所示。

表 1–1　《中华人民共和国职业分类大典》（2022 年版）

大类类别	大类名称	中类个数	中类名称
第一大类	国家机关、党群组织、企业、事业单位负责人	6 个	①中国共产党机关负责人　②国家机关负责人　③民主党派和工商联负责人　④人民团体和群众团体、社会组织及其他成员组织负责人　⑤基层群众自治组织负责人　⑥企事业单位负责人
第二大类	专业技术人员	11 个	①科学研究人员　②工程技术人员　③农业技术人员　④飞机和船舶技术人员　⑤卫生专业技术人员　⑥经济和金融专业人员　⑦监察、法律、社会和宗教专业人员　⑧教学人员　⑨文学艺术、体育专业人员　⑩新闻出版、文化专业人员　⑪其他专业技术人员
第三大类	办事人员和有关人员	4 个	①行政办事及辅助人员　②安全和消防及辅助人员　③法律事务及辅助人员　④其他办事人员和有关人员
第四大类	社会生产服务和生活服务人员	15 个	①批发与零售服务人员　②交通运输、仓储和邮政业服务人员　③住宿和餐饮服务人员　④信息传输、软件和信息技术服务人员　⑤金融服务人员　⑥房地产服务人员　⑦租赁和商务服务人员　⑧技术辅助服务人员　⑨水利、环境和公共设施管理服务人员　⑩居民服务人员　⑪电力、燃气及水供应服务人员　⑫修理及制作服务人员　⑬文化和教育服务人员　⑭健康、体育和休闲服务人员　⑮其他社会生产服务和生活服务人员
第五大类	农、林、牧、渔业生产及辅助人员	6 个	①农业生产人员　②林业生产人员　③畜牧业生产人员　④渔业生产人员　⑤农、林、牧、渔业生产辅助人员　⑥其他农、林、牧、渔业生产加工人员

续表

大类类别	大类名称	中类个数	中类名称
第六大类	生产、运输设备操作人员及有关人员	32 个	①农副产品加工人员 ②食品、饮料生产加工人员 ③烟草及其制品加工人员 ④纺织、针织、印染人员 ⑤纺织品、服装和皮革、毛皮制品加工制作人员 ⑥木材加工、家具与木制品制作人员 ⑦纸及纸制品生产加工人员 ⑧印刷和记录媒介复制人员 ⑨文教、工美、体育和娱乐用品制作人员 ⑩石油加工和炼焦、煤化工生产人员 ⑪化学原料和化学制品制造人员 ⑫医药制造人员 ⑬化学纤维制造人员 ⑭橡胶和塑料制品制造人员 ⑮非金属矿物制品制造人员 ⑯采矿人员 ⑰金属冶炼和压延加工人员 ⑱机械制造基础加工人员 ⑲金属制品制造人员 ⑳通用设备制造人员 ㉑专用设备制造人员 ㉒汽车制造人员 ㉓铁路、船舶、航空设备制造人员 ㉔电气机械和器材制造人员 ㉕计算机通信和其他电子设备制造人员 ㉖仪器仪表制造人员 ㉗再生资源综合利用人员 ㉘电力、热力、气体、水生产和输配人员 ㉙建筑施工人员 ㉚运输设备和通用工程机械操作人员及有关人员 ㉛生产辅助人员 ㉜其他生产制造及有关人员
第七大类	军队人员	4 个	①军官（警官）②军士（警士）③义务兵 ④文职人员
第八大类	不便分类的其他从业人员	1 个	不便分类的其他从业人员

二、树立职业意识

正确的职业意识可以最大限度地激发人的活力与创造性，是敬业精神的前提。职业意识强的人（比如职业运动员、职业演员）会积极规划自己的职业发展，在工作中努力拼搏、奋斗不息；职业意识弱的人只满足于机械地完成自己分内的工作，没有规划，对自己要求不高，缺少进取心，工作缺少积极主动性。因此，大学生要有针对性地加强自己的职业意识，积极主动地规划好学业与职业发展过程，促进自身职业社会化，实现从准职业人到职业人的转变。

（一）职业意识的含义

职业意识是人对职业问题的认识，是自我意识在职业选择中的表现，是在职业定向与选择过程中对自己现状的认识和对未来职业的期待和愿望。它在很大程度上影响着大学生的择业态度和择业方式以及职业的发展。

（二）职业意识的内容及作用

大学生职业意识主要包括职业理想、职业动机、职业认知状况、职业价值取向等方面。其中，职业动机是职业意识的基础和核心部分。大学生的职业动机、职业价值取向不同，职业理想就会大相径庭。在不同的职业理想支配下，大学生对职业的评价、选择也会大不相同。因此，大学生要利用各种方式了解职业意识，自觉培养自己的职业意识，为成为合格的职业人而努力。

1. 职业理想

职业理想指的是大学生在一定的世界观、价值观的指导下，对自己将来要选择的职业做出的想象和设计，是大学生面对纷繁复杂的社会职业为自己设定的理想的奋斗目标。社会发展使社会分工愈加精细，出现了数以万计的职业类型。不同职业，其地域、性质、知名度、经济地位、社会地位、工作稳定程度、劳动强度、工作环境、接受教育的机会、与从业者特长的关系、提供的社会化服务的多少等存在着很大差别，每一个大学生都应在权衡各种条件（包括社会需要、个人追求、个人素质、工作条件和收入待遇等）的基础上形成明确的职业理想。

2. 职业动机

大学生的职业选择总是从一定的动机出发，并指向一定的目的。职业动机是驱动大学生进行职业选择的内在动力，大学生的职业动机是由其职业需要决定的。大学生的职业需要是多方面的，包括生活福利、事业成就、社会地位、社会交往、安全、贡献等。大学生应该结合社会现实了解自己的职业需要、职业动机，确定相应的职业选择，并结合该类职业的素质要求，有的放矢地做好就业准备，做到人职匹配，以便实现自己的职业理想。

3. 职业认知状况

职业认知状况是指大学生在选择职业的过程中，对自己、职业、社会等的认识、思考与决策。一般来说，大学生的职业认知状况包括三方面：一是客观全面地认识自己，尤其是对自己的职业兴趣、气质、性格、职业能力、价值取向等方面要有清晰的判断，并准确地把握和客观地评价自我。二是对职业的了解，特别是对职业的地位、性质、从业要求及职业规范性的理解，要做出客观公正的评价。三是大学生要克服年龄和阅历的局限，对社会进行全面了解和实际体验，对社会的复杂情况和影响职业的社会因素要有充分的认识。

4. 职业价值取向

价值取向是指主体对价值追求、评价、选择的一种倾向性态度，也就是以什么态度对待社会价值和自我价值，并做出选择和追求。大学生的职业价值取向影响着职业目标的确立、地域选择、行业选择、岗位选择、工作条件选择等。调查表明，职业价值取向不同，对这些因素的选择、排列就不同，从不同的排列可以看出大学生职业价值取向的变化。大学生应结合社会核心价值观，通过对自我价值观的分析，了解自己的职业价值取向，为自己做出科学合理的职业选择。

三、大学生职业意识的培养

（一）了解职业意义，渗透职业意识

从某种意义上说，大学阶段只是职业探索中的一个重要发展阶段。大学生根据人生追求、职业兴趣和能力特长选择适合的专业，结合职业要求、职业目标学习专业知识，培养专业素质与技能，并为最终走向社会、进行职业探索做前期的准备。在大学时期了解职业意义对大学生来说是极其重要的。

每个人的职业生涯都要经历成长、探索、立业等阶段。高校根据大学生的实际情况给予针对性的引导和教育，尽早地让大学生了解职业对于个人、家庭及社会的重大意义，会更有利于大学生的发展和职业基本技能的培养。高校在大学生入校之日起就应当为其今后的职业生涯发展做好铺垫和教育工作，逐步渗透职业意识，使大学生完成从学生到"准职业人"的过渡。如果大学生完全与社会脱节，对职业没有任何概念，势必会降低其未来职业发展成功的可能性。

（二）树立信心，形成职业意识

信心是大学生成为"职业人"道路上必不可少的动力源泉。帮助大学生树立信心，正确面对成长路上的各种挫折，是实施德育的重要目标之一，也是形成职业意识的必要条件。

自信的人能够比较积极地、主动地与他人、社会接触，会更主动地融入社会，探索职业的意义以及规划自己未来职业的发展。自信的人具有更强的适应社会的生存能力，具有更健康的身体素质和心理素质。高校有责任和义务帮助大学生树立自信，正确认识自己，发挥自我潜能，并能结合社会需求和自我特点形成职业意识。

（三）结合专业学习，确立职业理想

职业理想是人们进行职业判断的尺度，是判断职业称心与否的标准。职业理想的确立是一个由抽象到具体、由不稳定到稳定、主客观相结合的过程。大学生作为未来社会发展的中坚力量，更需要树立正确的职业理想，它有助于大学生正确判断未来职业的价值，提高选择职业的自觉性和投身职业生涯创建的自觉性。

职业理想教育要融入大学生的知识体系当中去，要把职业理想的确立渗入专业教育的过程中。专业知识掌握的程度与职业理想的实现之间存在必然联系。大学生只有在学校学好专业知识、掌握专业技能，才有可能成就自己的职业理想，从而促进职业发展，迈向成功。大学生要树立热爱专业、成材报国的理想，使专业知识与职业理想相得益彰、共同进步。

第二节　职业生涯与职业生涯规划

一、职业生涯

职业生涯是指一个人一生中所有与职业相联系的行为和活动，以及相关的态度、价值观、愿望等连续性经历的过程。我们也可以这样理解职业生涯，它是一个人在其一生中所承担职务的相继历程。职业生涯有以下 4 个方面的含义。

第一，职业生涯只是表示一个人一生中在各种职业岗位上的全部经历，并不包含成功与失败的含义，也没有进步快慢的含义。

第二，职业生涯由行为、活动与态度、价值两方面组成。要充分了解一个人的职业生涯，必须要从客观和主观两个方面理解。表示职业生涯客观特征的概念是"外职业生涯"，指一个人在工作时期进行的各种活动和表现的各种举止行为的连续体；表示职业生涯主观特征的则是"内职业生涯"，涉及一个人的价值观、态度、需要、动机、气质、能力、发展取向等。

第三，职业生涯是一种过程，是一生中所有的与工作相关的连续经历，而不仅仅是指某一个工作阶段。

第四，职业生涯受各方面因素的影响。如本人对终生职业生涯的设想与计划、家庭

中父母的意见及配偶的理解与支持、组织的需要与人事计划、社会环境的变化等都会对职业生涯有所影响。因此，职业生涯在一定程度上可以认为是多方面相互作用的结果。

 **体验活动**

生涯量量看

材料准备：A4 纸。

活动目的：认清职业生涯规划的重要性。

活动流程：

1. 将一张 A4 纸撕成拇指宽度，按一个方向折成 10 格，如图 1-1 所示。

10	20	30	40	50	60	70	80	90	100

图 1-1　纸条

2. 假如这是你个人的生命历程（0~100 岁），接下来我们玩撕纸游戏。

（1）请问你期待活到几岁？（把期望活的岁数之后的纸撕掉。）

（2）请问你现在几岁？（把现在岁数前面的纸撕掉。）

（3）请问你几岁退休？（把退休岁数后面的纸撕掉。现在剩下的纸条长度代表你可以工作的时间。）

（4）请问一天 24 小时你会如何分配？（请将剩下的纸折成三等份：通常睡觉 8 小时，占一天的 1/3；吃饭、休息、聊天、看电视、上网等又占 1/3，所以真正可以工作的时间约为 8 小时，只剩 1/3。请你把剩余纸条的 2/3 撕下来，放在前面。）

（5）比比看。（请用左手拿起剩下的 1/3，用右手把退休那一段和刚才剩下的 2/3 加在一起，并思考一下你要用左手的 1/3 时间工作赚钱，保障自己另外 2/3 时间的吃喝玩乐及退休后的生活。）

（6）想一想。（你要赚多少钱、存多少钱才能养活自己？）

（7）请问你现在有何感想？

（8）请问你会如何看待你的未来？

活动总结：

（1）最后剩下的这一小段纸条就是同学们能够用于职业生涯规划（狭义）的时间长度。通过对比，同学们的内心受到了震撼，激发了紧迫感，并强化了规划意识。

（2）每个人最宝贵的资源是时间和生命，职业生涯规划就是在帮助我们去研究每个人最宝贵的生命资源要怎样安排。

职业生涯是一个人一生的工作经历，是职业、工作待遇、职位变动及工作理想实现的整个过程。职业生涯是人一生中最重要的历程，人们从 20 岁左右参加工作，到 60 岁左右退出职场，职业生涯约占人生的 2/3，这段时间也是人生中精力最旺盛、创造力最强的时期。

二、职业生涯规划

职业生涯规划是指通过个人和组织相结合，对个人职业生涯的主客观条件进行测定、分析、研究和总结，尤其是在对自己的兴趣、爱好、个性、能力、价值观、特长、经历及存在的不足等各方面进行综合分析的基础上，确定最佳职业奋斗目标，并为实现这一目标做出行之有效的安排。

一般来说，职业生涯规划涵盖"安身"和"立命"两个部分，其中"安身"的重点在于生计和职业，而"立命"的重点则在于前程和事业。由此可见，职业生涯规划不同于找工作，它是一个动态的过程，规划的功能在于为生涯设定目标，并找出达成目标所要采取的步骤和行动。

（一）内职业生涯

内职业生涯是指从事一种职业时的知识、观念、经验、能力、心理素质、内心感受等因素的组合及其变化过程。内职业生涯是通过从事职业时的表现、工作结果、言谈举止表现出来的。

内职业生涯各项因素的取得，可以通过别人的帮助来实现，但主要还是靠自己努力追求来实现。内职业生涯的各构成因素一旦取得，别人便不能收回或剥夺。

（二）外职业生涯

外职业生涯是指从事一种职业时的工作时间、工作地点、工作单位、工作内容、工作职务（含行政职务和专业技术职务）、工资待遇等因素的组合及其变化过程。外职业生涯通常可以通过名片、工资单体现出来。名片上表明工作的地点、企业的类型、担任的职务、职称等内容，工资单里写明基本工资、岗位津贴、福利待遇、奖金等，这些因素就构成了外职业生涯。

外职业生涯的构成因素通常是由别人认可和给予的，也容易被别人否认和收回。外职业生涯因素可能与自己的付出不符，尤其是在职业生涯初期。有的人一生疲于追求外职业生涯的成功，但内心极为痛苦，因为他们往往不了解外职业生涯发展是以内职业生涯发展为前提条件的。

内职业生涯的发展是外职业生涯发展的前提，内职业生涯发展带动外职业生涯的发展。内职业生涯在人的职业生涯成功乃至人生成功中具有关键性作用。因而，在职业生涯的各个阶段，个人都应重视内职业生涯的发展，把对内职业生涯各因素的追求看得比外职业生涯更重要。

（三）职业生涯规划的类型

按照规划的时间维度，职业生涯规划可以划分为短期规划、中期规划、长期规划和人生规划4种类型。

（1）短期规划，即2年以内的规划，主要是确定近期目标，规划近期应完成的任务。

（2）中期规划，一般涉及2~5年内的职业目标和任务，是最常用的一种职业生涯规划。

（3）长期规划，即5~10年的规划，主要是设定较长远的目标，以及为实现此目标应采取的具体措施。

（4）人生规划，是整个职业生涯的规划，时间长达40年左右，设定了整个人生的发展目标和阶梯。

从字面上看，个人职业生涯规划从短期到中期，再到长期，直至整个人生，如同台阶，需要一步步地发展。但在实际操作中，时间跨度太长的规划由于环境和个人自身的变化而难以把握。所以，大学生一般把个人职业生涯规划的重点放在2~5年内的中期规划上，这样既便于根据实际情况设定可行目标，又便于随时根据现实的反馈进行修正或调整。

 精选案例

某职业技术学院刚上大一的小佳本来应该度过多姿多彩、充满兴奋和惊喜的新生生活，然而她却变得沉默、焦虑。原因是她听说自己所学的心理学专业（不是自己喜欢的专业）就业情况不是特别乐观，于是她产生了转专业的念头，但又不太清楚该转什么专业。

在学习了学院关于转专业的管理办法后，她想通过努力达到转专业的条件，争取转到自己喜欢的历史学专业。但她又有些犹豫，担心转专业的选择一旦错误，反而更加影响自己的发展。这样的选择困扰着她，反反复复的思想斗争令她非常痛苦，因为她迫切需要得到答案：如何规划自己的大学生活？如何进行专业选择?

通过小佳的案例，我们要明白小佳对自己所学专业没有信心是比较常见的，这时候我们需要分析专业选择背后的原因。很多大学生专业选择的标准是根据自己的高考成绩，而没有考虑到自己真正的职业兴趣。大学生对所学专业的未来前景缺少客观的、有依据的判断，缺乏对工作的了解。由于信息不对称，很多大学生对所学专业存在一定偏见。

大一是整个大学生活的起点，如果在大一阶段就开始探索职业、做好规划，就能有效地度过大学生活，使整个大学生活和将来的职业目标紧密地联系在一起。

三、职业生涯规划的基本原则

职业生涯规划是一项科学而复杂的工作，需要遵循一定的原则，掌握科学的方法。一般而言，应该遵循以下原则。

（一）择己所爱

如果能够从事一项自己喜欢的工作，工作本身就能给人一种满足感，那么人的职业生涯也会从此变得妙趣横生。兴趣是最好的老师，是成功之母。调查表明，兴趣与成功概率有着明显的正相关性。在规划自己的职业生涯时，务必注意：考虑自己的特点，尊重自己的兴趣，选择自己所喜欢的职业。

（二）择己所长

任何职业都要求从业者掌握一定的技能，具备一定的能力条件。而一个人一生中不能将所有技能都全部掌握。所以在进行职业选择时，应运用比较优势原理，充分分析别人与自己，尽量选择能发挥自己优势的行业。

（三）择世所需

社会的需求在不断演化着，旧的需求不断消失，新的需求不断产生，新的职业也不断应运而生。所以在设计自己的职业生涯时，一定要分析社会需求，择世所需。最重要的是目光要长远，能够准确预测未来行业发展方向，再做出选择。

精选案例

　　小艳毕业那年，广州某知名企业到学校招聘，当时就决定录用在学校期间各方面都非常优秀的她。同在那一年，她也考上了心仪大学的本科。最终，她选择了专升本。本科毕业后，她再次回到了广州，还是去那家企业应聘。没有想到的是，这家企业并没有录用她，因为有许多比她更合适的人选。

　　社会的需求不断演化着，旧的需求不断消失，同时新的需求不断产生。昨天的抢手货今天会变得无人问津，生活处于不断的变化之中。在设计自己的职业生涯时，一定要分析社会需求，择世之所需，否则只会自食苦果。

（四）择己所利

　　职业是个人谋生的手段，其目的在于追求个人幸福。所以在择业时，首先考虑的是自己的预期收益——个人幸福最大化。明智的选择是在由收入、社会地位、成就感和工作付出等变量组成的函数中找到一个最大值。这就是选择职业生涯中的收益最大化原则。

　　在职业生涯规划的实际操作过程中，还需要遵循以下 10 个基本原则：

　　（1）清晰性原则：考虑目标措施是否清晰明确，实现目标的步骤是否直截了当。

　　（2）变动性原则：目标或措施是否有弹性或缓冲性，是否能依据环境的变化而调整。

　　（3）一致性原则：主要目标与分目标是否一致，目标与措施是否一致，个人目标与组织发展目标是否一致。

　　（4）挑战性原则：目标与措施是具有挑战性，还是仅保持其原来状况而已。

　　（5）激励性原则：目标是否符合自己的性格、兴趣和特长，是否能对自己产生内在激励作用。

　　（6）合作性原则：个人的目标与他人的目标是否具有合作性与协调性。

　　（7）全程原则：进行职业生涯规划时必须考虑到职业生涯发展的整个历程，做全程的考虑。

　　（8）具体原则：职业生涯规划各阶段的路线划分与安排，必须具体可行。

　　（9）实际原则：实现职业生涯目标的途径很多，在做规划时必须要考虑到自己的特质、社会环境、组织环境以及其他相关的因素，选择确定可行的途径。

　　（10）可评量原则：职业生涯规划的设计应有明确的时间限制或标准，易评量、检查，使自己随时掌握执行状况，并为规划提供参考的依据。

四、职业生涯规划的基本步骤

（一）自我评估

自我评估就是对自己做全面分析。在职业生涯规划过程中，自我评估是不可缺少的步骤，是职业生涯规划的基础，只有全面认识自己，才能做出明智的职业选择。

在自我评估中，要通过科学的认知方法和手段，对自己的职业价值观、职业兴趣、能力、气质类型、性格等进行全面的认识，清楚自己的优势与特长、劣势与不足。同时，自我评估要客观、冷静，不能以点代面，既要看到自己的优点，又要敢于面对自己的缺点。只有这样，才能避免职业生涯规划中的盲目性，使规划符合实际。

回答以下问题，也许可以帮助你更清楚地了解自己。

（1）你现在的年龄多大？

（2）你在工作方面有什么需要？哪种需要占主流？是追求有更多的发展机会还是追求能取得更多的收入？是追求工作的舒适，还是追求竞争中成功带来的成就感？什么样的工作能满足你的这种需要？

（3）你的兴趣爱好是什么？你是喜欢与人还是与事物打交道？是喜欢管理工作还是技术工作？

（4）你有什么样的特殊能力？这些能力比较适合什么样的工作？

（5）你的性格属于哪种类型？这种类型适合从事什么样的工作？

（6）你的专业是什么？这个专业与哪些工作对口？

（7）家庭对你的职业生涯有怎样的影响？如何避免负面影响，利用正面的因素？

（8）你的人际关系如何？求职时能用上哪些？

（二）职业环境分析

在制定个人的职业生涯规划时，要对职业环境进行分析，分析环境条件的特点、环境发展变化的情况、自己与环境的关系、自己在这个环境中的位置、环境对自身的要求、环境给自身带来的利弊等，以此来确定职业机会的大小。

（三）确定职业生涯目标

确定目标是制定职业生涯规划的关键，有效的生涯规划需要切实可行的目标，以便排除不必要的干扰，全心致力于目标的实现。确定一个什么样的职业目标，要根据主客观条件来决定。一般来说，需要遵循以下几个原则：

1. 符合社会与组织需求的原则

职业生涯目标如同一种"产品"。这种"产品"有市场，才有"生产"的必要。故在确定职业生涯目标时，要考虑到内外环境的需要，特别是要考虑到社会与组织的需要。有需求，才有位置。

2. 适合自身特点的原则

职业生涯目标是在充分认识自我和职业环境的过程中得到的。不同的人有不同的特点，如每个人的兴趣、性格、特长等都不相同。在确定职业生涯目标时，要结合自身的特点，运用自己的优势，规避自己的劣势，这样才能事半功倍。

3. 现实且可行的原则

确定目标的总原则：既不宜过高，更不能过低，而要现实、可行。在与个人实际相符合的范围内，确定的目标可以稍高一些。远大的目标能起到激励作用，可以促进学习、改进工作方法，使人为达到目标而发奋工作。当然，目标也不能过高。如果目标过高，在现实生活中必然难以实现。

精选案例

　　小海是个刚刚毕业的小伙子，在担任兼职网站管理员期间，接触了很多成功人士。雄心勃勃的他给自己拟定了一个3年内达到百万年薪的职业目标。

　　在第一个公司，当他拿着2 000元的月薪时，发现自己在这个公司发展离自己的百万目标太过遥远，于是他毅然跳槽，来到第二家公司。在第二家公司，小海的月薪提高到3 500元，工作了2个月后，他发现在这个公司发展依然难以实现自己百万年薪的职业目标，他再次跳槽了。在第三家公司工作2个月后，他又再次跳槽。毕业6个月以来，小海先后跳槽3次。如今，他失业在家，并且发现很多公司不愿意录用自己。小海想不出所以然来，觉得自己空有一身抱负，却没有愿意重用自己的公司，这个社会太没有眼光了。

　　小海给自己设定的职业目标对于一个刚进入社会的职场新人来说，实在太高了。当我们发现所设置的职业目标无法实现时，应该适时地调整目标。

4. 长短配合恰当的原则

职业生涯发展是一个有机的、逐渐展开的过程。我们要把总体目标分解为若干个长期（5~10 年）目标，长期目标继续分解为若干个中期（3~5 年）目标，中期目标要继续分解为短期（1~2 年）目标。总体、长期目标为人生指明了方向，中期、短期目标是实现长期目标的保证。特别是在职业生涯发展过程中，通过短期目标的达成，能体会到实现目标的成就和乐趣，不断鼓舞自己向着更高的目标前进。但是，只有短期目标，没有远大的理想，也会影响目标的激励作用，还会使事业发展摇摆不定，甚至偏离发展方向。因此，确定职业生涯目标时应该长短结合。

5. 同一时期目标不宜多的原则

就职业目标而论，同一时期目标不宜多，而应集中在一个方面。目标是追求的对象，有谁见过同时追逐 5 只兔子的猎手？这不是说不能设立多个目标，而是可以把它们分开设立。具体来说，就是一个时期一个目标，拉开时间差，实现一个目标后，再实现另一个目标。

6. 明确而具体的原则

目标明确是指目标要有量化的标准，如时间，用 3 年完成，还是 5 年完成；如程度，通过计算机二级还是一级。量化便于评估目标的实现情况，也便于有针对性地制定相应的措施。

目标具体是指要确定目标的范围，使其产生行为导向作用。比如，"我要成为一个优秀的人"不是一个具体的目标，但"我要完成本月 1 000 万元的销售量"就是一个具体的目标了。

7. 目标幅度不宜过宽的原则

一般来说，专业面越窄，所需要的精力和时间就相对越少。所以，职业生涯目标的专业面不要过宽，最好是先选择一个窄一点的范围，全身心投入，这样比较容易取得成功。但是，如果你认为专业面一定要放宽，那么起码在开始的时候要把专业面或主攻点定得较窄些。待取得一定的成就、积累一些经验后，再扩大专业面，这样更容易成功。

8. 要留有余地的原则

在实现目标的时间安排上，不要过急、过满或过于死板。如果安排过急，就会"欲速则不达"，不是计划落空，就是影响工作质量。如果安排过满，在同一时间里既要做这个，又要做那个，结果会顾此失彼，造成心理紧张，劳累过度，而无法坚持到底。如果安排过于死板，如规定某一时间只能做某事，到时如果遇到某些干扰无法完成，又没有补做，就必然会落空，心理上也会失落。

要留有余地，就是要留有机动的时间，即便发生某些意外，也有时间和精力机动处理。实现目标的时间安排要从实际情况出发，不慌不忙、不急不躁，不要刻板，要灵活机动。在要求不变的情况下，完成时间和做法完全可以调整变换。

（四）明确职业生涯路线

职业生涯路线指一个人选定职业后选择从什么途径去实现自己的职业目标。发展路线不同，对个人的要求也不一样。即使同一个职业也分为不同的岗位，有的人适合行政工作，可以向这个方向努力，从而成为一名优秀的管理者；有的人适合做研究，专心钻研的话可以在技术或学术上有重大突破；有的人适合经营，可以遨游商海。如果一个人错误地选择了与自身不相符合的职业生涯路线，那么，在他的职业生涯中必定遭遇许多坎坷，能否成功也是一个很大的问题。

典型的职业生涯路线是一个"V"形图。假定你 22 岁大学毕业，即"V"形图的起点为 22 岁，那么，从这个起点开始，你有两条路线可以选择，"V"形图的两侧分别为行政管理路线和专业技术路线。每条路线都可以划分为许多等级，可以作为自己职业生涯的参考目标。当然，人的选择不可能"从一而终"，中间也许会有变动，但无论如何选择，均应朝着自己的职业生涯目标前进。如你可以把你的职业生涯路线设计如下：在学校学习技术与管理知识—在政府部门锻炼自己的人际交往能力—到大公司担任中层管理人员—到小公司担任高层管理人员—成为大公司的高层管理人员。

具体来说，选择路线应把握 4 条原则：择己所爱，择己所长，择世所需，择己所利。在此基础上，考虑以下 2 个问题：

（1）我想往哪一条路线发展？

（2）我能往哪一条路线发展？

对以上 2 个问题进行综合分析，以此确定自己的最佳职业生涯路线。

（五）制订行动计划与措施

这里所指的行动主要指落实目标的具体措施，主要包括教育、培训、实践等方面的措施。例如：在职业素质方面，你计划学习哪些知识，掌握哪些技能，开发哪些潜能？你将采取怎样的措施？计划用多长时间达到目标？这些计划要特别具体、可行性强，以便于定时检查。一旦有了明确的计划和措施之后，就要按照各个阶段的目标，拟定执行步骤并付诸实施。

（六）评估、反馈与修正

由于社会环境的变化及其他不确定因素的存在，我们原来的职业生涯规划与实际情况肯定会存在一定的偏差。尤其在现代职场，只有变化才是永恒的主题。影响职业生涯规划的因素很多，有些变化因素是可以预测的，而有些则是难以预料的。这就需要我们对职业生涯目标和职业生涯规划进行必要的调整。此时，职业生涯的评估和反馈会给我们带来收获。评估与反馈是个人对自己不断认识的过程，也是对社会不断认识的过程，是使职业生涯规划更加有效的手段。

对职业生涯规划的评估与反馈主要包括职业的重新选择、职业生涯路线的重新选择、人生目标的修正、实施措施与计划的变更等。

1. 评估

为了确保职业生涯规划的可行性和有效性，必须随时对规划的内容和成效加以评估。此外，在职业生涯规划实施的过程中，也会发现当初做规划时未曾想到的问题与执行时的困难。为保证职业生涯规划的效果，每实施一段时间后，有必要对规划执行的方法做一下评估。

2. 反馈与修正计划

实施职业生涯规划时，必须为日后可能的修正预留余地，修正的依据是每次成效评估后反馈回来的信息。

 知识拓展

大学生职业生涯规划的常见误区

1. 忽视职业生涯规划

在校大学生缺乏职业生涯规划意识的现象比较普遍，了解职业生涯规划的大学生为数不多。除个别大学生有明确的就业打算外，相当一部分大学生都觉得在目前就业十分困难的情况下，工作应"随行入市"，认为做职业生涯规划不现实。

2. 把职业生涯规划等同于职业选择

职业生涯规划是一个周而复始的连续过程，包括自我评估、职业环境分析、确定职业生涯目标、明确职业生涯路线、制订行动计划与措施、反馈与修正等步骤，而职业选择只是其中的一个环节。

3. 在职业生涯规划目标与路径选择上急功近利

由于就业压力变大，有的同学一进大学就准备深造，很少考虑工作，社会活动也不想参加，怕影响学习；有的同学为增加求职砝码盲目考证或参加培训；有的同学以收入高低作为判断职业好坏的唯一标准，职业生涯规划过于功利。

4. 认为大学阶段进行职业生涯规划为时过早

部分大学生认为现在还没有参加工作，没必要进行职业规划。他们不了解大学阶段的学习成长对职业能力的形成起着至关重要的作用，不了解大学阶段是职业价值观形成、职业素质与能力准备、职业习惯养成等"内职业生涯"要素形成的关键时期。

5. 职业生涯多变，无须规划

大学生处于职业生涯探索与确立阶段，有较强的可塑性，部分大学生认为计划赶不上变化，无须规划或规划不起作用。殊不知，在职业生涯探索、确立阶段，职业探索和职业目标确立是一个动态的过程，只有通过这个过程才可能明确自己的职业发展愿景，做出科学的就业选择。

 体验活动

小讨论

以"大学生需要在毕业之前做好职业生涯规划吗"为主题，分小组讨论，发表意见。具体步骤如下：

（1）分组。5~8人一组，设组长一名，记录员一名。

（2）组内讨论。组员依次发言，每人发言时间不超过2分钟。记录员控制发言时间并记录发言内容。

（3）发言完毕后，组长与组员在记录的基础上讨论，得出简要结论。

（4）各组组长在课堂上陈述自己小组的结论，并进行简要解释。

（5）教师组织全班学生对讨论过程中产生的焦点问题进行进一步讨论。

活动总结：

通过活动让学生了解职业生涯规划，认识职业生涯规划的重要性。

第三节　职业生涯规划的指导理论

"没有什么比一个好的理论更加实用。"理论可以指导一个人的行动，帮助其在混乱中找到方向。同样，职业生涯发展理论能够帮助个体理解自己的经历和所学习知识的意义，在已知和未知之间架起一座桥梁，解释和总结相关信息，并据此做出推测，设定发展的目标。

一、帕森斯的特质–因素理论

弗兰克·帕森斯（Frank Parsons）的特质–因素理论又被称为人职匹配理论。特质–因素理论也是最早的职业辅导理论，1909年，帕森斯在其著作《选择一个职业》中提出了人与职业相匹配是职业选择与发展的焦点的观点。他认为，个体都有自己独特的人格模式，每种人格模式的个体都有与其相适应的职业类型。个体在选择职业的过程中，涉及三个主要因素：

（1）正确认识自己，包括人格、能力、兴趣、资源、限制及其他特质；

（2）懂得在不同领域获得成功所需要的条件、自身优缺点、职场环境和发展前景；

（3）对以上两部分事实的相互关系的准确认知。

帕森斯认为，个人选择职业的关键在于个人的特质要与特定行业的要求相匹配，只有这样，人才能适应工作，得到发展，并使个人和社会同时得益。

特质–因素理论强调遗传、学习、环境和成熟等因素之间的相互作用，认为在能力、人格、行为和动机等方面都存在个体差异。每种职业都有其特定的职业特征，适合某类具有相近的人格特质的人来从事。而重视个体差异与职业资料的收集与利用，是该理论的基本特点。在这一背景下，各种心理测量工具得以迅速发展并付诸使用，促进了招聘单位与求职者间的相互了解，也使职业指导（介绍）这一行业得以诞生并迅速发展。

当然，特质–因素理论也存在一些不足，例如：个人特质错综复杂，需求、价值观间存在着交互作用，很难精确测定；职业千差万别、种类繁多，很难为每一种职业确定所需的人格特质；会忽略人格的动态发展等。

二、霍兰德职业兴趣理论

约翰·霍兰德（John Holland）是美国约翰·霍普金斯大学心理学教授，美国著名的职业指导专家。他于1959年提出了具有广泛社会影响的职业兴趣理论。该理论认为人的人格类型、兴趣与职业密切相关，兴趣是人们活动的巨大动力，凡是能够引起职业兴趣的职业，都可以提高人们的积极性，促使人们积极地、愉快地从事该职业，且职业兴趣与人格之间存在很高的相关性。霍兰德认为人格可分为现实型、社会型、研究型、艺术型、管理型和常规型6种类型。

（一）现实型（R）

这类人习惯于发现目标、实现目标。其特点是遵守纪律、喜欢安定，感情较为贫乏、洞察力不够敏锐。他们喜欢操纵工具、机器，能适应客观自然和具有明确任务的环境，重视物质的实际收益。这类人比较适合从事有明确要求和需要一定技能技巧，能按一定程序进行的工作，如农业、机械、电子技术、采矿等行业。

（二）社会型（S）

这类人乐于助人、善于交际、容易合作、重视友谊、责任心强。他们适合要求理解、适应他人行为的环境。他们对那些为他人直接服务、为别人谋福利、与他人建立和发展各种关系的职业一往情深，如教育、咨询、医疗等行业。

（三）研究型（I）

这类人好奇心强，强调分析和反省。他们乐于选择观念新潮、具有开拓性的生产环境。他们喜欢需要观察和科学分析的创造性活动与需要探索精神的工作项目，如科研、创作、计算机编程等行业。

（四）艺术型（A）

这类人具有丰富的想象力，有理想、好激动，善于创新。他们精于利用情感、直觉与想象来开创艺术形式或创造艺术作品。他们习惯从事非系统的、自由的，要求利用感情和直觉来欣赏、领会或创造艺术形式的行业，如美工、作曲、影视、文学创作等。

（五）管理型（E）

这类人具有高度热忱和冒险精神，他们自信、交友广泛、精力旺盛、善于表达自己的意见。管理、生产销售、政治、外交等职业比较适合他们。

（六）常规型（C）

这类人顺从，具有良好的自我控制能力，但缺乏想象力。他们喜欢稳定、有秩序的工作环境。他们适合从事对众多信息进行加工和整理的工作，如办事员、仓库管理员、会计等。

然而，大多数人都并非只有一种性向（倾向性或适应性），比如，一个人的性向中很可能同时包含着社会性向、现实性向和研究性向。霍兰德认为，这些性向越相似、相容性越强，则一个人在选择职业时所面临的内在冲突和犹豫就会越少。

三、金兹伯格的职业发展理论

维塔利·金兹伯格（Vitaly Ginzburg）是职业发展理论的缔造者。他指出，职业决策是一连串的过程，并非是在某一时刻一下子就能做出决定的。职业选择是优化决策，在职业选择的过程中充满了个人意识与外界条件的折中、调适。影响职业选择的因素包括现实因素、教育因素、个人情感和人格因素、职业价值与个人价值因素。

根据金兹伯格的理论，人的职业生涯发展划分为3个阶段。

（一）职业生涯发展的幻想期（11岁之前）

儿童们对身边的职业，特别是对他们能够看到或接触到的各类职业工作者，如医生、护士、教师、警察、司机、演员等，充满了新奇、有趣的感觉，幻想着长大后成为什么样的人，并且在游戏中扮演、模仿各自喜欢的角色。这一时期职业需求的特点是单纯凭自己的兴趣爱好，不考虑自身的条件、能力水平和社会需要与机遇，完全处于幻想之中。

（二）职业生涯发展的尝试期（11~17岁）

这一时期由儿童向青年过渡，并逐步接受初等教育和中等教育。在此过程中，人的心理和生理迅速成长和变化，独立的意识、价值观开始形成，知识和能力显著增长和增强，初步获得社会生产和生活的经验。这一时期职业需求的特点是有职业兴趣，但不仅限于此，而是更多客观地审视自身各方面的条件和能力，开始注意职业角色的社会地位、社会意义以及社会对该职业的需要。

（三）职业生涯发展的实现期（17岁以后）

在这一时期，个体即将步入社会劳动，能够客观地把自己的职业愿望或要求，与自己的主观条件、能力以及社会现实的职业需要紧密联系和协调起来，寻找适合自己的职业角色。这一时期职业需求的特点是客观、现实、讲求实际。

金兹伯格的职业生涯发展理论，事实上是前期职业生涯发展的不同阶段，即初次就业前人们职业意识或职业追求的发展变化过程，对职业生涯的中后期的关注度不足。

四、舒伯的生涯发展理论

（一）生涯发展阶段

美国著名心理学家唐纳德·E. 舒伯（Donald E. Super）的职业发展理论比金兹伯格的更进了一步，他提出了依据年龄将个体生涯发展分为成长、探索、建立、维持、衰退5个阶段的划分方案。与金兹伯格的划分相比，舒伯的生涯发展理论增加了就业及退休阶段的生涯发展，是目前被运用较多的划分方案（见表1-2）。

表 1-2 职业生涯发展阶段与任务

生涯阶段	年龄	阶段特征	发展任务
成长	0~14 岁	认知阶段。开始发展自我概念，开始以不同的方式来表达自己的需要，并且经过对现实世界的不断尝试来修饰自己的角色	发展自我形象，发展对工作世界的正确态度，了解工作的意义
探索	15~24 岁	学习打基础的阶段。通过学校、社团及社会活动，对自我能力及角色、职业展开探索，选择职业时有较大的弹性	使职业偏好逐渐具体化、特定化并实现职业偏好
建立	25~44 岁	选择、安置阶段。经过上一阶段的尝试，个体较能确定在整个职业生涯中属于自己的位置，要么谋求变迁或进行其他探索，要么考虑如何保住目前的位置	统整、稳固并求上进
维持	45~64 岁	升迁和专精阶段。希望继续维持属于自己的位置，同时会面对新人的挑战	维持既有成就与地位
衰退	65 岁以上	退休阶段。生理及心理机能日渐衰退，不得不面对现实，从积极参与到隐退	发展新的角色，寻求不同方式以替代和满足需求

（二）生涯彩虹图

为了综合阐述生涯发展阶段与角色间的相互影响，舒伯于1979年创造性地提出了一个更为广阔的新观念——具有生活广度、生活空间的生涯发展观——生涯彩虹图（见图1-2），形象地展现了生涯发展的时空关系，更好地诠释了生涯的定义。

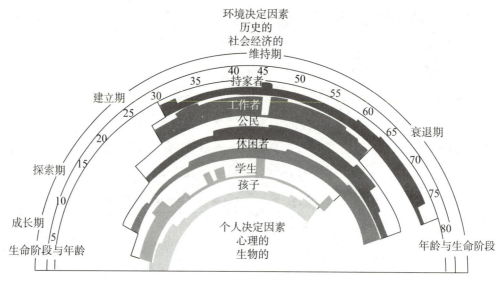

环境决定因素
历史的
社会经济的
维持期
40　45
35　持家者　50
建立期　30
25　工作者　55
公民　60
20　休闲者
探索期　15　学生　65　衰退期
孩子　70
10
成长期　个人决定因素　75
5　心理的
生命阶段与年龄　生物的　80
年龄与生命阶段

图 1–2　舒伯的生涯彩虹图

　　在舒伯的生涯彩虹图中，纵向层面代表的是纵贯上下的生活空间，是由一组职位和角色组成，分成孩子、学生、休闲者、公民、工作者、持家者 6 个不同的角色，他们相互影响交织出个人独特的生涯类型。横向层面代表的是横跨一生的生活广度。最外的层面代表横跨一生的"生活广度"，又称为"大周期"，包括成长期、探索期、建立期、维持期和衰退期。舒伯特别强调各个时期的年龄划分有相当大的弹性，应依据个体的不同情况而定。

　　从舒伯的生涯彩虹图中，我们可以看到立体化的生涯发展历程。从时间上，它包括了一个人从生到死的全部生命历程；从空间上，并不局限于对职业角色的关注，同样重视非职业角色对一个人生涯的影响。舒伯认为，持家者、公民、休闲者、学生、孩子等角色和工作者角色都是一个人自我概念的具体表现。自我概念包括个人对自己兴趣、能力、价值观以及人格特征等方面的认识，是个人生涯发展的核心。

　　舒伯的生涯发展理论，综合了差异心理学、发展心理学、自我心理学以及有关职业行为发展方向的长期研究结果。其理论观点是现今职业生涯发展与规划指导的重要理论基础，得到了各国职业生涯指导界的普遍支持。

　　舒伯的生涯发展理论的不足，主要是由于当前社会的快速发展，终身学习观念的提出以及人类寿命的延长，导致生涯发展理论中关于中年期、老年期的角色与任务出现一定的滞后，需要进一步展开研究。此外，舒伯的理论对于经济以及社会因素对生涯发展方向的影响重视程度尚显不够。

 **体验活动**

画出自己的生涯彩虹图

1. 内容要求

请同学们从时间维度来思考个人生涯中的各种社会角色，在图1-3中画出自己在不同的生命阶段扮演的所有角色，然后按照投入时间精力的多少画在图上。选择你认为最能代表各种角色和反映你情感的颜色。

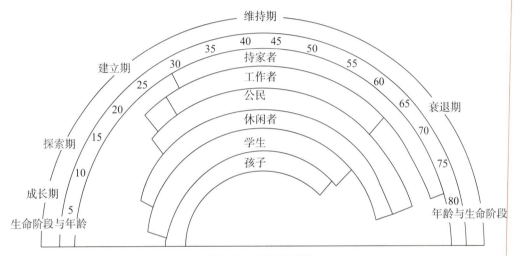

图 1-3　生涯彩虹图

2. 职场测评

结合舒伯的生涯发展阶段理论，说说你的生涯规划。

_____

_____

_____

_____

活动总结：

学生体验完游戏后会大致了解自己人生各个阶段的生涯发展角色和重心，完成的生涯彩虹图可以作为人生规划和职业生涯规划的坐标图和参考。

五、沙因的职业锚理论

职业锚的概念是由美国著名职业生涯管理研究者、麻省理工学院的埃德加·沙因

（Edgar H. Schein）教授提出的，他认为职业生涯发展实际上是一个持续不断的探索过程。在这一过程中，每个人都根据自己的天资、能力、动机、需要、态度和价值观等慢慢地形成较为明晰的与职业有关的自我概念。随着一个人对自己越来越了解，这个人就会越来越明显地形成一个占主要地位的职业锚。

职业锚就是指当一个人不得不做出选择的时候，他或她无论如何都不会放弃的职业中的至关重要的东西或价值观，实际上就是人们选择和发展自己的职业时所围绕的中心。一个人对自己的天资和能力、动机和需要以及态度和价值观有了清楚的了解之后，就会意识到自己的职业锚到底是什么。沙因根据自己在麻省理工学院对44名毕业生的跟踪研究指出，要想对职业锚提前进行预测是很困难的，这是因为一个人的职业锚是在不断发生变化的，它实际上是一个在不断探索的过程中所产生的动态结果。有些人也许一直都不知道自己的职业锚是什么，直到他们不得不做出某种重大选择的时候，如到底是接受公司将自己晋升到总部的决定，还是辞去现职，转而开办和经营自己的公司。正是在这一关口，一个人过去的所有工作经历、兴趣、资质、性向等才会集合成一个富有意义的模式（或职业锚），这个模式（职业锚）会告诉此人，对他或她个人来说，到底什么东西是最重要的。

沙因根据自己多年的研究，提出了以下8种职业锚。

（一）技术或功能型职业锚

此类型的人追求在技术或功能领域的成长和技能的不断提高，以及应用这种技术或功能的机会。他们对自己的认可来自他们的专业水平，他们喜欢面对专业领域的挑战。具有较强的技术或功能型职业锚的人往往不愿意选择那些带有管理性质的职业。相反，他们总是倾向于选择那些能够保证自己在既定的技术或功能领域中不断发展的职业。

（二）管理型职业锚

有些人则表现出成为管理人员的强烈动机，"他们的职业经历使得他们相信自己具备被提升到那些一般管理性职位上去所需要的各种必要能力以及相关的价值倾向"。必须承担较高责任的管理职位是这些人的最终目标。当追问他们为什么相信自己具备获得这些职位所必需的技能的时候，许多人回答说，他们之所以认为自己有资格获得管理职位，是由于他们认为自己具备以下3个方面的能力：

（1）分析能力：在信息不完全以及不确定的情况下发现问题、分析问题和解决问题的能力。

（2）人际沟通能力：在各种层次上影响、监督、领导、操纵以及控制他人的能力。

（3）情感能力：在情感和人际危机面前只会受到激励而不会受其困扰和削弱的能力，

以及在较高的责任压力下不会变得无所作为的能力。

（三）创造型职业锚

此类型的人希望用自己的能力去创建属于自己的公司或创建完全属于自己的产品（或服务），而且愿意去冒风险，并克服面临的障碍。他们想向世界证明公司是他们靠自己的努力创建的。他们可能正在别人的公司工作，但同时他们在学习并寻找机会。一旦时机成熟了，他们便会走出去创立自己的事业。

（四）自主与独立型职业锚

自主与独立型的人喜欢随心所欲安排自己的工作方式、工作习惯和生活方式。追求能施展个人能力的工作环境，最大限度地摆脱组织的限制和制约。他们宁愿放弃提升或工作发展机会，也不愿意放弃自由与独立。

（五）安全与稳定型职业锚

安全与稳定型的人追求工作中的安全与稳定感。他们为能够预测到的稳定的将来而感到放松。他们关心财务安全，如退休金和退休计划。稳定感包括诚实、忠诚以及完成上级交代的工作。尽管有时他们可以达到一个高的职位，但他们并不关心具体的职位和具体的工作内容。

（六）服务型职业锚

服务型的人一直追求他们认可的核心价值，如帮助他人，改善人们的安全，通过新的产品消除疾病等。他们一直追寻这种机会，这意味着即使变换公司，他们也不会接受不允许他们实现这种价值的变动。

（七）挑战型职业锚

挑战型的人喜欢解决看上去无法解决的问题，战胜实力强劲的对手，克服无法克服的困难障碍等。对他们而言，参加工作的原因是工作允许他们去战胜各种不可能。他们需要新奇、变化和困难，如果事情非常容易，则马上会感到厌烦。

（八）生活型职业锚

生活型的人希望将生活的各个主要方面整合为一个整体，喜欢平衡个人的、家庭的和职业的需要，因此，生活型的人需要一个能够提供足够弹性的工作环境来实现这一目标。生活型的人甚至可以牺牲职业的一些方面，如放弃职位的提升来换取三者的平衡。

他们将成功定义得比职业成功更广泛。相对于具体的工作环境、工作内容，生活型的人更关注自己如何生活、在哪里居住、如何处理家庭事务及怎样自我提升等。

 **实训练习**

大学生活与职业规划

一、实训概述

大学生从踏入大学校门那时起就进入了人生的一个新阶段，如何给自己的未来做一个科学的计划，又如何去实施这个计划？这正是我们需要帮助新入校的大学生去完成的工作。

二、实训内容

阅读以下材料，回答后面的问题。

从茫然无措到明确规划

成都××大学信息管理学院人力资源管理专业大二学生小文既是获得规划大赛优胜奖的选手，又是职业生涯规划中进步最快的一名学生。

小文在参加规划大赛的时候提交的职业生涯规划书的突出之处是他对自己的专业有一定的思考，但不足的是对自己的了解不深入，因此没有明确、清晰地提出自己未来长期和短期的规划，规划书写得较为粗糙。但考虑到作为大二学生，他毕竟是首次撰写规划书，能够对自己、对自己的专业进行深入的思考尚属不易，于是，他被允许入围规划大赛第二阶段——职业测评。经过职业测评，他全面了解了自己的职业类型和性格特征，对自己有了一个全新的认识。通过对自己的认识，他不断完善自己的作品，提交了复赛规划书。此规划书在测评书的基础上对自己进行了深入的剖析，并对大学四年的学习生活进行了细致的规划，比初赛时的职业规划书有了较大的进步。不仅如此，在大赛第三阶段的拓展训练中，他充分表现出了团队合作精神和沟通能力。但在结构化面试和无领导小组讨论中，由于比较紧张，表现欠佳，他失去了参加决赛的机会。

赛后，他向我们表示："我发现自己不清楚自己的职业发展方向。虽然没有进入决赛，但参加这次大赛收获还真不少——从盲目学习到对自己进行全面了解，确定自己的人生目标，为未来做了明确的规划。"

（1）成都××大学小文同学规划职业生涯的实践对你有何启示？

（2）谈谈你对职业生涯的理解。

（3）大学生为什么要制定自己的职业生涯规划？

第二章 自我认知

　　自我认知是职业生涯规划的前提和基础，在职业生涯规划中有着重大的现实意义。它包括对自身的兴趣（喜欢做什么）、性格（适合做什么）、价值观（最看重的是什么）、能力（能够做什么）4个方面的探索。

　　加强自我性格的探索，有助于在职业选择上扬长避短；加强自我兴趣和价值观的探索，有助于明确职业目标；加强自我能力的探索，有助于增强自信心、提高竞争力。

1. 了解自我认知的概念、作用及方法。
2. 理解性格、兴趣、能力、价值观与职业的关系。
3. 掌握认知性格、兴趣、能力和价值观的方法，对自己有一个客观、全面的认识。

第一节　认识自我

一、自我认知的概念和内涵

（一）概念

自我认知（也称"自我探索"）是指个人对于自己的反省与识别，是对于自己是怎样的人，自己应该有怎样的行为及他人对自己的评价的认识。自我认知是主观自我对客观自我的认知与评价，包括自我感觉、自我观察、自我印象、自我分析、自我评价等。自我认知回答的一般问题是"我是谁""我是个什么样的人"等。

从职业生涯规划的范畴来讲，自我认知是从个人职业发展角度对自我进行分析、研究，明确个人的职业发展方向，获得自我价值认同。它是个体进行职业决策的重要前提，可以从兴趣、性格、能力、价值观等几个维度进行探索。兴趣决定自己喜欢做什么，性格决定一个人最自然的行为，能力决定一个人能够做什么，价值观决定一个人愿意做什么。

（二）内涵

自我探索的四个维度：

（1）兴趣：是解决问题的意愿与动机，不是测验的分数。

（2）性格：是基因与心智成长共同作用的产物，不是道德修养。

（3）能力：是合适的人生发展平台，不是他人的评价。

（4）价值观：是意义的创造与表达，不是社会地位。

这四个维度之间的关系整合成一个完整的、独特的个体，即"自我"。在职业选择中，这四个维度共同起作用，其中价值观是核心，性格是关键，兴趣和能力是两个重要的辅助因素。

经过多年的发展，职业兴趣测验已在教育、培训、企业管理等领域有了越来越多的应用。企业在招聘时，通过对应聘者职业兴趣的测试判定其属于哪种类型，由此决定录用职位。在企业的日常管理中，如果出现员工和职位不匹配的情况，可测试员工的职业兴趣，再安排与其职业兴趣相匹配的岗位。霍兰德职业兴趣理论对个人升学、就业具有重要的指导作用，已成为众多职业咨询机构的重要工具。

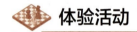 **体验活动**

自我探索

1. 我是谁？

你是否了解你自己？请为自己画出一幅画像，写出 20 个"我是……"。

2. 自己眼中的"我"。

_____

_____

假如我是一种动物，我希望是_____，因为_____；

假如我是一位演员，我希望是_____，因为_____；

如果举行假面舞会，我愿意扮作_____，因为_____。

3. 他人眼中的"我"。

别人说我_____；

_____认为我是_____，因为_____。

活动总结：

也许你正在经历与自我有关的困扰，或者尚未开始自我的思考，希望这次简短的探索能够给你一些启发，在今后的人生中能找到自己的方向。同时，我们也可以通过自我关注、自我反思来发现未知的自己，通过保持乐观积极来使自己更有力量。

我们在选择职业的过程中，可能会遇到各种外来的影响因素，比如金钱与地位、家人的期望、朋友的影响等。如果受到这些因素的影响来选择职业，会导致我们错戴"金手铐"。不要让他人发出的噪声淹没你内心的声音，只有遵从自己的性格、兴趣、能力等，才能找到正确的方向。因为性格决定我们适合做什么，兴趣表露我们真心喜欢什么，技能明确我们能做什么。

自我探索不仅要通过分析式思维了解自己在价值观、兴趣、能力等各方面的特征，还应该把这些特征通过整合式思维综合起来，使我们各方面的心理特性协调发展，这样才不至于出现如"自己喜欢的不是自己擅长的""自己在做的觉得不值得"等不协调的情况。

二、自我认知的作用

自我认知是职业生涯规划中的关键步骤和环节，如果主观评价高于社会客观评价，往往会导致碰壁或失败；如果主观评价低于社会客观评价，会导致信心不足、犹豫不决，很可能会错失良机。只有当对自己的主观评价与社会对自己的客观评价趋于一致时，才容易成功。因此，自我认知是职业生涯规划得以有效实施的必要条件。

（一）自我认知帮助大学生树立职业目标

尺有所短、寸有所长。每个人都有别人无法比拟的长处，也有自我难以克服的缺点。职业生涯规划必须结合自身的特点，不同的兴趣、性格、爱好与能力，会形成不同的职业理想和职业目标。自我认知是对自我的深层次剖析，了解自己的能力大小，明确自己的优势和劣势，根据过去的经验推断未来可能的工作方向，从而彻底解决"我能干什么"的问题。

（二）自我认知是自信的源泉和依据

在自己的生活经历和所处的社会境遇中，我们能否客观地认识自我、评价自我，从而正确地塑造自我形象、把握自我发展、培养积极的自我意识，将在很大程度上影响或决定着我们的前程。每个人都是独特的，都有自己的优势，也都有自己的不足，只有全面客观地认识自我，才能充分地接纳自我，进而树立自信。也就是说，自信是在正确认识自我的基础上产生的。过于高估自己，就是自负；而过于看低自己，则是自卑。这些对于职业生涯来说都是不利的。

（三）自我认知是职业生涯规划的基础和起点

在职业生涯规划中，认识自我就是要使自己明白：我适合干什么？——个人特质；我喜欢干什么？——职业兴趣；我最看重什么？——职业价值观；我能够干什么？——职业技能。

选择适合自己的职业，自我认知是重要的第一步。它包括认识自己的优势与劣势、自己的独特性和发展潜力；认识自己的生理特点；认识自己的理想、价值观、兴趣爱好、能力、性格等心理特点。人不能超越实际，空想自己的职业发展，也不能低估自己的实力。只有正确认知自我，才能正确规划自己的职业生涯。

（四）自我认知是择业成功的前提

认识自己是择业中关键的一环。在择业时，如果对自己有正确、客观、全面的了解，那么对于一些企业提出的客观要求、职业的各种要求及任职资格都会自觉去比较和匹配，对于自己是否能胜任这份工作也有着清醒的认识，从而做出理性选择，同时也增加了就业成功的概率。因此，认识自我是求职成功的重要前提。求职者应正确地了解自己的兴趣、性格、能力和价值观，以积极正确的态度面对求职问题。

三、自我认知的方法

自我认知的方法是多种多样的，包括自我反省法、他人评价法、橱窗分析法、360°评估法和职业测评法等。我们应将这些方法综合起来进行全方位的自我认识。

（一）自我反省法

曾子曰"吾日三省吾身"，古希腊哲学家苏格拉底说："未经审视的生活是不值得过的。"通过对自己一些成长经历的回顾，比如过去哪些事情让自己觉得干起来非常快乐，哪些事情让自己觉得干起来很痛苦，发现自己的职业兴趣、能力特点。通过反省，还可以发现自己的成绩和进步，找出自己存在的不足，明确努力的方向。在使用自我反省法时，要尽量客观地评价自己，避免因为个人的认识或动机而出现较大的失误。

（二）他人评价法

全面自我认识，应当包括来自周围不同人的建议。相对于自我反省，他人的反馈意见可能更客观。也许不是所有人都能对我们有全面的评价，但父母、亲戚、老师、同学等这些和我们长期共同生活的人对我们比较了解，他们的评价有利于我们深入认识自我。

（三）橱窗分析法

橱窗分析法是自我探索的一个重要方法，是一种借助直角坐标系不同象限来表示人的不同部分的分析方法。坐标的横轴正向表示别人知道，负向表示别人不知道；纵轴正向表示自己知道，负向表示自己不知道（见图 2-1）。

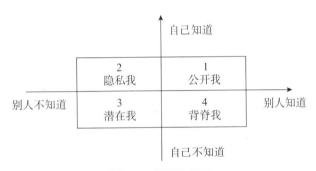

图 2-1　橱窗分析法

纵横坐标把橱窗分成了 4 个部分，即 4 个橱窗，其含义如下：

橱窗 1："公开我"，指的是自己知道且别人也知道的部分，属于个人展现出来、无所隐藏的信息。如个人的外貌、身高、性别等。

橱窗 2："隐私我"，指的是自己知道而别人不知道的部分，属于个人内在的隐私和秘密。如一些童年往事、痛苦辛酸的经历、身上的隐疾、心中的某些不快及自身不愿意让人知道的信息。

橱窗 3："潜在我"，指的是自己不知道且别人也不知道的部分，是潜能巨大、有待开发的部分。如从没有上过台讲话的人，可能一直不知道自己的演讲能力很棒。

橱窗 4："背脊我"，指的是自己不知道而别人却知道的部分，就像自己的背部，自己看不到，别人却看得很清楚。如个体习惯的小动作、口头禅等，自己很难发现，除非别人告知。

通过橱窗分析法进行自我探索，能帮助个体有意识地探索"潜在我"和"背脊我"的内容。对于"潜在我"的探索，需要个体积极主动地探索新的领域，尝试新的行动。对于"背脊我"，个体只要能够虚心诚恳、真心实意地征询他人的意见和看法，多与家人、朋友、同事等展开交流，就能够了解"背脊我"的部分。

（四）360° 评估法

360° 评估法源自人力资源管理中的绩效考核方法，其特点是评价维度多元化（通常是 4 个或 4 个以上）。360° 评估法是由熟悉自己、与自己关系密切的来自不同层面的人员作为评估者（如家人、老师、朋友、同学等），对自我进行多角度的评估。这种方法可以减少盲目的自我评估，当别人对自己的印象基本一致时，这个反馈意见就非常值得重视。要注意的是，在获得很多反馈时，要懂得分辨，尤其是那些差异很大的信息，更需要花一些时间去了解和辨别。

可以通过 360° 评估法（见表 2-1）测试一下自己，然后相互交流一下结论，看看评价是否客观。

表 2-1   360° 评估法

评价人群	优点	缺点
自我评价		
家人评价		
朋友评价		
同学评价		
老师评价		
结论		

（五）职业测评法

这是大学生在进行自我探索时最常用的方法。该方法借助先进的职业发展理论，使用比较成熟的职业测评工具，对自己的兴趣、性格、价值观及能力等进行全方位的、深层次的量化评价和分析，从而更科学地、全面地认识自己，了解自己最看重的是什么，自己最喜欢的是什么，自己最擅长的职业技能又是什么，进而清晰地确定自己喜欢又适合自己的职业发展目标和方向。当测评结果与自我认知差异较大的时候，建议寻求心理测试领域的专家或职业咨询顾问的帮助来解读测试结果，或者自己通过其他自我探索的方式来对测评结果进行求证和澄清。

为了最大限度地发挥职业测评的效用，首先，应该选用一个权威性比较高的职业测评工具；其次，在做测评的过程中，一定要按自己的真实想法回答，避免主观情绪；最后，要选择一个安静、没有外界干扰的环境进行测评。

第二节　兴趣与职业

一、兴趣及其作用

（一）兴趣和职业兴趣

兴趣是指人们力求认识某种事物和从事某项活动的心理倾向，以特定的人、事物或活动为对象，常常伴随着积极的情绪体验。兴趣是人积极探索某种事物的认识倾向。

职业兴趣是人们追求某种职业或从事某种职业的个性取向。拥有职业兴趣能够增加一个人的职业满意度。预测一个人职业选择最好的方法就是询问这个人自己想做什么。

一个人如果对某种职业感兴趣，他就能全神贯注、积极热情、富有创造性地努力完成所从事的工作。一个人如果对自己的专业或工作毫无兴趣，缺乏自觉地、主动地、不断地追求新的成就的热情，即使聪明能干，也不可能在本专业或本行业中有所建树。在择业过程中，职业兴趣一旦产生，就成为择业的定向因素。

（二）直接兴趣和间接兴趣

直接兴趣是指对认识事物或从事活动本身有兴趣，如由于喜欢英语而努力学习英语；间接兴趣是指对事物或活动本身虽没有兴趣，但对认识事物或从事活动的结果有兴趣，如为了得到老师的赞扬而学习英语。一般认为，直接兴趣更持久、促进效果更好。在工作过程中，这两种兴趣都是必要的。如果缺乏直接兴趣，会使工作成为一种沉重的负担；如果没有间接兴趣，又会丧失工作的目标和恒心。

（三）兴趣的三个发展阶段

从兴趣的发生和发展来看，一般要经历这样一个过程：有趣—乐趣—志趣。

1. 有趣

有趣是兴趣发展的第一阶段，也是兴趣发展的低级水平，它往往易起易落，转瞬即逝，非常不稳定。处于这一阶段的兴趣常常与人们对某一事物的新奇感相联系，随着这种新奇感的消失，兴趣也会自然逝去。

2. 乐趣

兴趣发展的第二阶段为乐趣，乐趣又被称为爱好。它是在有趣定向发展的基础上形成的，是兴趣发展的中级水平。在这一阶段或水平上，人们的兴趣会向专一的、深入的方向发展。如一个人对汽车很有乐趣，他不但会学习这方面的知识，还会亲自装配和修理，并参加有关的兴趣小组活动和论坛。

3. 志趣

当乐趣同一个人的社会责任感、理想、奋斗目标结合起来时，便会转化为志趣。它是兴趣发展的高级水平。志趣是取得成就的根本动力，是成功的重要保证，具有社会性、自觉性和方向性3个特点。

（四）兴趣的作用

一般来说，兴趣对于人的一生具有很大的作用。

1. 兴趣可以开发智力

兴趣是最好的老师，是开发智力、挖掘潜能的钥匙。兴趣是一种强大的精神力量，它可以使人集中精力去获得知识，并创造性地开展工作。古今中外著名的科学家、艺术家之所以能对人类做出贡献，莫不是由于他们的创造兴趣和他们对事业的责任感相结合而凝成一股强大力量，推动他们不懈努力，取得成功。当一个人对某种事物产生兴趣时，就能调动其整个身心的积极性，积极地感知、观察事物，积极思考、大胆探索，情绪高涨，想象丰富，并具有克服困难的意志。反之，"牛不喝水强按头"是不能取得好的效果的，当然也就不能充分发挥一个人的聪明才智。

2. 兴趣可以提高效率

当一个人对某工作不感兴趣时，即便很努力，也一直在坚持，可最终还是体会不到工作的快乐。兴趣使工作不再是一种负担，而是一种享受。兴趣可以调动身心的全部精力，以敏锐的观察力、高度集中的注意力、深刻的思维和丰富的想象投入工作，从而有助于工作效率的提高。

据研究，如果一个人对某工作有兴趣，就能发挥他全部才能的80%~90%，并且长时间保持工作高效而不感到疲倦。兴趣表现为长时间做这件事情都不会累，而且会忘记时间，深深地投入这件事情。当人们在专心致志地、积极地参与某种活动，忘记了时间和自己的时候，他们感到最为愉快和满足。这种"聚精会神""忘我"的状态称为心流。而对工作没有兴趣的人，只能发挥全部才能的20%~30%，也容易精疲力竭。多方面的兴趣可以使人善于应付多变的环境。如需变换工作，只要自己感兴趣，也能很快熟悉、适应新的工作。

3. 兴趣是行动的动力

英国著名人类学家珍妮·古道尔（Jane Goodall）从小喜欢生物，她在中学毕业后，对黑猩猩产生强烈兴趣，这使她不畏艰险，只身进入热带森林与黑猩猩一起"生活"了10年之久，并获得了极为宝贵的第一手资料，为揭开黑猩猩的秘密做出了贡献。兴趣是行动的动力。谁找到了自己最感兴趣的工作，谁就踏上了通向成功的道路。

（五）职业兴趣的作用

1. 职业兴趣会影响职业的选择

在求职择业的过程中，人们除了考虑待遇等问题外，常常以自己是否对某种职业有兴趣作为重要的考虑因素。一旦发现自己对某种职业有浓厚的兴趣，他们就会努力地去谋取或追求这一职业，并在得到这一职业后，尽心尽力地去做。

2. 职业兴趣可开发个体的潜力

在职业活动中，职业兴趣能够促使一个人发挥自己的主动性和创造性，以一种积极的态度来面对工作。当遇到困难时，在职业兴趣的引导下，个体会积极地去思考，想方设法解决这一难题，而不轻易放弃。在这一思考的过程中，人的潜力会得到充分的开发，自己的能力也在不知不觉中得到增强，从而更容易在职业活动中取得成果，促进个体的进步。

3. 职业兴趣使人能更快地适应职场环境

在职业兴趣的引导下，人们会以一种乐观向上的态度面对自己所处的职业环境，尽自己一切的努力去适应它，以求得到更大的发展。他们会尽快适应本职工作，进入自己的职业角色，使自己在职业活动中尽早摆脱一个新人的地位。

（六）职业兴趣的培养

职业兴趣是可以通过多种途径，加上自己的努力去改变、发展和培养的。在培养职业兴趣时，可从以下几个方面努力。

1. 培养广泛的兴趣

具有广泛兴趣的人，不仅对自己职业领域的东西有着浓厚的兴趣，而且对其他方面也有一定的兴趣。这种人眼界比较开阔，在解决问题时也可以从多方面得到启发，在职业选择上有较大的余地。

2. 要有中心兴趣

人的兴趣应广泛，但不能浮泛，要有一定的集中爱好，即广且有重点，才能学有所长，获得丰富的知识。如无中心兴趣，往往会知识肤浅，没有确定的职业方向，心猿意马，难有成就。

3. 重视培养间接兴趣

人在最初接触某种职业时，往往对职业本身缺乏强烈的兴趣，必须要从间接兴趣入手培养职业兴趣。如了解该职业在社会中的意义、对人类的贡献、职业的发展机会等，以引起职业兴趣。

4. 积极参加职业实践

只有通过职业实践，才能对职业本身有深刻的认识和了解，才能激发自己的职业兴趣。职业实践活动包括生产实习、社会调查、参观访问及组织兴趣小组等。

5. 客观评价自身能力

兴趣是成功的前提，但事业成功也必须具备该职业所要求的能力。因此，在培养职业兴趣的同时要客观评价自己的能力，看自己是否适合某种职业。在此基础上形成的职业兴趣才是长久的。

二、兴趣类型及相适应的职业

兴趣本身不是为了从事什么职业而产生和形成的，但它可以根据职业的种类进行分类，这样就出现了职业兴趣类型。不同的职业需要不同的兴趣特征。如《加拿大职业分类词典》分析了兴趣类型的特征及相关的职业（见表2-2）。

表2-2　10种兴趣类型的特征及相关的职业

序号	兴趣类型	特征分析	相关职业举例
1	喜欢与具体事务打交道	喜欢接触工具、器具和数字，而不喜欢与人打交道。希望能很快看到自己的劳动成果，并从完成的产品中得到满足	制图员、修理工、裁缝、木匠、建筑工、出纳员、会计员、勘测人员、工程技术人员、机器制造人员等
2	喜欢与人打交道	喜欢与人交往，一般对销售、采访、传递信息一类的工作感兴趣	记者、推销员、营业员、服务员、教师、行政管理人员、外交联络人员等
3	喜欢与文字打交道	喜欢有规律的活动，习惯在预先安排的程序中工作，愿意干有规律的工作	邮件分类员、办公室职员、图书管理员、档案整理员、打字员、统计员
4	喜欢从事农业、生物、化学类工作	喜欢生物、化工方面的实验性活动	农业技术员、饲养员、化验员、制药工、菜农

续表

序号	兴趣类型	特征分析	相关职业举例
5	喜欢从事社会福利和帮助人的工作	喜欢帮助别人解决困难，这类人乐于帮助人，试图改善他人状况，为他人排忧解难	律师、咨询人员、科技推广人员、教师、医生、护士
6	喜欢做组织和管理工作	喜欢掌管一些事情，以发挥重要作用，希望受到众人尊敬和获得声望，愿做组织管理工作	各级各类组织管理者，如行政人员、企业管理干部、学校领导和辅导员等
7	喜欢研究人的行为和心理	喜欢涉及人的话题，对个人的行为举止和心理状态感兴趣	研究人、管理人的工作，如心理学、政治学、人类学、人事管理、思想政治教育等研究工作者，以及教育工作者、经济管理工作者、社会科学工作者、作家等
8	喜欢从事科学技术工作	喜欢通过逻辑推理、理论分析、独立思考和实验去发现和解决问题，对分析、推理、测试活动感兴趣，善于理论分析，喜欢独立地解决问题，也喜欢通过实验得出新发现	生物、化学、工程学、自然科学工作者和工程技术人员等
9	喜欢从事有想象力和创造力的工作	喜欢独立的工作，对自己的学识和才能非常自信。乐于解决抽象的问题，而且急于了解周围的世界	社会调查员、经济分析员、各类科学研究工作者、演员、画家等
10	喜欢从事操作机器的技术型工作	对运用一定技术操作各种机械、制造产品感兴趣	飞行员、驾驶员、机械制造人员、建筑工人、石油和煤炭开采人员

三、兴趣与职业发展的关系

大量研究表明，兴趣与工作满意度、职业稳定性和职业成就感之间都存在着明显的关联。如果从事的职业符合自己的兴趣，内心就会拥有源源不断的动力，促使自己全身心地投入，并不断提高自己应对挫折及解决问题的能力，将兴趣发展为技能。

（一）职业兴趣可以影响人的职业定位

理想的职业发展应该是"恰当的人从事恰当的工作"，个人进行职业定位时需要考虑职业与自身的职业兴趣是否相符，两者的最佳匹配是职业发展的强大动力。正像人们在日常生活中喜欢从事自己感兴趣的活动一样，人们更倾向于寻找与自身职业兴趣相关的职业，特别是在外界环境限制较小时，会更倾向于选择自己感兴趣的职业。

（二）职业兴趣能够开发人的潜能，激发人的探索欲和创造力

职业兴趣在个人的职业活动中起着非常重要的作用，一个人如果从事自己感兴趣的职业，就会不断地为之努力，即使遇到一些困难也不会轻易退缩。相反，一个人如果从事不喜欢的工作，就很难有持久的工作热情。

巴菲特曾经说："我和你没有什么差别。如果你一定要找一个差别，那可能就是我每天有机会做我最爱的工作。"科学家爱迪生一生的发明近 2 000 项，被称为"发明大王"，他之所以能够取得如此大的成功，是因为他从事的是自己特别感兴趣的工作。可见，职业兴趣能够在职业活动中激发人的潜能。

（三）职业兴趣可以增强人的职业稳定性和职业满意度

个人从事感兴趣的工作，能够从中获得更多的愉悦感、价值感和满足感。作家马克·吐温曾经这样说："最成功的人是那些整天做自己喜欢做的事，并且像是在度假的人。"在这种状态下，生活与工作浑然一体，人们从工作中获得了生活的乐趣，从而会对工作产生更为深刻的认同感，个人的职业稳定性也就能得到保证，职业满意度也容易提高。

 精选案例

化学系的小张喜欢摄影，是学校摄影协会的会员。大学期间，他的摄影技术大有长进，作品多次在学校举办的摄影大赛中获奖，有一幅作品还获得了省级摄影比赛的三等奖。

毕业求职时，不善言辞的小张处处碰壁，看着他一筹莫展的样子，老师建议他尝试从事摄影方面的工作。小张便开始留意身边一些报社和杂志社的招聘启事。后来，通过考试，他成为××晚报的一名专职摄影记者。刚开始，由理转文的小张对新闻工作非常不适应，采访照片背后的文字报道一度让他伤透了脑筋。经过一段时间的积累后，他的采访能力和文字功底大大提高。在××晚报工作两年后，小张又被本市一家都市报挖走，成为该都市报摄影部的顶梁柱。

在观念开放、人才流动频繁的现代社会，跨行求职已不是什么新鲜事。小张尽管是学理的，但在摄影方面的爱好和一技之长使他拥有了一份自己喜爱的工作。对于跨专业求职一族而言，无论是"逼上梁山"的无奈，还是一种自主选择，他们都用自己的兴趣和勇气走出了一条不同寻常的就业路。他们在新的领域里看到了别样的风景，享受了别样的人生。

在竞争日益激烈的人才市场中，当专业优势不再成为求职优势的时候，求职者的爱好或特长，往往是将其从普通人中分离出来的一个显著标记。或许，兴趣求职只是求职成功中的一个偶然因素，但它却说明这样一个事实：机会不仅垂青有准备的人，而且垂青有多种技能的人。兴趣广泛、拥有多方面技能的人才，无疑使自己拥有更多的求职筹码，也就理所当然地成为求职场上的佼佼者了。

四、挖掘个人职业兴趣

很多人苦于自己没有特定的兴趣爱好，抱怨自己兴趣太宽泛而不专注。其实每个人都可以通过刻意练习，培养一个终身的、稳定而持久的兴趣爱好。

（一）多尝试、多练习

有些人常说对某项活动没有兴趣，也不喜欢。究其原因，主要是没有尝试和练习。对某项活动缺乏兴趣的人，一般是怀疑自己缺乏某种能力，怕做不好，惹人笑话，干脆说没兴趣、不喜欢。事实上，只要肯练习，慢慢就会尝到甜头，兴趣爱好也就产生了。

（二）想办法加入同类组织

加入同类组织，一方面可以与同行交流，提高自己的水平；另一方面可强化自己的兴趣，使其得到升华，这个兴趣甚至会成为自己的终生职业。

（三）积极发表自己的作品，力争得到社会的承认

人都是希望有所作为的，积极发表自己的作品，能增加自己的信心，给自己带来希望。当得到社会承认后，你会认为自己是一个有用的人、一个有价值的人、一个有利于

社会的人，从而找到人生的目标。

　　这个训练过程可能需要我们不断地验证、否定、打磨、扩充……但是别怕，坚持下去，相信自己肯定会不断突破自身的局限，培养出具有核心竞争力的兴趣爱好。

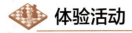 体验活动

职业生涯幻游

　　大家根据前面的测试，闭上眼睛想象自己已经通过时空旅行来到十年后的世界。十年后的你是什么样子？你在做什么？你周围是些什么样的人？五分钟后睁开眼睛，回到现在，欢迎你旅行归来，请用画笔或文字把刚才的旅途心境与感受描绘出来，并一起分享讨论。

十年后的我居住的场所

_____

十年后的我居住的场所周围环境

_____

十年后的我居住的场所周围人群

_____

十年后的我从事的工作

_____

十年后的我从事的工作的具体内容

_____

十年后的我从事工作的场所

_____

十年后的我从事工作的场所周围环境

_____

十年后的我从事工作的场所周围人群

_____

活动总结：

通过体验活动，更加明确自己的职业兴趣点，更好地把握自己的职业倾向，从而在未来职场中扬长避短。

第三节 性格与职业

一、性格与职业性格

不同性格的人适合从事不同的职业。在职业的选择上，性格和职业相匹配，能够提高人在职业上的幸福感。这也是近年来许多用人单位在招聘人员时加入了性格测试这一项目的原因。近年来，国外用人单位在招聘时出现一种新观念，即认为性格比能力更重要。如果一个人能力不足，可以通过后期的培训逐渐提高，一年不行两年，两年不行三年，总是可以培训出来的，但如果一个人的性格不好就很难改变，正所谓"江山易改，本性难移"。所以这些单位在招聘时，会把性格测试放在首位，当性格与职业吻合时，才会对其能力进行测试考查。

（一）性格

性格是一个人在对现实的稳定态度和习惯化了的行为方式中所表现出来的个性心理特征。人的性格特点主要表现在态度、意志、情绪、理智 4 个方面。

1. 态度

态度主要是指处理各种社会关系方面的性格特征，如能言善辩或沉默寡言、直率或含蓄、细致或粗心。

2. 意志

意志主要是指人在对自己行为的自觉调节方面的性格特征，如主动或被动、勇敢或怯懦。

3. 情绪

情绪主要是指人产生情绪活动时在强度、稳定性、持续性和主导心境等方面表现出来的性格特征，如情绪起伏波动的大或小。对于大学生来讲，应塑造阳光心态，把正面情绪调动起来，使自己经常处于积极的情绪当中。

4. 理智

理智主要是指人在认知过程中的性格特征，如幻想型和现实型。

性格的特征并不是孤立的，而是互相联系的，在个体身上结合为一体，形成一个人不同于他人的"标签"。大学生了解自己的性格特征，有利于今后的职业发展，从而形成自己的职业性格。

（二）职业性格

职业性格是指人们在从事某种职业后，因为职业的需求或对该职业从业者的普遍要求所形成的较为固定的性格要素集合。如果一个人的性格能和职业性格相匹配，那无疑是一件幸福的事情，如果一个人的性格与职业性格相差甚远，那可以说是一种折磨。每一种职业都对性格特征有特定的要求，例如：驾驶员要具备注意力集中、动作敏捷的职业特征，护士要具备耐心细致、热情待人的职业性格特征，艺术家要有想象力、创造性等特征。

 精选案例

案例一：王敏是某高校环境与化学工程系一年级的学生，药品营销专业是他高考时的第一志愿。经过半个学期的学习，他对自己所学的专业很感兴趣，成绩也不错。但他觉得自己的性格比较内向，营销这个行业又恰恰要求有良好的人际交往能力，自己的性格会不会不利于今后在事业上的发展？因此，王敏不知道自己是否适合从事营销方面的工作。

案例二：李琳是个很聪明的学生，从小到大，成绩一直不错。上大学后，她也是成绩优异，每年都拿奖学金。但是她并不开心，因为她性格内向，不善言辞，除了成绩，其他方面很难引起别人的注意。她想，这样的性格在工作中是否会不顺？自己是否应该继续深造？要不要利用这几年时间把性格改变一下？但是，性格能改变吗？

王敏和李琳的困惑在大学生中比较有代表性。一方面，他们不清楚如何从性格的角度去考虑自己适合学什么专业、做什么工作；另一方面，他们常对自己的性格有这样或那样的不满，担心性格影响未来发展，但是又不知道性格能否改变。要解决这些困惑，大学生需要更清晰地认知自己的性格特征，了解性格和职业的关系。

二、性格与职业的关系

中国古代教育家孔子非常重视性格在一个人事业发展中的作用。鲁国大夫季康子向孔子打听他的几个得意门生的才干，孔子一一作答。季康子问："有军事才能的子路可否从政？"孔子说："子路个性相当果敢，可为统御之帅，如果从政，恐怕不太合适，因为怕他过刚易折。"季康子又问:"请子贡出来做官好不好?"孔子说:"不行,子贡太通达,把事情看得太清楚,功名利禄全不在眼下,如果从政,也许会是非太明而不妥当。"季康子又问:"冉求是否可以从政?"孔子说:"冉求是个才子、文学家,名士气太浓,也不适合从政。"一生仕途坎坷的孔子,已经对个人性格对事业发展带来的影响有了深刻的认识。可见,一个人从事的职业和未来的发展方向都与性格息息相关。

人的性格类型与职业之间有着一种内在的相关性,一方面,不同的性格类型适合不同的职业;另一方面,从事某种特定职业的人员,会按照职业的要求,不断巩固或调整原有的性格特征。如果一个人从事的职业是依据其性格选择的,与他的个性相适应,那他工作起来就会得心应手、心情舒畅且容易取得成绩。如果性格与职业不相适应,性格就会阻碍工作的顺利开展,使从业者感到乏味、被动、无兴趣、力不从心、精神紧张,不易取得成功。因而在职业生涯中要考虑个人的性格,根据性格特征选择适合从事的职业,这样会更容易取得成功。

 **体验活动**

岛屿度假计划

假如你获得了一次免费度假旅游的机会,可以选择去表 2-3 所列的 6 个岛屿中的一个。唯一的要求是你必须在这个岛上住满半年的时间。请不要考虑其他因素,按照自己的喜欢程度选出你最想前往的 3 个岛屿。

表 2-3 岛屿测试

岛屿名称	描述
A 岛: 美丽浪漫的岛屿	岛上遍布着美术馆、音乐厅,弥漫着浓厚的艺术文化气息。同时,当地的原住民还保留了传统的舞蹈、音乐与绘画,许多文艺界的朋友都喜欢来这里找寻灵感
I 岛: 深思冥想的岛屿	岛上人迹较少,建筑物多僻处一隅,平畴绿野,适合夜观星象。岛上有多处天文馆、科学博物馆及科学图书馆等。岛上居民喜好沉思、追求真知,喜欢和来自各地的哲学家、科学家、心理学家等交流心得
C 岛: 现代、井然的岛屿	岛上的建筑物十分现代化,是进步的都市形态,以完善的户政管理、地政管理、金融管理见长。岛民个性冷静保守,做事有条不紊,善于组织规划,细心高效
R 岛: 自然原始的岛屿	岛上保留有热带的原始植物,自然生态保持得很好,也有相当规模的动物园、植物园、水族馆。岛上居民以手工见长,自己种植花果蔬菜、修缮房屋、打造器物、制作工具,喜欢户外运动

续表

岛屿名称	描述
S 岛： 温暖友善的岛屿	岛上的居民个性温和、十分友善、乐于助人，社区均自成一个密切互动的服务网络，人们多互助合作，重视教育，关怀他人，充满人文气息
E 岛： 显赫富庶的岛屿	岛上的居民热情豪爽，善于企业经营和贸易。岛上的经济高度发达，到处是高级饭店、俱乐部、高尔夫球场，来往者多是企业家、经理人、政治家、律师等，财富论坛和其他行业峰会曾多次在这里召开

（1）按自己第一选择的岛屿分组就座。

（2）同一岛屿的人交流一下：自己为什么选择这个岛屿，看看大家有什么共同的兴趣爱好，并归纳关键词。

（3）根据大家的交流给自己的小组命名并选取一个标志物，在白纸上制作一张本小组的宣传海报。

（4）每个小组请一位同学用 2 分钟时间展示自己小组的宣传海报并在全班介绍一下本小组成员的共同特点。

活动总结：

通过这个体验活动，可以更好地了解自己的职业性格，根据你的性格特征，参考选择适合自己的职业。

三、性格类型与职业偏好

迄今为止，在各个领域应用最多的性格评价工具是 MBTI。性格类型的概念是由瑞士的心理学家卡尔·荣格（Carl Gustav Jung）提出来的。根据大量的观察，荣格推断不同的行为源于个人在运用心智方面具有不同的倾向。人们习惯按照各自的倾向行事，逐渐形成各自的行为模式。荣格提出，世界上有 3 个维度和 8 种性格类型。到了 20 世纪 50 年代，美国的一对母女迈尔斯（Myers）和布里格斯（Briggs）在此基础上发展出多个维度，并逐渐形成了 MBTI 性格类型理论。

MBTI 性格类型理论是目前国际上权威的、广泛使用的理论。它系统地把握了人的性格，也解释了为什么不同的人对不同的事物感兴趣、擅长不同的工作，并且有时不能互相理解。

在 MBTI 性格类型理论中，人的性格被分为 4 个维度，每个维度有 2 个方向，共计 8 个方面（见表 2-4）。

表 2-4 MBTI 的性格分类标准及类型、特点

分类标准	类型	特点	类型	特点
能量倾向	外倾（E）	注意力和能量都主要指向外部的人和事，习惯于从事外界活动，喜欢与人打交道	内倾（I）	注意力和能量主要集中于内心世界，喜欢独处、内省、孤僻和安静
接收信息	感觉（S）	注意和留心事物的细节，用感官接收信息，着眼于现在	直觉（N）	用超越感官的方式获取信息，相信灵感，从整体上看事物，着眼于未来
处理信息	思维（T）	崇尚逻辑公正，通过事实和数据做出决定，有一套既定的行为准则，很少把自己的个人情感掺杂到决定当中	情感（F）	通过个人的价值观和感受做出决定，通常会主观性、感情化，注重人际和睦
行动方式	判断（J）	倾向于通过思维去组织、计划和调控自己的生活，喜欢条理分明、秩序井然，希望凡事都在掌控中，注重结果，通过完成任务获得满足	知觉（P）	倾向于用感觉和知觉的方式做决定，不介意变化，态度总是灵活机动的，希望事情能任其自然发展，注重过程，通过接触新事物获得满足

这 8 个方面分别回答了我们行事的不同风格：外倾（E）和内倾（I），我们与世界的相互作用是怎样的？感觉（S）和直觉（N），我们自然留意的信息类型是什么？思维（T）和情感（F），我们如何做决定？判断（J）和知觉（P），我们的做事方式是什么？每个人的性格都落脚于每个维度两端的中点的这一边或那一边，我们把每个维度的两端称作"偏好"。例如：如果落在外倾的那一边，那么就可以说你具有外倾的偏好；如果落在内倾的那一边，那么就可以说你具有内倾的偏好。

（一）MBTI 各种类型的主要特征

MBTI 各种类型的主要特征比较如表 2-5~ 表 2-8 所示。

表 2-5 外倾型（E）和内倾型（I）的特征比较

外倾型（E）	内倾型（I）
与他人相处时精力充沛	独处时精力充沛
行动先于思考	思考先于行动
喜欢边想边说出声	在心中思考问题
易于"读"和了解；随意地分享个人感受	更封闭，更愿意在小群体中分享个人感受
说的多于听的	听的比说的多

续表

外倾型（E）	内倾型（I）
高度热情地参与社交	不把兴奋说出来
反应快，喜欢快节奏	仔细考虑后，才有所反应
喜欢广度而不是深度	喜欢深度而不是广度

表 2-6　感觉型（S）与直觉型（N）的特征比较

感觉型（S）	直觉型（N）
相信确定有形的东西	相信灵感或推理
对概念和理论兴趣不大，除非它们有实际意义	对概念和理论感兴趣
重视现实性和常情	重视可能性和独创性
喜欢使用和琢磨已知的技能	喜欢学习新技能，但掌握之后很容易就厌倦了
留意具体的、特定的事物，进行细节描述	留意事物的整体概况、普遍规律及象征含义，用概括、隐喻等方式进行表述
循序渐进地讲述有关情况	跳跃性地展现事实
着眼于现实	着眼于未来，留意事物的变化趋势，喜欢从长远角度看待事物

表 2-7　思维型（T）和情感型（F）的特征比较

思维型（T）	情感型（F）
退后一步思考，对问题进行客观的、非个人立场的分析	超前思考，考虑行为对他人的影响
重视符合逻辑、公正、公平的价值；一视同仁	重视同情与和睦；重视准则的例外性
被认为冷酷、麻木、漠不关心	被认为情感过多，缺少逻辑性，软弱
认为坦率比圆通更重要	认为圆通比坦率更重要
只有当情感符合逻辑时，才认为它可取	无论是否有意义，认为任何感情都可取
被"获取成就"激励	被"获得欣赏"激励
很自然地看到缺点，倾向于批评	惯于迎合他人，着重维护人脉资源

表 2-8　判断型（J）和知觉型（P）特征比较

判断型（J）	知觉型（P）
做了决定后最为高兴	当各种选择都存在时，感到高兴
工作第一，玩耍其次（如果有时间的话）	先享受，然后再完成工作（如果有时间的话）

续表

判断型（J）	知觉型（P）
建立目标，准时完成	不断改变目标
愿意知道将面对的情况	喜欢适应新情况
着重结果（重点在于完成任务）	着重过程（重点在于如何完成工作）
满足感来源于完成计划	满足感来源于计划的开始
把时间看作有限的资源，认真地对待最后期限	认为时间是可更新的资源，而且最后期限也是有收缩的

（二）MBTI 人格组合类型

在 MBTI 中，4 个维度上 8 种态度的不同表现正好组合成 16 种人格类型，如表 2–9 所示。16 种人格类型的职业偏好、可能适应的职业环境类型如表 2–10 所示。

表 2–9　MBTI 人格理论的 16 种人格类型

	S 感觉	S 感觉	N 直觉	N 直觉	
I 内倾	ISTJ 内倾／感觉／思维／判断	ISFJ 内倾／感觉／情感／判断	INFJ 内倾／直觉／情感／判断	INTJ 内倾／直觉／思维／判断	J 判断
I 内倾	ISTP 内倾／感觉／思维／知觉	ISFP 内倾／感觉／情感／知觉	INFP 内倾／直觉／情感／知觉	INTP 内倾／直觉／思维／知觉	P 知觉
E 外倾	ESTP 外倾／感觉／思维／知觉	ESFP 外倾／感觉／情感／知觉	ENFP 外倾／直觉／情感／知觉	ENTP 外倾／直觉／思维／知觉	P 知觉
E 外倾	ESTJ 外倾／感觉／思维／判断	ESFJ 外倾／感觉／情感／判断	ENFJ 外倾／直觉／情感／判断	ENTJ 外倾／直觉／思维／判断	J 判断
	T 思维	F 情感	F 情感	T 思维	

表 2–10　16 种人格类型的职业偏好、可能适应的职业环境类型

性格类型	职业偏好	可能适应的职业环境类型
ISTJ 内倾／感觉／思维／判断	会计／办公室管理人员 工程师 警察／法律工作 生产、建设、保健	注重事实和结果 提供安全结构和顺序 能保持稳定的情绪

续表

性格类型	职业偏好	可能适应的职业环境类型
ISTP 内倾/感觉/思维/知觉	科研、机械、修理 农业 工程师和科学技术人员	注重迅速解决问题 目标和行动取向 不受规律限制 着眼于眼前的经历
ESTP 外倾/感觉/思维/知觉	市场销售、工程和技术人员 信用调查、健康技术 建筑、生产、娱乐	注重第一手经验 工作具有灵活性 及时满足需要、技术取向
ESTJ 外倾/感觉/思维/判断	商业管理、银行、金融 建筑生产、教育、技术、服务	注重正确高效地做事 任务取向、注重组织结构 提供稳定性和可预知性 实现可行的目标
ISFJ 内倾/感觉/情感/判断	保健专业、教学/图书馆工作 办公室管理、个人服务、文书 管理	看重有条理的任务 注重安全与隐私 结构清晰、有效率、安静、服务取向
ISFP 内倾/感觉/情感/知觉	机械和维修、工厂操作、饮食 服务办公室工作、家务工作	善于合作、喜爱自己的工作 允许有自己的私人空间 灵活、具有审美能力、谦恭
ESFP 外倾/感觉/情感/知觉	保健服务、销售工作、机械操 作、办公室工作	注重现实、行动取向 活泼、精力充沛、适应性强、和谐 以人为本、舒适的工作环境
ESFJ 外倾/感觉/情感/判断	保健服务、接待员、销售 看护孩子、家务工作	喜欢帮助他人 目标明确的人和组织 气氛友好的、善于欣赏的 有良心的、喜欢按实际条件办事
INFJ 内倾/直觉/情感/判断	宗教工作、教学/图书馆工作 媒体专家 社会服务、研究和发展	关注人类的思想和心理健康 协调、安静、有组织的 有情感、喜欢有反省的时间和空间
INFP 内倾/直觉/情感/知觉	咨询、教学、文学、艺术 戏剧、科学、心理学 写作、新闻工作室	关注他人的价值合作的氛围 允许有思考的时间和空间 灵活、安静、不官僚
ENFP 外倾/直觉/情感/知觉	教学、咨询 广告、销售、艺术、戏剧 音乐	关注潜能、丰富多彩、积极参与的 氛围 活泼的、不受限制的 提供变化和挑战、思想进取

续表

性格类型	职业偏好	可能适应的职业环境类型
ENFJ 外倾／直觉／情感／判断	销售、艺术家、演艺人员 宗教工作、咨询 教学、保健	愿意为帮助他人而改变 社会化的、和谐的 有秩序、以人为本、鼓励自我表达
INTJ 内倾／直觉／思维／判断	科学、工程师、政治／法律 哲学、计算机专家	注重长远规划的实现 有效率的、以任务为重 允许独自一人和思考 支持创造性和独立
INTP 内倾／直觉／思维／知觉	科学、研究、工程师 社会服务、计算机程序 心理学、法律	喜欢解决复杂的问题 鼓励独立、隐私 灵活的、不受限制的、安静的 喜欢自我决定
ENTP 外倾／直觉／思维／知觉	管理 操作和系统分析 销售经理、市场营销 人事关系	结果取向的、独立的 喜欢解决复杂的问题 目标取向、果断 有效率的系统和人
ENTJ 外倾／直觉／思维／判断	企业主、项目管理 政治、风险投资 法务 策划公关、经纪	对外部环境的变化异常敏锐 善于找到控制局面的核心关键 在紧急情况下能理性分析 制订计划，严格落实，直到达成目标

第四节　价值观与职业

一、价值观和职业的关系

价值观是人们在考虑问题时所看重的原则和标准，是人们内在的驱动力。因此，价值观在人们的职业生涯发展中往往起着极其重要的作用，甚至可能超过了兴趣和性格对个人的影响。

价值观往往决定职业期望，影响职业方向和职业目标的选择。大学生在选择职业时，常常面临着价值观的冲突。例如：在高薪待遇、事业发展、人际和谐、环境舒适、工作安稳等方面有矛盾时，究竟应看中什么？左右你选择的，往往就是自己内心的价值观。在职业生涯规划中，价值观被作为职业定位的最关键因素。只有当所从事的职业与自我价值观相符合时，才不会有心理冲突，才能充分调动起积极性，并最大限度地去发挥自己的能力，以满足高层自我实现的需要，产生成就感。价值观受所从事职业的影响而发展变化，通过对所从事职业的认知、了解和体验，人的价值观也会不断改变和更新。在从事某项工作之前，对工作的认识是表面的、肤浅的，只有在经历后，才会有收获，才能体会到它的价值所在。

知识拓展

如何进行选择

　　在一场讲授如何做好人生规划的专业课中，老师问学生："假设你一个人外出旅游，来到了一个峡谷，发现几米深的地方有一个手提包，而且手提包是打开的，里面装着一沓钞票。同时，你还发现，在悬崖边有一些看起来长得不是很牢固的树根，这些树根可以帮你到达手提包的位置，拿到这笔意外的财富。当然，你也有可能因此而摔下去。你会选择离开还是靠近？"

　　一半以上的学生选择了离开，毕竟，再多的财富也比不上宝贵的生命。

　　老师没有发表意见，继续问："如果那个装钱的手提包换成一个失足落下的小男孩，他此时奄奄一息地发出求救的呼唤，你又会怎么选择呢？"学生们考虑了几秒钟后，全部选择了靠近。"面对相同的环境、相同的危机、相同的后果，你们却做出了不同的选择，这是为什么呢？"

　　学生："因为目标不同，一个目标是为了取得财富，一个目标却是为了营救生命，相比较而言，生命当然要比财富重要。"

　　老师："只是因为个人所设定的目标不同，所以你们的价值观也就不同了。现在，我们换个内容。如果你有一个心仪的女朋友，你希望能和她厮守终生，但对方却不这样认为，也许她不是真的喜欢你。这时候，如果你一意孤行地付出自己的情感，那么结局会有两个：要么她被你感动，被动地和你在一起，但这段感情可能随时都会出现问题；要么她仍旧冷漠地离开你，任你对她再好也没有用。这时，你是选择毅然离开，还是坚持靠近？"

　　学生陷入了两难的思考。毕竟，面对自己的所爱，在尚未出现绝望的信号之前，怎能轻易放弃？有些人甚至想，只要能够挽回恋人的心，自己牺牲一切也在所不惜。

　　"假若角色互换，"老师看到大家都不吭声，于是话题一转，"你是那个被人苦苦追求的女孩，在你根本没有打算接纳对方的前提下，你会选择离开，让对方彻底死心，还是选择靠近，听任感情自由发展？"

当互换了角色之后，学生们变得不再迟疑，纷纷表示："既然不爱人家，就该及早离开，免得耽误了对方的青春和幸福！"

老师微笑着说："既然你们能够明白，在不喜欢一个人的时候，一定要给对方一个明确的答复，不要耽误、伤害别人，那么易地而处，当你是一个追求者时，又何必甘愿自己深陷泥沼之中，糟蹋自己的青春与幸福呢？"

学生们噤声不答，过了几秒钟后，他们提出了这样的疑问："老师，我们今天讨论的话题与人生规划之间有什么直接的关系吗？"

老师平和而掷地有声地说："在人生的课题中，离开与靠近是一门很大的学问，有很多人在面对问题的时候，本该离开却选择了靠近，本该靠近却又选择了离开，所以他们的人生路途走得跌跌撞撞、痛苦不堪。如果你们连分辨离开与靠近的智慧都没有，分不清什么是'势在必行'，什么又是'势所不行'，那么所有的人生规划都将沦为空谈。"

二、职业价值观

（一）职业价值观的概念

职业价值观是人们在选择职业时的一种内心尺度。它表明了一个人通过工作所要追求的理想是什么，哪个职业好，哪个岗位适合自己。

职业价值观是人生目标和人生态度在职业选择方面的具体表现，也就是一个人对职业的认识和态度及他对职业目标的追求和向往。理想、信念、世界观对于职业的影响，集中体现在职业价值观上。职业价值观影响职业选择，决定了就业后的工作态度和工作绩效水平，从而决定了职业发展的质量。

（二）职业价值观的意义

俗话说"人各有志"，这个"志"表现在职业选择上就是职业价值观，它探讨人们在职业选择和职业生活中，在众多的价值取向里，优先考虑哪种价值。

职业价值观是一种具有明确的目的性、自觉性和坚定性的职业选择的态度和行为，对一个人的择业动机、职业目标和职业方向的选择起着决定性的作用。由于职业价值观不同，有的人喜欢平稳安定的职业，有的人喜欢富于挑战的职业，有的人喜欢领导和指挥别人的职业，有的人喜欢收入高的职业等。因此，认真了解和分析个人的职业价值观，对给自己的职业正确定位及做出职业生涯规划有着重要的意义。

职业价值观决定人们的职业期望，决定着人们在就业后的工作态度和劳动绩效水平，从而影响人们的职业发展情况。一个人越清楚自己的职业价值观，越了解自己在工作中想要寻求什么，什么对自己来说是最重要的，他的生涯发展目标也就越清晰。

正确的职业价值观可以促进学生找到适合自己的职业。例如：在职业价值观中看重发展因素的学生，其自我满意度较高、自我灵活性也较好。这些学生往往具备很强的竞争力，并且对所选单位比较了解，就业准备充分，具有较强的进取心，善于学习。

三、树立正确的职业价值观

（一）处理好职业价值观与金钱的关系

金钱是一种成就的报酬，它是在确定职业价值观时首先要面对的问题。有些经济条件不太好的大学毕业生在求职时，将金钱作为首选目标，从根本上讲这并没有错。但是对于一些人来说，现在拥有的知识、能力、经验和阅历还不足以使其一走上社会就获得大量金钱回报。怀有一夜暴富的心理是不正常的，更是危险的，容易被社会上的不法分子利用，甚至误入歧途。特别是面对严峻的就业形势，刚毕业的大学生更应理性地降低对金钱的期望，把眼光放长远一些，应尽可能地将自我成长和自我实现作为毕业求职时的首选目标。

（二）处理好淡泊名利与追逐名利的关系

追逐名利是人的欲望使然，欲望可以使人成就大的事业，也可使人自我毁灭。以合理、合法、公正、公平的方式追名逐利在一定程度上对个人、对社会都有益，但它需要有限度，该知足时则知足，该进取时则进取。

（三）职业价值观的排序与取舍

职业价值观的特性决定了人们不会只有唯一的职业价值观，个别人在欲望驱使下难免会希望什么都能得到，但在现实生活中"鱼和熊掌不可兼得"。既然是选择，必然有"舍"，才能有"得"。所以，要对自己的职业价值观进行排序，找出你认为最重要的、次重要的方面，并提醒自己不可能什么都得到，否则就会患得患失，终其一生也不清楚自己到底想要什么，更谈不上职业生涯的成功和对社会的贡献。总之，没有一种职业能完全满足一个人所重视的各种职业价值观，因此，了解自己各种职业价值观的权重排序并懂得取舍是非常必要的一件事情。

（四）职业价值观中个人与社会的关系

人不能离开社会而独立存在，个人只有在工作中为社会做贡献才能实现自己的职业价值。当然我们并不是说要忽略择业中的个人因素，只去尽社会责任，这样不但不利于个人，对社会也是损失。例如：让一个富于科学创造力、不善言辞的学者去从事幼儿园教师的工作，可能会使国家损失一项重大的发明，而社会不过多了一个也许并不出色的幼儿园教师而已。

（五）职业价值观与职业选择的关系

由于受家庭环境、教育、兴趣爱好等多方面因素的影响，不同个体的职业价值观是不同的，在职业取向上的目标和要求也不同，而这些不同会影响人们对就业方向和具体职业岗位的选择。在许多场合，我们往往要在一些得失中做出选择，例如：是要工作舒适轻松，还是要较高的工资待遇？当两者有矛盾冲突时，最终影响我们抉择的是存在于内心的职业价值观。因此，我们很有必要明确并不断审视自己的职业价值观。

 **体验活动**

职业价值观测试

1. 测试设计

本测试共 52 道题，可帮助测试者大致确定自己的职业价值观类型。在回答下列问题时，若自己认为"很不重要"记 1 分，"较不重要"记 2 分，"一般"记 3 分，"比较重要"记 4 分，"非常重要"记 5 分。请将答案记录于表 2-11 中。

（1）你的工作必须经常解决新的问题。

（2）你的工作能为社会福利带来看得见的效果。

（3）你的工作奖金很高。

（4）你的工作内容经常变换。

（5）你能在你的工作范围内自由发挥。

（6）你的工作能使你的同学、朋友非常羡慕你。

（7）你的工作带有艺术性。

（8）你的工作能使人感觉到你是团体中的一分子。

（9）不论你怎么干，你总能和大多数人一样晋级和涨工资。

（10）你的工作使你有可能经常变换工作地点、场所或方式。

（11）在工作中你能接触到各种不同的人。

（12）你的工作上下班时间比较随便、自由。

（13）你的工作使你不断获得成功的感觉。

（14）你的工作赋予你高于别人的权力。

（15）在工作中，你能试行一些自己的新想法。

（16）在工作中，你不会因为身体或能力等因素，被人瞧不起。

（17）你能从工作的成果中，知道自己做得不错。

（18）你的工作经常要外出、参加各种集会和活动。

（19）只要你干上这份工作，就不会再被调到其他意想不到的单位和工种上去。

（20）你的工作能使世界更美丽。

（21）在你的工作中，不会有人常来打扰你。

（22）只要努力，你的工资会高于其他同龄人，升级或涨工资的可能性比干其他工作大得多。

（23）你的工作是一项对智力的挑战。

（24）你的工作要求你把一些事务管理得井井有条。

（25）你的工作单位有舒适的休息室、更衣室、浴室及其他设备。

（26）你的工作有可能结识各行各业的知名人物。

（27）在你的工作中，能和同事建立良好的关系。

（28）在别人眼中，你的工作是很重要的。

（29）在工作中，你经常接触到新鲜的事物。

（30）你的工作使你能常常帮助别人。

（31）在工作单位，你有可能经常变换工作。

（32）你的工作使你被别人尊重。

（33）同事和领导人品较好，相处比较和谐。

（34）你的工作会使许多人认识你。

（35）你的工作场所很好，比如有适度的灯光，安静、清洁的工作环境，甚至恒温、恒湿等优越的条件。

（36）在工作中，你为他人服务，使他人感到很满意，你自己也很高兴。

（37）你的工作需要计划和组织别人的工作。

（38）你的工作需要敏锐的思考。

（39）你的工作可以使你获得较多的额外福利，比如，常发放实物；常购买打折的商品；常发放商品的提货券；等等。

（40）在工作中你是不受别人差遣的。

（41）你的工作结果是一种艺术而不是一般的产品。

（42）在工作中你不必担心会因为所做的事情领导不满意而受到训斥或经济惩罚。

（43）在你的工作中能和领导有融洽的关系。

（44）你可以看见你努力工作的成果。

（45）在工作中常常要你提出许多新的想法。

（46）由于工作的关系，经常有许多人来感谢你。

（47）你的工作成果常常能得到上级、同事或社会的肯定。

（48）在工作中，你可能做一个负责人，虽然可能只领导几个人。

（49）你从事的工作，经常在报刊、电视中被提到，因而在人们的心目中很有地位。

（50）你的工作有数量可观的夜班费、加班费、保健费或营养费等。

（51）你的工作比较轻松，精神上也不紧张。

（52）你的工作需要和影视、戏剧、音乐、美术、文学等艺术打交道。

表 2-11　职业价值观测试得分表

项目	价值观	所属项目	总得分	项目	价值观	所属项目	总得分
1	利他主义	2，30，36，46		8	经济报酬	3，22，39，50	
2	美感	7，20，41，52		9	社会交际	11，18，26，34	
3	智力刺激	1，23，38，45		10	安全感	9，16，19，42	
4	成就感	13，17，44，47		11	舒适	12，25，35，51	
5	独立性	5，15，21，40		12	人际关系	8，27，33，43	
6	社会地位	6，28，32，49		13	变异性	4，10，29，31	
7	管理	14，24，37，48					

2. 测试结果说明

本测试将人的职业价值观分为 13 种类型，各类型的基本含义见表 2-12。

表 2-12　职业价值观各类型的基本含义

项目	价值观	所属项目	说明
1	利他主义	2, 30, 36, 46	工作的目的和价值，在于直接为大众的幸福和利益尽一份力
2	美感	7, 20, 41, 52	工作的目的和价值，在于能不断地追求美的东西，得到美感享受
3	智力刺激	1, 23, 38, 45	工作的目的和价值，在于不断进行智力的操作，动脑思考、学习及探索新事物，解决新问题
4	成就感	13, 17, 44, 47	工作的目的和价值，在于不断创新，不断取得成就，不断得到领导与同事的赞扬，或者不断实现自己想要做的事
5	独立性	5, 15, 21, 40	工作的目的和价值，在于能充分发挥自己的独立性和主动性，按自己的方式、步调或想法去做，不受他人的干扰
6	社会地位	6, 28, 32, 49	工作的目的和价值，在于从事的工作在人们的心目中有较高的社会地位，从而使自己得到他人的重视与尊敬
7	管理	14, 24, 37, 48	工作的目的和价值，在于获得对他人或某事物的管理支配权，能指挥和调遣一定范围内的人或事物
8	经济报酬	3, 22, 39, 50	工作的目的和价值，在于获得优厚的报酬，使自己有足够的财力去获得自己想要的东西，使生活过得较为富足
9	社会交际	11, 18, 26, 34	工作的目的和价值在于能和各种人交往，建立比较广泛的社会联系和关系，甚至能和知名人物结识
10	安全感	9, 16, 19, 42	不管自己能力怎样，希望有一个安稳的工作，不会因为奖金、加薪、调动工作或领导训斥等经常提心吊胆、心烦意乱
11	舒适	12, 25, 35, 51	希望能将工作作为一种消遣、休息或享受的形式，追求比较舒适、轻松、自由、优越的工作条件和环境
12	人际关系	8, 27, 33, 43	希望一起工作的大多数同事和领导人品较好，在一起相处感到愉快、自然，认为这就是很有价值的事，是一种极大的满足
13	变异性	4, 10, 29, 31	希望工作的内容经常变换，使工作和生活显得丰富多彩，不单调、不枯燥

活动总结：

通过本活动，可以大致了解自己的职业价值观倾向，从而为自己选择理想的职业提供信息。

第五节　能力与职业

一、能力和职业能力

（一）能力的概念

能力是指一个人能够干成某件"事"的本领，往往是我们评价一个人的重要标准。从心理学角度看，能力指顺利地完成某种活动所具备的稳定的个性心理特征。能力是人们得以从事某种活动的先决条件，它可以浓缩成一句话，即"你能做什么"。能力总是与活动联系在一起，它只有在活动中才能体现出来，并在活动中得以发展。

能力按照其获得的方式（先天具有与后天培养），可以分为能力倾向和技能两大类。能力倾向是每个人与生俱来的特殊才能。技能是人通过后天学习和练习而获得的能力。

在现实生活中，个人的能力水平往往是能力倾向和技能两方面相互作用的结果，能力通常表示个人在工作中能够做什么。

（二）一般能力和特殊能力

人的能力多种多样。从职业的角度，按照能力的适用性一般可以将人的能力分为一般能力和特殊能力。

一般能力，是指顺利完成各种活动所必备的基本能力。这种能力集中体现在认知活动中，也就是一般意义上的智力，我们也可称之为"认知能力"或"认知智力"，如毅力、观察力、记忆力、想象力、思维力和言语能力等。

特殊能力，是指顺利完成某种特殊活动所必备的专门能力，与某些职业活动密切相关。如在进行音乐、绘画、飞行活动时，就需要相应的音乐、绘画及高空适应能力等。

由于个体的早期生活经历不同，能力会有差异。能力的差异表现在质和量两方面：质的差异表现在个体具备不同的特殊能力及能力类型方面；量的差异表现在能力发展的水平和年龄差异方面。

（三）职业能力的类别

人的职业能力通常可以分为语言能力、数理能力、空间判断能力、觉察细节能力、书写能力、运动协调能力、动手能力、社会交往能力、组织管理能力九个方面。不同职业要求人有不同的能力：教师、播音员、记者等职业要求有较强的语言能力；统计、测量、会计等职业要求有较强的数理能力；画家、建筑师、医生等职业对形态知觉能力要求颇高；手指灵活的人则适合从事外科医生、乐师、雕刻家等职业。

在职业活动中，个体还表现出职业能力的差异。他们在职业决策能力、实际动手能力、创造力、适应社会能力、人际交往能力等方面均有差异。在人的成长发展中，一般能力和特殊能力有机结合，一般能力是特殊能力的基础，为特殊能力的发展和发挥创造了有利条件。在职业活动中所表现出来的能力即职业能力，它既与特殊能力有关，又与一般能力密不可分。所以在职业活动中，我们在注重发展自己的特殊能力的同时，也应注重自己的一般能力的发展，这样才能提高职业活动的效率。一个人的能力如果没有遇到合适的土壤，那么他的能力只能被称为潜在能力，不能叫作现实能力。潜在能力只有在外部环境和教育条件许可时，才能发展成为现实能力。

（四）影响职业能力发挥的因素

职业能力可以定义为个体将所学的知识、技能和态度在特定的职业活动或情境中进行类化迁移与整合而形成的多种能力的综合。职业能力可以分为职业核心能力、行业通用能力和职业特定能力。影响职业能力发挥的因素有个人因素和社会因素。

1. 个人因素

（1）职业兴趣。职业兴趣是指人们对某类专业或工作所抱的积极态度。不同的人对于同一职业可能抱有积极的态度、消极的态度或无所谓的态度。

（2）性格。性格影响着一个人对职业的适应性，不同的性格适合从事不同的职业。同时，不同的职业对人有不同的性格要求。

（3）职业发展愿望。职业发展愿望即自己愿意从事何种职业。如果一个人对某种职业产生兴趣，就会迸发出强大的行为动力，推动着他去挖掘自身的潜能，提高自身的工作效率。

（4）能力。这里所说的能力指劳动者从事社会生产活动的能力，即职业工作能力。

2. 社会因素

（1）经济发展水平。在经济发展水平高的地区，企业相对集中，优秀企业也就比较多，个人职业选择的机会也比较多，因而有利于个人职业的发展；反之，在经济落后的地区，个人职业选择的机会比较少，个人职业生涯也会受到限制。

（2）社会文化环境。社会文化环境是影响人们行为、欲望的基本因素。它主要包括教育水平、教育条件和社会文化设施等。在良好的社会文化环境中，个人能够受到良好的教育和熏陶，从而为职业生涯打下更好的基础。

（3）政治制度和氛围。政治和经济是相互影响的，政治不仅影响一国的经济体制，而且影响企业的组织体制，从而影响个人的职业发展。政治制度和氛围还会潜移默化地影响个人的追求，从而对职业生涯产生影响。

二、能力和职业的关系

在职业领域中，能力是决定人们职业活动效果的基本因素。能力与职业的关系非常密切，是职业选择的重要依据，是大学生开启职业大门的钥匙。因此，我们对自己的能力要有一个清晰的认识，根据自己的能力选择相应的职业，只有这样，才能在社会的竞争中立于不败之地。只有当一个人的能力和工作的要求相匹配时，才能将能力和职业的关系维持在最理想的状态，能力水平越高，工作表现越好，越容易获得满足感。

（一）能力的分类

一般认为，能力可以分为以下三类。

1. 能力倾向

能力倾向又叫天赋，是每个人与生俱来的特殊才能（潜能）。

2. 自我效能感

自我效能感是个人对自己的能力以及运用该能力将得到何种结果所持的信心或把握程度。它是预测个人行为的重要指标。

3. 技能

技能是经过学习和练习而培养形成的能力。

由于天赋是不可改变的，而自我效能感又是随着个人成功的体验逐步提升的，所以，能力中最重要的部分就是后天培养的"技能"了。那么，技能都包括哪些呢？

（1）专业知识技能。专业知识技能常常与我们的专业学习或工作内容直接相关，如机械师懂得汽车发动机的工作原理。专业知识不能迁移，需要经过有意识的、专门的培训。

（2）自我管理技能。自我管理技能经常被看作个性品质，被用来描述或说明人具有的某些特征，如紧张的还是放松的、听从他人的还是自我指导的。自我管理技能可以从非工作领域转换到工作领域，需要练习才能获得。在工作中，自我管理技能对取得成就和处理人际关系非常有帮助。

（3）通用技能。通用技能也被称为可迁移技能，它可以从生活中的方方面面，特别是工作之外得到发展，并可以迁移应用于不同的工作之中。可迁移技能是个人能够持续运用和最能够依靠的技能。可迁移技能包括管理能力、沟通能力、问题解决能力、人际关系处理能力和学习能力。

（二）能力与职业的匹配关系

每个人具备的能力不同，选择的职业就会有差异。从能力差异的角度来看，在选择职业时应遵循下列原则。

1. 能力类型要与职业相吻合

职业研究表明，职业可以根据工作的性质、内容和环境划分为不同的类型，并且对人的能力也有不同的要求。

首先，要注意能力水平与职业类型基本一致。对一种职业或职业类型来说，由于所承担的责任不同，可分为不同层次，不同职业层次对人的能力有不同的要求。因此，在根据能力类型确定了职业类型后，还应根据自己所达到或可能达到的能力水平确定相吻合的职业层次。

其次，要充分发挥能力倾向原则。能力倾向指的是一个人的潜能，即其能力的发展前景及未来可能的潜在成就。它包括人的身体条件、智能、性格、兴趣等是否适合某个职业领域。大学生在进行职业生涯规划时，可以通过能力倾向测评准确地掌握自己的能力倾向，更好地确定自己的职业发展方向，使自己的能力得到充分的发展。

最后，每个人都具有一个由多种能力组成的能力系统。在这个系统中，每个人各方面能力的发展是不平衡的，常常是某方面的能力占优势，而另一些能力则不太突出。在选择职业时应选择最能运用优势能力的职业。

2. 一般能力要与职业相吻合

不同的职业对人的一般能力的要求是不同的，有些职业对从业者的智力水平有绝对的要求，如大学教师、科研人员、律师等对智力水平要求较高。智力在很大程度上决定着人们所从事的职业类型。

3. 特殊能力要与职业相吻合

要顺利完成某项工作，除要具有一般能力外，还要具有该项工作所要求的特殊能力。例如：数学研究需要具有计算能力、逻辑思维能力和空间想象能力；画家需要具备较强的颜色识别能力等。一般认为，计算能力、音乐能力、绘画能力、写作能力、动作协调能力、空间想象能力等都是特殊能力。

心理学的研究证明，人的特殊能力与智力的关系很小。一个人具有较强的智力水平，可能会有一些特殊的才能，但也可能缺乏某些如音乐、美术的特殊能力。而那些有美术、音乐才能的人，其智力既可能在平均水平之上，也可能在平均水平之下。

三、职业核心能力

职业核心能力是在人们职业生涯中除岗位专业能力之外的基本能力，它可以让人自信和成功地展示自己。它适用于各种职业，适应岗位的不断变换，是伴随人终身的可持续发展能力。我国称之为"关键能力"。

1998 年，劳动部在《国家技能振兴战略》中把职业核心能力分为八项，包括：与人交流、与人合作、解决问题、自我学习、信息处理、数字应用、创新革新、外语应用。这八项职业核心能力可以分为"职业社会能力"和"职业方法能力"两类。

（一）职业社会能力

职业社会能力是指与他人交往、合作、共同生活和工作的能力，它既是基本生存能力，又是基本发展能力，是劳动者在职业活动中，特别是在一个开放的社会生活中必须具备的基本素质。职业社会能力包括"与人交流""与人合作""解决问题""外语应用"能力。

（二）职业方法能力

职业方法能力是指主要基于个人的，有具体和明确的方式、手段的能力，是劳动者的基本发展能力，是在职业生涯中不断获取新的知识、信息、技能和掌握新方法的重要手段。职业方法能力包括"自我学习""信息处理""数字应用""创新革新"能力。

四、探索你的职业能力

（一）能力倾向测试

能力倾向测试又称性向测试，它可以预测一个人将来在某方面的"可能"成就，挖掘出职业发展的潜能。最常用的测验有以下几种：

（1）差别能力倾向测验（DAT），分别测验文字推理、数字推理、抽象推理、文书速度、准确性、机械推理、空间关系、拼写和语言应用。

（2）一般能力倾向成套测验（GATB），包含对 11 项能力倾向进行评估，分别是一般学习能力、语言能力、数理能力、判断能力、图形知觉能力、符号知觉能力、运动协调能力、手指灵活度、手腕灵巧度、眼手足协调和颜色鉴别。

（3）我国公务员录取考试中常用到的"行政能力倾向测验"，这是用来测试公务员工作所具备的一般潜能的一种职业能力测试，包括数量关系、判断推理、常识判断、语言理解与表达、资料分析 5 个方面的行政能力测试。

（二）经验分析

通过对过去的成就事件进行分析总结，对自己的能力排序，弄清自己所具备的职业能力，常用的有"我的成就故事清单"等方法。

五、提升自我效能感

自我效能感是积极心理学中的一个重要概念，由美国斯坦福大学心理学家阿尔伯特·班杜拉（Albert Bandura）在 20 世纪 70 年代首次提出。班杜拉对自我效能感的定义是"指人们对自身能否利用所拥有的技能去完成某项工作行为的自信程度"。班杜拉认为除了结果期望外，还有一种效能期望。结果期望指的是人对自己某种行为会导致某一结果的推测。如果人预测到某一特定行为将会导致特定的结果，那么这一行为就可能被激活和被选择。

（一）自我效能感的功能

自我效能感影响或决定人们对行为的选择，以及对该行为的坚持性和努力程度；影响人们的思维模式和情感反应模式，进而影响新行为的习得和习得行为的表现。

（1）自我效能感高的人期望值高，遇事理智处理，乐于迎接应急情况的挑战，能够控制自暴自弃的想法。当需要智慧和技能时，能充分发挥。

（2）自我效能感低的人畏缩不前，情绪化地处理问题，在压力面前束手无策，易受惧怕、恐慌和羞涩的干扰。当需要知识和技能时，无法发挥。

（二）影响自我效能感形成的因素

1. 个人自身行为的成败经验

个人自身行为的成败经验对自我效能感的影响最大。一般来说，成功经验会提高效能期望，反复的失败会降低效能期望。但事情并不这么简单，成败经验对效能期望的影响还要受个体归因方式的左右，如果把失败归因于外部机遇等不可控的因素就不会降低效能感，把失败归因于自我能力等内部可控因素则会降低效能感。因此，归因方式直接影响自我效能感的形成。

2. 替代经验或模仿

人的许多效能期望来源于观察他人的替代经验。替代经验或模仿有助于我们增强自我效能感。替代经验使观察者相信，当自己处于类似的活动情境时，也能获得同样的成就水平。这里的一个关键是观察者与榜样的一致性，即榜样的情况与观察者非常相似。

3. 言语劝说

言语劝说因其简便、有效而得到广泛应用。言语劝说的价值取决于它是否切合实际，缺乏事实基础的言语劝说对自我效能感的影响不大，在直接经验或替代经验基础上进行劝说的效果会更好。

4. 情绪唤醒

班杜拉在"去敏感性"的研究中发现，高水平的唤醒使成绩降低而影响自我效能感。当人们不为厌恶刺激所困扰时更能期望成功，但个体在面临某项活动任务时的身心反应、强烈的激动情绪通常会妨碍行为的表现而降低自我效能感。

5. 情境条件

不同的环境提供给人们的信息是大不一样的，当一个人进入陌生而又易引起焦虑的情境中时，其自我效能感水平与强度就会降低。

上述几个因素对效能期望的作用依赖于对其是如何认知和评价的。人们必须对与能力有关的因素和无关的因素对成败的作用加以权衡，人们觉察到效能的程度取决于任务的难度、付出努力的程度、接受外界援助的多少、取得成绩的情境条件及成败的暂时模式。班杜拉的社会学习理论认为，这些因素作为效能信息的载体影响成绩，主要是通过自我效能感的中介影响发生的。

（三）通过计划提高自我效能感

通过合理地制定职业生涯规划和设定合理的目标，可以有效地提升自我效能感。研究自我管理的心理学家们为我们提供了以下建议。

1. 设定的目标应该具体，相应的任务可以用数字来衡量

模糊的目标会让人感觉不真实，并且遥不可及，而不能量化的任务会使人难以评估自己是否正在按照计划行事。既明确知道了自己想要什么，又列出了用来衡量自己是否做到的指标，就可以随时检验自己处在什么样的阶段，是不是正在按照计划实现自己设定的目标。

2. 计划必须是此时此刻的你可以独自实现的，所有的任务都是可以完成的

如果在短期内实现最终目标有难度，不妨把它拆解为一些相关的小目标。当遇到

困难无法前进时，可以问问自己"现在我能做到的最容易的事情是什么？"这是因为，每一个小小的、稳定的进步都构成了一个成就经验。它们可以提高你的效能感，改变你对自己能力的信念。你会借助这些小小的成功，挑战更高、更难的任务。所以，如果你计划中的一个子目标实现了，哪怕它在别人看来不值一提，你自己也要好好地庆祝一下。

3. 给计划中的每一条都加上明确的时间限制

这个世界会发生无数种可能，但没有约束力的计划难以推动我们马上采取行动。从学生到科学家、从秘书到总裁、从家庭主妇到销售员，拖延的问题几乎会影响到每一个人。阻止我们去完成每天的工作任务的一个最大的障碍就是拖延。因此，我们要避免去做那些对我们没有吸引力的事情，而选择去做那些重要的事情。

 **实训练习**

自我认知

一、实训概述

【目的及要求】

完成自我认知是大学生进行职业生涯规划的第一步，本实训的练习目的，在于通过自我认知训练，全面认识自己的职业价值观、职业兴趣、职业性格特点和职业能力，精确认识自我、纠正自我认知方面的偏差。

二、训练内容

【项目背景】

通过自我认知的各项内容逐渐深入，更好地进行自我认知。认识不足之处，找到提升自我的空间，并做初步的改进。

【训练步骤】

（1）根据书中所列相关测试题，完成职业价值观、职业兴趣、职业性格、职业能力的测定。

（2）完成下列自我认知表（见表2-13）。

表2-13　自我认知表

我的测评结果	我的职业价值观	
	我的兴趣爱好	
	我的性格	
	我所擅长的技能	

续表

本学期个人实践	参与的实践活动	收获与反思（能力形成方面）
自我综合评价		
总结个人长处		
需要改进的方面	改进内容	采用的方法及途径

第三章 探索职业世界

　　探索自我仅仅是迈出职业生涯规划的第一步。在此基础上，我们还需要针对职业世界进行探索。职业是我们进行职业生涯规划的依据，选择适合自己的职业才能事半功倍。环境是我们进行职业生涯规划的依托，分析职业环境，学会利用各种资源，将会使职业生涯发展如虎添翼。总之，对职业本身的探索和对职业环境的有效分析，是我们合理规划职业生涯的保障。

学习目标

1. 了解职业环境认知及职业探索的主要内容。
2. 掌握职业环境认知及职业探索的具体方法。
3. 能够结合自身情况展开相应阶段的职业环境认知和职业探索活动。

第一节 分析职业环境

"外面的世界很精彩，外面的世界很无奈。"外面的世界究竟如何，需要大学生自己去探索。对于一个需要进行职业生涯规划的大学生来说，探索职业世界是一件非常重要的事情。只有掌握一定的探索策略与方法，才能更客观、更全面地认识职业，进而更合理、更有效地进行职业生涯规划。

进行职业环境分析主要是为了了解各种环境因素对自己职业生涯发展的影响。环境因素是客观的，是不以人的意志为转移的，但是环境因素却是可以选择和利用的。大学生只有通过职业环境分析弄清环境对职业发展的要求、影响及作用，并对各种影响因素加以衡量、评估，才能在复杂的环境中趋利避害，使职业生涯规划更有实际意义。职业环境分析主要包括社会环境分析、区域环境分析、学校和家庭环境分析。

一、社会环境分析

社会环境分析就是对我们所处的社会政治环境、经济形势、文化环境、行业发展等宏观因素的分析。人是社会的产物，人的生存和发展离不开社会，社会环境对我们的职业生涯具有重大影响。通过对社会环境的分析，我们可以对当前所处社会的政治、经济、文化、行业发展动向方面有一定的了解和认知，以便更好地寻求各种发展机会。

（一）社会政治环境

社会政治环境是指制约和影响企业的各种政治要素及其运行时所形成的环境系统。社会政治因素对企业的影响是非常巨大的，而企业的发展变化则对我们个人的职业生涯有着举足轻重的作用。我们要了解国际、国内的政治环境，国家政治形势及其变化等。现如今，中国特色社会主义进入了新时代。这个新时代是承前启后、继往开来的时代，是决胜全面建成小康社会、进而全面建设社会主义现代化强国的时代，是全国各族人民团结奋斗、不断创造美好生活、逐步实现全体人民共同富裕的时代，是全体中华儿女勠力同心、奋力实现中华民族伟大复兴中国梦的时代，是我国日益走进世界舞台中央、不断为人类做出更大贡献的时代。

 精选案例

> 2007年12月31日，中华人民共和国国务院办公厅下发了《国务院办公厅关于限制生产销售使用塑料购物袋的通知》。这份被群众称为"限塑令"的通知明确规定："从2008年6月1日起，在全国范围内禁止生产、销售、使用厚度小于0.025毫米的塑料购物袋。"
>
> "限塑令"的出台和实施是国家进行生态环境治理的重要举措之一。小陈在"限塑令"中发现了商机，通过市场考察，他发现利用无纺布做材料生产的购物袋，生产周期短、成本低，而且还能够自然分解，燃烧时无毒、无味、无残留，不会对环境造成污染。小陈在家人的帮助下开办了一个小型环保购物袋厂，产品物美价廉，很受欢迎，不久便销路大开，利润十分可观。

（二）社会经济环境

经济环境是影响职业选择和职业发展的重要因素。具体来说，经济环境方面的因素主要有：

1. 经济形势因素

经济形势的变化对职业的影响是最为明显的。当经济处于萧条时期时，由于企业效益下降，对人力资源的需求减少，因而个体职业选择和职业发展的机会减少；当经济处于高速发展时期时，企业效益提高，对人力资源的需求就会增加，因而个体职业选择和职业发展的机会也就随之增多。

2. 经济发展水平因素

在经济发展水平高的地区，企业相对集中，优秀企业数量所占比例高，因而个体职业选择的机会就比较多；反之，在经济落后的地区，个体职业选择的机会相对来说就比较少。

3. 收入水平因素

社会对人力资源的需求是一种派生需求。当收入水平提高时，人们对商品消费的需求会增加，这将促使企业扩大生产并增加对人力资源的需求。在这种情况下，个体职业选择和职业发展的机会就会增多。相反，个体职业选择和职业发展的机会就会减少。

（三）社会文化因素

社会文化因素是指在一种社会形态下形成的价值观念、生活方式、信仰、人口状况、教育程度、道德规范、审美观念以及世代相传的风俗习惯等方面的因素。这些因素是人类在长期的生活和成长过程中逐渐形成的，人们总是自觉或不自觉地接受这些准则并把它们作为行动的指南。社会文化因素对我们的职业生涯规划有多方面的影响。例如：在大学生择业过程中出现的"孔雀东南飞""公务员热""深造热"等现象，都是社会文化对职业规划产生影响的生动实例。我们只有顺应当前的就业形势和就业政策，从个人实际、社会需求和长远发展入手，树立正确的就业观，才能在竞争激烈的就业市场中找到发挥自己能力的场所。

（四）行业发展动向

社会是发展变化的，行业变迁是社会分工变化的必然结果，社会在不同时期对不同行业有不同的需求。我们在进行行业动向分析时，要从目标行业的历史发展过程、行业发展现状、行业目前所处的社会地位、国家政策对该行业的影响、国际国内重大事件对该行业的影响、目前的行业优势与问题、行业发展前景及预测等方面进行分析。我国产业及行业的分类如表 3-1 所示。

表 3-1　我国产业及行业的分类

产业类型	行业类型
第一产业	农、林、牧、渔业

续表

产业类型	行业类型
第二产业	采矿业
	制造业
	电力、热力、燃气及水生产和供应业
	建筑业
第三产业	农、林、牧、渔业及辅助性活动
	开采专业及辅助性活动
	金属制品、机械和设备修理业
	批发和零售业
	交通运输、仓储和邮政业
	住宿和餐饮业
	信息传输、软件和信息技术服务业
	金融业
	房地产业
	租赁和商务服务业
	科学研究和技术服务业
	水利、环境和公共设施管理业
	居民服务、修理和其他服务业
	教育
	卫生和社会工作
	文化、体育和娱乐业
	公共管理、社会保障和社会组织
	国际组织

　　我国近年来行业发展动向的突出表现是：第一产业的从业人数越来越少，第三产业的从业人数越来越多，就业空间越来越大。我国当前的产业政策是：大力提高第一产业水平，调整提高第二产业，积极发展第三产业，推进产业结构优化升级，形成以高新技术产业为先导、以基础产业和制造业为支撑、服务业全面发展的产业格局。

　　供给侧结构性改革深入推进，经济结构不断优化，数字经济等新兴产业蓬勃发展，高铁、公路、桥梁、港口、机场等基础设施建设快速推进，农业现代化稳步推进。各行各业的发展为我们提供了大量的就业机会，我们必须善于抓住机遇，才能取得成功。21世纪，我国有发展前景的行业包括网络信息消费与服务业、家用汽车制造业、老年医疗保险业、建筑与装潢业、旅游休闲及相关产业、社会保险业、物流与电信业、妇女儿童用品业、餐饮娱乐与服务业、社会教育业等。

 精选案例

近年来，随着技能人才培养、职业技术培训制度的逐步完善，我国更加积极地参与世界技能大赛，中国技工正在以新的面貌走向世界。许多对技工操作有浓厚兴趣的学生纷纷选择投入技工学习中，技工院校培训更加注重校企结合。尽管如此，实际生产中，仍然面临高级技术人才稀缺等问题，急需完善技工评价体系，构建以职业能力为导向的新型技能人才发展环境。

切削雕磨、打孔钻锉……在全国205个集训基地里，一群年轻人正投身于热火朝天的训练中。他们来自五湖四海，有的是上届世界技能大赛的"老将"，有的刚从全国选拔赛中突出重围。他们是一支庞大的队伍，有500多人，他们将在接下来不到半年的时间内进行多轮考核，最终每个项目角逐出1名选手。他们是技能青年，将代表中国出征俄罗斯喀山第四十五届世界技能大赛。

这群年轻人为什么选择当技工？

1. 当个好技工，有趣味、有价值也受尊重

"人生有许多条路通向成功，不单单是考大学这一条路。选择一门技术，也能够通过努力实现自己的人生梦想。"第四十四届世界技能大赛时装技术项目金牌获得者胡萍说，"到北京市工贸技师学院学习服装专业，是自己的选择，源于自发的兴趣。可做出这一决定并不轻松，一开始，亲戚和朋友都很不认可我的决定。多亏了世界技能大赛，肯定了我的价值，也让亲戚朋友改变了对我的看法。"

作为第四十四届世界技能大赛珠宝加工项目铜牌获得者，胡凡与胡萍一样，也是主动选择当技工。2014年高考后，他放弃了二本院校，来到深圳技师学院学习珠宝设计与制作。"选择很重要，要冷静下来，思考自己适合什么、喜欢什么。在技工院校学手艺，走技能成才道路，也是一条康庄大道。"胡凡说。

虽说社会上重学历、轻技术的观念尚未完全扭转，但越来越多的年轻学子基于兴趣选择成为一名技工。他们自信活泼、充满活力，希望在各个领域中创造出属于自己的价值。

走进技工院校的大门，映入眼帘的不仅仅是人们印象中车钳铣刨磨等传统技工操作，广告设计、室内设计、工业设计、3D打印应用、应用生物、图文传播技术、风景园林、电子信息技术等新专业纷纷涌现。随着科技的进步、产业的转型升级，一些"老大黑粗"工种逐步消失，智能设备的安装、保养和调试等新专业取而代之。

"让社会更加了解技工、理解技工，是我们申办世赛、积极参赛的根本目的，希望可以吸引更多人参与技能事业。"人力资源和社会保障部职业能力建设司有关负责人说，以去年全国选拔赛为例，共1 359名选手参赛，约15万名观众到场观赛，近百家企业、院校到赛场布展，上百万观众通过网络直播观看比赛，参赛、观赛促进了社会风尚转化，使社会更加尊重技能人才。

2.毕业即就业，"吃香"程度持续走高

在2018年的全国选拔赛中，广东队大获丰收，共有101名选手入围42个项目国家集训队，获得20个项目全国冠军。这些选手绝大部分是广东省各大技工院校的在校生。

广东全省共有技工院校156所，在校生57.1万人。这批学生不仅上得了赛场，更下得了厂房。"我们2017届毕业生的就业率高达99.53%，毕业即就业，近年来企业求人倍率（岗位空缺与求职人数的比率）已达5∶1，'吃香'程度继续走高。"广州市工贸技师学院院长汤伟群说。

"专业设置必须对接产业发展，让学生出校门就能直接适应企业，缩短了工学之间的磨合期。"中山市技师学院院长郭敏雄说。

院校牵手企业，招生如同招工。2017年6月，广东省机械技师学院和西门子共同成立了全球首家中德西门子技术国际学院，学生毕业后将取得西门子德国柏林技术学院高级工或工程师证书和技师学院毕业证书。"我们创新推行'校企双制'办学，推动学院与一大批大中型骨干企业开展校企合作，联合招生招工、送岗送学、双制培养。"广东省机械技师学院院长冯为远说。从入口到出口，企业全程参与人才培养的每个阶段，充分发挥学校育人机制和企业用人机制的耦合作用。

3. 人数总量多，人才结构待优化

虽说我国技能人才队伍建设成效显著，但是，技能人才招人难，尤其是高级技能人才缺乏的问题仍是企业迈向高质量发展的首要困扰。

有数据显示，我国技能劳动者仅占就业人员的 20%，高技能人才数量还不足 6%，总量严重不足。从市场供需来看，近年来，技能劳动者的求人倍率一直在 1.5 以上，高级技工的求人倍率甚至达到 2 以上的水平。技工紧缺现象逐步从东部沿海扩散至中西部地区，从季节性演变为经常性，供需矛盾突出。

"我们更想在实际生产里发挥更大价值。"胡萍说，作为备战世界技能大赛的选手，她希望有一天自己的技能能经得起市场的考验。

从上述案例可以看出，当前我国技能人才短缺，国家十分重视技能人才的培养。社会环境对我们的职业发展有着重要影响，因此，大学生要注意了解社会政治环境、经济形势、文化环境、行业发展中的变化与趋势，以便更好地规划自己的职业生涯。

二、区域环境分析

（一）区域经济发展的动向

个人职业生涯的发展离不开国家社会经济发展的大背景，也离不开个人所在地区经济发展的小背景。我国幅员辽阔，各地区差别很大，且都有自己独特的自然、经济和社会条件。国家正大力实施区域协调发展战略，如加大力度支持革命老区、民族地区、边疆地区快速发展，强化举措推进西部大开发形成新格局，深化改革加快东北等老工业基地振兴，发挥优势推动中部地区崛起，创新引领率先实现东部地区优化发展，建立更加有效的区域协调发展新机制等。

 精选案例

"人们常说人要有一技之长，如果当初我没有去上职校，我肯定不会有今天的成就。"现任青海交通投资有限公司项目办主任韩伟学骄傲地说。

韩伟学回顾自己的工作经历不禁感慨万千。1998 年，初中毕业的韩伟学

考入了青海交通职业技术学院，进入职校后，韩伟学选择了公路与桥梁专业，就是这3年的学习为他多彩的人生打好了底色。

"我之所以想报公路与桥梁专业，是因为我深深地知道要想富先修路。我来自农村，那时候去县城上学，要骑1个小时自行车，再走13千米的山路才能到，那时候我就想，如果路好了，我们就不会这么辛苦了。"韩伟学说。

从青海交通职业技术学院毕业后，他选择到公路建设的最前沿、最基层工作。韩伟学说，修路这项工作并不轻松，工作现场大多在高寒缺氧地区。"我毕业的时候正好赶上西部大开发，青海这片土地生我育我也培养了我，我想留在这里为家乡人民做更多的事，我想把我学到的回报给这片土地，我所接受的职业教育给了我满满的信心。"

从工程施工到工程监理，再到项目管理，韩伟学一路走下去。"我们班当时46个同学，如今80%的同学到现在跟我一样从事着本专业的工作，我们就想为道路建设多做一点贡献，参与到青海的经济发展建设当中来，为家乡的老百姓修更多更好的道路。这也影响到了下一代，现在，我很多朋友的孩子都想上职校，希望学到一技之长。"

关注国家的区域政策及区域经济的发展，可以捕捉到有利于职业生涯发展的机会。案例中，韩伟学毕业时正好赶上西部大开发，于是他便抓住这次机会，选择在青海，为家乡建设贡献自己的力量，从而也实现了自己的职业规划。

（二）区域经济发展的机遇

不同的区域有不同的发展特色，对于我们最为熟悉的家乡有哪些特点和优势，我们可以进行思考和考察，并充分利用家乡的特点和优势来发展自己，这样往往能取得事半功倍的效果。按照以往的情况，经济发达地区，特别是东南沿海地区，如上海、广州等地，人才需求旺盛，就业机会多，发展空间大；而经济相对落后地区，如云南、贵州等地，就业机会相对较少，发展空间也相对较小。但是近年来，随着国家大力发展区域经济，这种传统的人才流动模式正在悄悄发生改变。近年来，我国中西部地区经济增长速度加快，对人才的需求也愈加迫切，在人才引进方面有着更多的优惠政策。所以我们在进行职业生涯规划时，可以把眼光投向中西部地区。

　　关注区域经济的发展，可以捕捉到有利于我们职业生涯发展的机会，也可以验证个人发展目标是否符合经济社会的发展需要。无论当地的经济和社会条件如何，只要我们了解当地的区域经济特色，并加以利用，就一定能为自己找到合适的就业与创业之路，许多成功人士就是通过对区域经济的分析找到了适合自己的发展方向。

📺 精选案例

　　李姚生长在浙江省丽水市莲都区峰源乡库坑村，这里如今已经成了中老年人的天下，所以李姚这位"95后"姑娘格外显眼。不仅因为年轻，也因为她是个小有名气的创业者。她拥有一个2 000多人的朋友圈、一大批忠实客户，平均每天有五六百元的营业额。每天她都会在朋友圈里叫卖家乡的土特产："鸭蛋明天就去捡啦，还需要的亲们，现在快下订单哦，数量有限！"

　　2014年，库坑村的旅游产业迎来了春天。村里创建3A级景区化示范村，民宿、泳池、接待中心等配套设施也纷纷破土而出。看到了家乡的兴旺，李姚立即辞去杭州的工作，回家乡创业。她希望家乡的土特产也能成为旅游产品。李姚对村里的土猪、鸡鸭、香菇等土货的品质特别自信。在与游客交谈的过程中，李姚向他们推销起了村里的土货，有放养的鸡鸭、散养的土猪、新鲜的蔬菜、可口的香菇及各式各样的干货。游客们对这个能说会道的"95后"姑娘很感兴趣，有的加她为微信好友，有的帮她一起宣传，300人、500人、800人……不多久，一个顾客小圈子便形成了。

　　后来李姚创办了"瑶瑶高山农产品"，做起了"微商"。她将村民家里各式各样的土货加以"包装"，然后再拍照、配文，统一推送。库坑村距市区有60多千米，李姚便每周3次开车到市区送货，记录客户反馈，并不断改进。她从经营茭白干开始做起，得到客户认可后将经营范围扩大，现在鲜香菇、笋干、千层糕及原生态家禽都已成为她的招牌商品。村民有需要销售的农产品，都会跑去找李姚，多到几百斤的香菇，少到几个鸡蛋，她都能找到买家，而且还会卖个好价钱。

　　现在的李姚正打算在甜品行业中干一番事业，她早已熟悉了各种蛋糕、布丁、西米露、糯米糍、蛋包饭的做法。她打算开一家集乡村土货和各式点心为一体的综合小店。

三、学校和家庭环境分析

（一）学校环境

在影响职业生涯规划的环境因素中，学校教育起到了相对主导的作用。学校教育是带有明确目标的系统性教育，学校是专门培养人的机构，其一切活动几乎都是围绕有目的地培养人而展开的。我们在对学校环境进行分析时，可以从以下几个方面进行：

1. 办学层次与办学理念

办学层次就是本校最高学历能发展到什么程度。我国高校有重点本科、一般本科、独立学院、高职院校之分。根据不同的市场定位，有分别侧重"金融类""旅游类""纺织类""交通类""农贸类""工业类""医疗卫生类"等不同专业类别的院校。不同的专业类别将大致决定毕业生今后所从事职业的方向。

办学理念是教育理念的下位概念，是学校对于"办什么样的学校"和"怎样办好学校"进行深层次思考后的结晶。从某种意义上说，办学理念就是学校的生存理由、生存动力和生存期望的有机构成。从内容上来说，它包括学校理念、教育目的理念、教师理念、治校理念等；从结构上来说，它包括办学目标、工作思路、办学特色等要素。

2. 师资力量与教学资源

师资力量在学生职业发展过程中起到了相对关键的作用。教师是教学过程的组织者、引导者、协调者、评估者，教师在知识的启发与传授过程中占据主导地位，教师自身的思想状态、心理倾向、教学能力、教学方法与人格魅力等在面对面的教学过程中会不断渗透给学生，促进学生世界观、人生观、价值观的发展与完善。

教学资源包含硬件设备与软件设备。硬件设备主要包括教室场地、教学设备、活动中心、图书馆、医疗设备、体育设备等，软件设备主要包括教学氛围、教学管理、学生服务、学校声望、社会资源等。

3. 校园文化与校友文化

校园文化活动是学生传承校园文化、陶冶情操、树立志向的有效平台。不同的学校有着不同的校园文化，培养出的学生也有不同的特点。校园文化是以学生为主体，以校园为主要空间，以育人为主要导向，以精神文化、环境文化、行为文化和制度文化建设等为主要内容，以校园精神文明为主要特征的一种群体文化。校园文化无处不在，如校园建筑、校园广播、学校校报、宣传橱窗、班级学风、第二课堂等。健康的校园文化可以陶冶学生的情操，启迪学生的心智，促进学生的全面发展，潜移默化地影响学生的主流价值理念。

校友文化是校园文化的一种，母校与校友之间是一种"相互依存、荣辱与共"的关系。校友在工作岗位上所取得的成就能够为母校赢得巨大的社会声誉，校友的先进事迹能够激发在校学生奋发的斗志，遍布各地、各行业的校友也能够为母校提供就业信息。从社会效应上来说，校友的就业方向、就业环境、就业理念对毕业生的就业选择都会产生较大的影响。

（二）家庭环境

家庭是人生活的重要场所，人的社会化首先从家庭开始，一个人的性格、价值观、行为模式等均带有家庭的烙印。由父母组成的家庭是人生的第一个环境，父母是孩子的第一任老师，父母的社会经济地位、受教育程度、职业背景、婚姻质量、个性特征等都会对子女产生重大影响。英国教育家约翰·洛克（John Locke）说："家庭教育决定了孩子一生的命运。"因此，大学生在进行职业生涯规划时，也要重点考虑家庭的经济状况、家人期望、家族文化等因素。

家庭环境分析即对家庭软、硬环境的分析。其中，家庭软环境是指家庭给人的内在情绪和感受，它对人起着潜移默化的作用，是家庭生活中人与人之间相互联系时所形成的一种气氛；家庭硬环境是指特定的物质条件，它是人得以发展的基础条件。每个人从出生就受到家庭环境的影响，这种影响往往是多方面的、深远的，往往能够影响人的一生。进行家庭环境分析可以从以下几个方面入手：

1. 家庭资源

家庭资源对学习动机有决定作用，家庭资源的合理配置可以为孩子提供良好的物质环境，使他们在压力适中、条件相对较好的家庭环境中，发展独立性和自我管理能力，增进其学习的愿望和主动性。所以，家庭条件好的学生，可以选择多学几门技术或继续深造；家庭条件不好的学生，可能会放弃继续深造的机会，毕业后直接选择就业。

2. 父母的文化水平和家人的职业状况

父母的文化水平会直接影响其教养孩子的方式，从而造成孩子不同的品格特点。常见的父母教养方式及孩子相应的品格特点如表3-2所示。同样，家人的职业状况也会对孩子的学习及将来的职业规划产生影响。例如：若父母是自己创业，则子女在长期的熏陶中也会积累创业的意识和技能。

表3-2　常见的父母教养方式及孩子相应的品格特点

教养类型	教养方式	孩子的品格特点
民主型	接纳-控制：关心、理解、信任、自主、尊重，对孩子高度关怀，中等程度的行为控制；既不娇惯，也不过于严厉；对孩子的行为有明确的规定和要求，并能严格执行；对孩子的期望与要求和孩子的能力相一致；亲子关系平等，如朋友一般	有社会责任感、有成就倾向、自我约束能力强、亲切温和、情绪稳定、深思熟虑、独立、自信、善于协作

续表

教养类型	教养方式	孩子的品格特点
专制型	冷淡 – 控制：命令、苛求、禁止、威胁、惩罚，父母往往表现出缺乏热情的情绪反应，很少考虑孩子自身的愿望和要求；对孩子的一举一动都横加限制，如有违反，会采取强硬措施，甚至动用暴力；亲子关系疏远，以父母为中心	缺乏安全感与归属感、缺少主动性、恐惧、自卑、懦弱、服从、焦虑、倔强、逆反、冷漠、残忍、消极、被动
娇宠型	接纳 – 不控制：接受、顺从、溺爱、纵容、迁就，对孩子百般疼爱，过分娇宠，处处迁就，事事代劳，对孩子的任何要求都不假思索地答应，对孩子偏袒护短，过度保护，缺乏引导与教育；贴身侍从式的亲子关系，以孩子为中心	缺乏责任感、缺乏创造性、依赖性强、被动、顺从、懒惰、自私、任性、幼稚、野蛮、无礼、唯我独尊、冲动
冷漠型	冷淡 – 不控制：不闻不问、放任，父母对孩子既缺乏爱的情感和积极反应，又缺少对行为的要求和控制，亲子间交往甚少，父母对孩子缺乏基本的关注与了解，对孩子的一切行为举止采取不加干涉的态度，给孩子一种被忽视的感觉；亲子关系淡漠，各自以自我为中心	缺乏归属感、缺少爱心、缺少责任感、冲动、不顺从、自傲、目中无人、自以为是

3. 家庭内环境和家庭外环境

家庭内环境即自己家里的人或事，一般包括夫妻关系、家长与子女的关系等；家庭外环境即家庭外的环境，如家庭周围的环境、周围人群情况、外部活动场所、外部人际关系等。这些也会对孩子将来的职业规划产生影响。

第二节　探索目标职业

职业影响人生，职业决定人生，大学生的知识和能力都是通过职业来转化和实现的。探索目标职业，包括职业探索、专业探索、行业探索、企业探索和岗位探索 5 个方面。

一、职业探索

（一）职业探索的概念

职业探索是指对自己喜欢或要从事的职业进行理论分析和实际调研的过程。其目的是充分了解目标职业，从而有效地规划在校生活。

 精选案例

> 　　欣宇是刚参加工作的新人，现在从事一般临床护理工作，当初选择专业的时候，是父亲帮她做的主，并且告诉她，现在中国进入老龄化社会，需要大量护理专业的人才，将来去三甲级医院或者家附近的社区医院工作都不错，小女孩还是得找个稳定的工作，再说家里人看病也方便。在大学期间，虽然她对所学专业不是很感兴趣，但是总听同学和身边人说护理专业是学校最好的专业，将来就业不成问题，因此就继续读了下来。在大三找工作时，由于担心自己找不到好工作，一有医院来招人，她就去应聘，最后选择了一个大家都认为不错的三甲级医院。工作了几个月以后，欣宇发现自己非常不适合做这一行，所以想转行。
>
> 　　寻找适合自己的职业方向不是一蹴而就的事，欣宇遇到的职业发展问题说明她对工作世界了解不够。任何职业和个人都不可能百分之百地匹配。我们做职业规划时，不要把自己限制在一个很小的职业范围之内，而是要开阔视野，充分了解自我和职业，还要在积极的行动中根据现实情况不断调整和修正自己的职业方向，最终达到选择理想职业道路的目标。

（二）职业探索的具体内容

1.职业描述

职业描述即目标职业的内涵。它是对职业最精练的概括和总结，是人们透彻理解职业和调研职业的基础，具体包括职业名称、社会各界对此职业的定义。除了一些最新的职业，外界一般都会对各职业有固定的定义，在查找时可以参照联合国国际劳工组织的《职业展望手册》，人力资源和社会保障部颁布的《中华人民共和国职业分类大典》等。

在了解了外界对该职业的定义后，自己也需要对此职业做出定义和描述，因为日后自己在这个职业中要做的事情都是在此基础上的拓展。

2. 职业的核心工作内容

了解职业的核心工作内容有利于了解完成工作所必需的工作能力，使自己找到自身与职业要求之间的差距，从而提升相关能力，以完成工作内容。要了解职业的核心工作内容，可以通过权威的人事部门、企业的招聘广告，或者请教该职业的资深人士等途径获取想要的信息。

3. 职业前景及对社会的影响

职业的发展前景是指国家、社会等对这个职业的需求程度，具体包括职业在国家阶段发展中的作用，职业对社会和大众的影响，职业对生活领域的影响。也就是说，了解职业时不仅要知道这个职业对国家、社会和行业的用处，也要知道这个职业对大众的影响。

4. 薪资待遇及潜在收入空间

职业是社会分工的产物，社会根据参与分工的量来确定相应的报酬，在不同的行业、企业、岗位上还有一些潜在的收入空间。薪资待遇是我们在择业时要重点考虑的因素，因而在探索职业时应对其进行重点调研。

5. 入门岗位及其职业发展通路

入门岗位一般是针对应届毕业生的一些中低端岗位。在探索职业时要了解一个岗位对应的职业发展通路是什么，这个岗位有哪些发展途径等。再好的职业，通常也要从基础的工作开始做起，而入门岗位就是提供给应届生的敲门砖。

6. 职业精英

职业精英即职业标杆人物，就是在这个领域做得最好的人。通过网络、书籍、人物访谈等方法可以了解这些人取得了什么成绩，遇到了哪些困难，具备什么素质等。研究职业标杆人物，可以让自己了解他的奋斗轨迹，加深自己对职业的了解，找到努力的方向和途径。

7. 职业的典型一天

要知道这个职业工作的一天通常要经历些什么，时间都是怎么安排的。这是我们判断自己是否适合这个职业的重要指标。有些学生对职业的认识往往只停留在想象和猜测的阶段，只有通过职业探索，才能知道这个职业是不是自己想要的。

8. 职业通用素质要求

职业通用素质要求是指从事这个职业的基本要求。通过对此项的了解，我们可以知道自己是否满足这个职业的要求，并找到不足和差距，以便补充和加强。

二、专业探索

（一）专业探索的概念

专业是指高等学校或中等职业学校根据社会专业分工的需要设立的学科类别。专业探索即在对本专业的调研中了解本专业毕业生所能从事的职业，并有效利用在校时间学好本专业。

（二）专业探索的具体内容

专业是职业发展的基础，通过调研，大学生应知道自己所学专业对应的职业和职业群有哪些，所学专业对社会和生活的作用是什么，毕业生的就业状况如何，怎样才能学好本专业等。明确这些内容，有利于大学生掌握相关职业所需的技能，通过参加实训、实习、社会实践等有针对性地锻炼自己，将书本知识与实践行动有效结合，以提升自己的竞争力。

三、行业探索

（一）行业探索的概念

行业探索就是通过分析和调研，对自己想从事的行业进行全方位解读。每个行业都有一定的特殊性与差异性，对人才的技能、层次、特征都会提出不同的要求。每一个即将进入职场的人，都必须对各自将要进入的行业有全面、系统的了解。

（二）行业探索的具体内容

1. 了解这个行业是什么

不同的行业有不同的定义，不同的人对同一行业的定义也不一样，所以我们需要仔细地搜集该行业的信息，加深自己对该行业的认识，形成自己对行业的定义。

2. 行业对社会和生活的作用及发展趋势

科学技术的飞速发展会使某些行业逐渐萎缩、消亡，也会使许多极具发展前途的朝阳行业不断出现、发展。明确行业对社会和生活的作用可以在一定程度上帮助我们判断该行业的发展前景，从而选择发展空间较大的行业。

3. 行业的细分领域

行业是指按生产同类产品、具有相同工艺过程或提供同类劳动服务所划分的经济活动类别，每个行业内部还有不同的分类。例如：金融业包括银行业、保险业、信托业、证券业和租赁业等。

4. 行业的人才需求

了解行业的人才需求就是了解该行业的基本要求和准入门槛。了解行业需要具备的通用素质和职业资格证书后，在校期间可以尽可能多地考取职业资格证书来获得入行的敲门砖。另外，我们还要了解该行业的人才需求状况，即该行业的人才缺口有多少。目前我国急需的人才有高新技术人才、信息技术人才、机电一体化专业人才、农业科技人才、环境保护技术人才、生物工程研究与开发人才、国际经贸人才、律师人才、保险业精算师、物流专业管理人才等。

5. 行业的知名企业和代表人物

了解行业的知名企业和代表人物是进一步了解该行业的有效手段。每个行业都有知名企业和代表人物。例如：说到计算机软件行业，我们会想到微软公司，想到比尔·盖茨；提到通信设备制造，我们会想到华为公司，想到任正非。我们可以通过名人传记或行业调研加深对该行业的了解，为自己进入该行业做好充分准备。

体验活动

专业与行业探索

1. 基于自己的专业，选择感兴趣的行业，与对某行业有共同兴趣的同学组成小组。各小组根据表3–3的内容查阅资料、进行调研及访谈，并对专业及行业环境进行分析。

2. 将调研分析内容汇总并填入表中，各小组分别展示。

表3–3　专业与行业探索表

	项目	记录
所学专业	专业老师	
	本专业学术带头人	
	本专业主干课程	
	本专业发展现状和就业前景	
	专业培养目标	
	本专业的特色／优势	
	本专业学长学姐的发展情况	
	与专业有关的杂志	
	与专业有关的网站	

续表

	项目	记录
行业 信息	行业名称	
	行业对生活和社会的作用，行业的现状和发展趋势	
	行业的细分领域	
	国内外最著名的业内公司及其介绍	
	行业的人力资源需求状况及趋势	
	从事行业需要具有的通用素质和从业资格证书	
	有哪些名人做过或在做这个行业	
	行业的著名公司的董事长、总经理或人力资源总监的介绍和言论	
	职业访谈：一般职员、部门职员的一天	
	校园招聘职位及对大学生的一般能力要求	

活动总结：

通过这次体验活动初步了解本专业学习方向，以及一个或几个初步技能学习方向，为以后的职业生涯做铺垫。

四、企业探索

（一）企业探索的概念

企业探索就是通过理论分析和实际调研来对自己喜欢的企业进行全方位的解读。企业是从业者赖以生存和发展的土壤。一方面，每个企业都有自己的发展目标、运作模式，了解企业的基本情况是成为企业一员的基础，便于大学生以后迅速适应新环境；另一方面，为了生存和发展，企业本身也要随时关注和适应社会大环境的变化，并采取相应的变革措施，这必将影响其员工的个人职业生涯。

（二）企业探索的具体内容

1. 企业的基本信息

企业的基本信息包括企业简介，企业的发展历史，企业在社会中的地位和声望，企业目前的产品、服务和活动范畴，企业的发展领域、发展前景、战略目标，企业的技术力量和设施，企业在本行业中的竞争力、发展状况等。

2. 企业的发展阶段

在企业发展的不同阶段，其特点各不相同。

（1）"开发期"企业：晋升机会较多，短时间内可能升到较高位置，但由于企业基础尚不稳固，企业势必要承受较大的经营风险。

（2）"成长期"企业：处于这个阶段的企业在经历过生存努力之后，慢慢找到属于自己的生存方式、业务模式、盈利模式、财务管理模式等。这个阶段企业员工数量增长得很快，晋升机会也较多。

（3）"成熟期"企业：处于这个阶段的企业业务稳定，各项管理制度比较完善，员工晋升的可能性较小，工作稳定，工作内容基本不会有太大改变。

（4）"衰退期"企业：在这个阶段，企业内部冲突不断，企业逐渐走向衰落。求职时，应避免去处于此阶段的企业。

3. 企业领导人

企业领导人作为企业的掌舵人，其抱负及能力是企业发展的决定性因素。因此，求职者要了解企业主要领导人的管理是否先进开明，领导人是否有足够的能力带领员工开创新天地，是否有战略眼光，是否尊重员工等。

4. 企业文化和企业制度

企业文化是指全体员工在长期的生产服务中形成并共同遵循的最高目标、价值标准、基本信念和行为规范。企业文化是影响企业经营效益的重要因素，如果个人的价值观与企业文化有冲突，在企业中就难以发展。求职者需要分析自己是否认同这个企业的文化，企业文化是否与自己的价值观相符。优秀的企业文化会让员工感受到快乐和尊重，员工工作也更有创造性。因此在求职时，企业文化也是需要考虑的重要因素。

 ## 知识拓展

一些著名企业的企业文化

海尔公司：崇尚创新精神。

联想公司：责任意识，企业对社会的责任，个人对企业的责任。

韩国三星电子：以人为本，追求卓越。

微软：激情是工作的动力和灵魂。

企业制度主要包括管理制度、用人制度、培训制度等。求职者应尽可能了解这些信息，分析这些制度可能给自己的未来带来什么影响。求职者要特别注意企业的用人制度如何，能否为自己提供发展或教育培训的机会，提供这些机会的条件是什么；自己将来有没有可能担任更高级的职务或担负更大的责任；职位提升的空间有多大，是基于工作能力还是工作年限等。

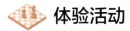 **体验活动**

企业探索

　　1.同学们按照各自感兴趣的企业分成若干组，各小组根据表3-4的内容进行任务分解，通过查阅资料、职业体验、人物访谈等方式完成。

　　2.各小组将探索内容汇总分析，并完整填写表3-4，然后进行小组展示。

表3-4　企业探索表

企业历史及背景：
企业的产品和服务：
企业的经营战略：
企业的组织机构：
企业文化：
企业的招聘和人力：
企业的薪资福利：
企业的员工：
企业的图片、活动：
企业的其他文件：
总结：

五、岗位探索

（一）岗位探索的概念

岗位是以多数任职者在一定劳动时间内完成的任务多少为标准而设置的，在某个具体单位内部，按照任务、责任、权力及所需资格的不同存在着岗位的分类。我们常说的找工作，最后都是要落实到谋取某个具体用人单位的具体岗位。因此，岗位是与个人职业发展关系最为密切的细分因素。岗位探索就是对岗位本身和影响岗位发展的因素的调研。

（二）岗位探索的具体内容

1. 岗位描述

岗位描述包括岗位的定义、工作内容和基本素质要求。用人单位对具体的招聘岗位有相应的描述和任职要求，大学生应该充分了解目标岗位相应的描述和任职要求，并找到自身素质与任职者素质之间所存在的差距，进而有针对性地进行提升，以做好应聘准备。

2. 岗位晋升通路

了解岗位晋升通路主要从以下两个方面着手：一是了解目标岗位的要求，二是了解目标岗位的职业发展通路。某公司的员工岗位晋升通路如图 3–1 所示。

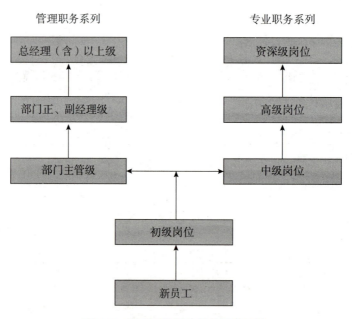

图 3–1　某公司的员工岗位晋升通路

💻 精选案例

以下是某公司的招聘广告。

一、基本条件

1. 国内公办全日制普通高等院校统招的具有派遣资格的应届毕业生，毕业生必须取得相应的毕业证书。

2. 所学专业为石油化工类主体专业，品行端正，综合素质好，身体健康，热爱煤化工事业，能适应生产一线工作需要。

3. 学习成绩和综合测评在本专业居于平均水平以上，专业课成绩良好。

4. 优先引进学习成绩优异、获得过省（市）级以上荣誉称号和校级以上奖学金、参加重大比赛并获主要奖励、取得过相应等级的职业技能资格证书、担任过学生干部的优秀毕业生。

二、薪资待遇

实习培训期：税前 7 000~8 000 元／月，每年薪资有一定幅度的增长。

正式上岗后：执行岗位绩效工资制度，提供具有市场竞争力的薪酬。

三、福利待遇

1. 五险一金（养老、医疗、失业、工伤、生育保险和住房公积金），同时提供补充养老保险。

2. 免费提供住宿及工作餐。

3. 提供疗养补贴、保健津贴、夜班津贴、交通补贴、通信补贴、高温补贴等。

4. 发放重要节假日礼金和生日礼品。

5. 法定年休假、探亲假、婚丧假、产假、病假、事假等完善的节假日管理制度。

6. 免费定期体检等。

四、其他

1. 招聘专业：化工工艺、化工机械、高分子材料、电气自动化、仪表自动化、工业分析与检验、给排水、环境工程（水处理）、热能工程等化工类及相关专业。

2. 招聘、录用工作程序：

（1）与学校进行洽谈，达成订单培养意向。

（2）发布招聘公告，收集应聘大学毕业生简历。

（3）招聘单位对简历进行审核，确定面试人员名单。

（4）进行面试，必要时增加笔试。

（5）确定意向人员，与所在学校签订订单培养协议。

（6）会同学校与意向人员签订三方协议。

（7）会同学校对意向人员进行为期一年的培训与考核。

（8）订单培养结束前一个月，会同学校对意向人员进行考核，考核合格者办理正式录用手续，签订三方协议。

（9）毕业生正式毕业的当年7月，正式录用的大学毕业生入职报到。

企业对大学毕业生的招聘条件，充分体现了企业对大学毕业生的专业、职业技能的要求。因此，大学生应关注拟从事工作岗位的招聘要求，分析其需要的技能，为就业做好准备。

第三节　掌握探索方法

大学生可以采取以下方法来探索职业世界的相关信息。

一、搜集网络资讯

网络是搜集信息的重要渠道。和职业相关的网站有很多，一些网站在发布招聘信息时，会按岗位或职能进行分类，如销售经理、客户经理、前台、文员、人事助理等是按岗位分类的；销售管理、行政后勤、人力资源等是按职能分类的。通过这些分类信息，求职者可以快速地了解某类岗位对求职者的通用技能要求。

获取职业资讯的相关网站如下：各人才门户网站，如前程无忧、智联招聘、中华英才网、搜狐招聘频道、新浪求职频道、中青在线人才频道等；相关行业网站或论坛，如省、市级的人才网，专业论坛等；一些由人力资源经理组建、管理的论坛。通过这些网络平台，大学生可以较好地了解职业的相关信息。

二、参加社会实践

大学生可以利用节假日到目标企业或与目标企业相似的企业进行实地考察、顶岗实习，以职业人的标准要求自己，做到与目标职业岗位"零距离"接触。一方面，可以在学习职业技能的同时，感受企业文化、企业经营理念，了解企业的用人要求，了解岗位工作性质、工作内容、工作环境、薪酬、晋升机会及发展前途等；另一方面，也可以了解自己对工作环境的适应能力，探寻自身条件与工作岗位的匹配度，为做出科学的职业决策提供依据。

三、访谈生涯人物

大学生可以走访行业领域的成功人士，了解成功人士的成长历程、成功人士所在行业的特点和发展趋势，也可以通过走访校友来加深自己对职业环境的认识。校友可以从更加现实的角度帮助大学生认识职场，他们的经历和建议能让大学生对未来的职业环境有更加感性的认识。根据访谈感悟，大学生可以制定更加科学、合理的职业规划行动方案，以便将来更好地适应职业发展。访谈的一般流程如下。

（一）选择访谈对象

访谈对象可以由自己院系的老师推荐，也可以由父母、亲人及他们的朋友推荐，还可以通过各种职业交流群、专业论坛、博客、网站等寻找。访谈对象的选择来源如图 3-2 所示。

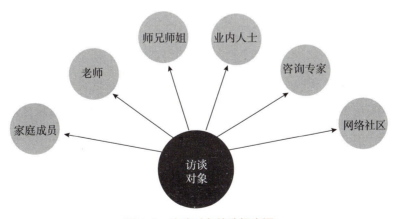

图 3-2　访谈对象的选择来源

（二）确定访谈对象

确定访谈对象远远比选择访谈对象困难，因为访谈者对于被访谈者来说大多是陌生人，这在一定程度上会影响被访谈者接受访谈的意愿。一般情况下，被访谈者都愿意帮助积极进取的年轻人，大学生所需要做的就是运用一些技巧让访谈对象接受访谈。在联系访谈对象时，大学生应把握以下几点：感谢，这是第一要素；共情，这是关键因素；赞美，这是促进因素。

（三）准备访谈内容

确定访谈对象后，大学生应认真拟定访谈提纲，并确保访谈时长不超过约定时长。访谈内容可分为以下 4 个部分。

（1）访谈对象的基本情况，包括其工作单位、担任职务、个人基本信息等。

（2）访谈对象的工作状态，包括其奋斗到现任职务的过程、每天的工作内容、岗位职责等。

（3）入职的任职资格，包括其担任的职务或从事的职业所需要的核心知识、技能及经验，所需要的资格证书，所需要进行的培训，所需具备的素质和品质，以及大学生在进入这个工作领域前应做的准备工作等。

（4）职业的发展前景，包括访谈对象所从事职业的一般薪酬标准和潜在收入空间、该职业的一般晋升发展路线、该职业在我国甚至在世界范围内的发展前景、与该职业相关或相似的职业种类等。

（四）正式访谈

正式访谈时，大学生一定要准时到达、准时开始，并准时结束。在访谈过程中，应做到言谈谦逊、举止有礼。

（五）汇报与感谢

无论最后是以什么样的心情和状态结束访谈，负责访谈的大学生事后都应发送感谢信给被访谈者，并将访谈记录和个人心得提交给对方。这样做一方面是对被访谈者的尊重，另一方面也是对访谈信息价值的肯定。

四、绘制家庭职业树

通过家庭的职业树，我们可以更好地了解家族成员的职业取向，甚至可以预测自己的职业取向。事实上，大学生的职业选择乃至生涯发展大都会受到家族成员的影响。大学生探索职业世界时，不妨从自己最熟悉的人开始。

　　一个人的家庭状况与其职业生涯有着紧密联系，且家庭状况在很大程度上会影响一个人的职业生涯规划和未来的职业选择。通过绘制家庭职业树，大学生一方面可以了解职业的种类、内容和用人要求；另一方面也可以梳理现有的可用资源，进而利用这些资源为自己的职业发展做准备。

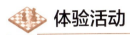 **体验活动**

绘制家庭职业树

　　将你家族中重要的亲属及他们的职业写在家庭职业树（见图3-3）上，用红笔标出与自己关系密切的重要人物。填写完成后，回答下面的问题。

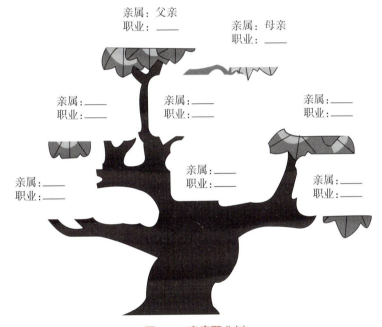

亲属：父亲
职业：_____

亲属：母亲
职业：_____

亲属：_____
职业：_____

亲属：_____
职业：_____

亲属：_____
职业：_____

亲属：_____
职业：_____

亲属：_____
职业：_____

亲属：_____
职业：_____

图3-3　家庭职业树

（1）家族中最多人从事的职业是：

_____

_____

（2）我想要从事这种职业吗？为什么？

_____

_____

（3）爸爸如何形容他以往和目前的职业？爸爸平时会提到哪些职业？他会说些什么？

_____

_____

（4）爸爸的想法对我的影响是：

_____

_____

（5）妈妈如何形容她以往和目前的职业？妈妈平时会提到哪些职业？她会说些什么？

_____

_____

（6）妈妈的想法对我的影响是：

_____

_____

（7）家族中还有谁对职业的想法对我影响深刻？他们是怎么说的？

_____

_____

（8）家族成员的职业中最让自己满意的职业是什么？（例如：堂哥在医院当医生，不仅收入高，社会地位也高）

_____

_____

（9）家族其他成员最羡慕的职业是：

_____

_____

（10）对他们的想法，我觉得：

_____

_____

（11）在兴趣、能力、体能等方面，我与家族中谁最相似？他从事的职业与我的偏好有多大关联？

_____

_____

（12）家人对我未来选择职业的影响是：

_____

_____

（13）哪些职业我绝不会考虑：

_____

_____

（14）哪些职业我愿意考虑：

_____

_____

（15）选择职业时，我还在乎哪些条件？

_____

_____

活动总结：

通过绘出自己的家庭职业树，了解家族主要成员的职业目标，并结合自身的价值观、兴趣和职业倾向确定自身的职业发展目标。

实训练习

生涯人物访谈

一、实训目的

通过生涯人物访谈，探索目标职业的相关信息。

二、训练内容

【访谈准备】

（1）遴选偏好的职业。

（2）寻找并确定访谈对象。

（3）拟定访谈提纲。访谈提纲应紧密结合目标职业拟定。

参考提问如下：

a. 在这个工作岗位上，您每天都会做些什么？

b. 您是如何找到这份工作的？

c. 这项工作需要的是什么样的人？

d. 这项工作需要特别的知识、技能和经验吗？

e. 这项工作需要什么样的教育或培训背景？

f. 就您的工作而言，您最喜欢什么？最不喜欢什么？

g. 本工作的哪部分让您最满意？哪部分最有挑战性？

h. 在这个领域工作，您遇到过哪些问题？

i. 对于一个即将进入该领域工作的人，您有什么意见和建议吗？

j. 本领域初级职位和略高级职位的薪水是多少？

k. 公司对刚进入这个领域的员工提供哪些培训？

l. 本领域的发展机会多吗？

m. 什么样的个人品质或能力对本工作的成功来讲是最重要的？

n. 还有哪些方法能帮助我深入了解该工作领域？

【访谈过程】

（1）预约。采访前，打电话给访谈对象，并进行自我介绍，确认访谈方式、日期、地点和时长。访谈方式首选面谈，其次是电话、微信、QQ、电子邮件等。

（2）就访谈内容录音，或者以书面形式进行记录，访谈者应就记录方式征询被访谈者的意见。

（3）访谈要守时，提问要清晰、简洁。

（4）一次访谈所提的问题不要太多，一般不超过15个。

（5）尊重访谈对象，善于倾听访谈对象提供的访谈提纲之外的信息。

（6）访谈结束时，除了致谢，还可以恳请访谈对象给自己推荐相关的生涯人物，以便自己能够以滚雪球的方式拓展自己的职业认知领域。

【访后工作】

（1）对访谈的内容、相关资料进行整理。

（2）根据访谈情况完善访谈对象的任职单位和职务、访谈内容、访谈体会、访谈总结等，并撰写访谈报告。

三、活动检测

活动结束后，教师根据表3-5进行评分。

表3-5 探索活动评价表

评分标准	分值	实际得分	备注
访谈提纲、提问内容与提问数量合理	25		
访谈守时，态度恭谦，善于倾听访谈对象的讲话，并认真做好访谈记录	25		

续表

评分标准	分值	实际得分	备注
访谈后的整理工作到位，访谈报告的内容系统、重点突出	25		
通过访谈，进一步认识了目标职业的相关信息	25		
总分	100		

第四章 职业生涯决策与行动

"凡事预则立，不预则废。"一个人要想实现自己的职业理想，就必须做出正确的决策，并朝着自己确立的生涯目标前进。确立职业生涯目标，一定要通过科学的决策。大学生正处在职业准备和选择职业生涯的探索阶段。面对选择，如何决策是一个非常重要的问题。只有掌握了正确的决策方法，大学生才能走出迷茫和彷徨。

1. 了解职业生涯决策的概念、风格和理论。
2. 明确职业生涯决策的影响因素。
3. 熟悉职业生涯目标的确定、分解和执行。
4. 增强职业生涯管理意识，主动提升职业生涯决策技能。

第一节 认识职业生涯决策

职业发展道路不是他人给的，而是个人选择的结果。职业发展不仅关系到大学生每个人的发展，甚至影响到国家的人才发展战略。

一、职业生涯决策的含义

决策是指为达到一定目标，从两种或两种以上的可行方案中选择一个合理方案的分析判断过程，是人生的一种选择。

职业生涯决策是一个复杂的认知过程。通过此过程，决策者组织有关自我和职业环境的信息，仔细考虑各种可供选择的职业前景，做出职业行为的公开承诺。

我们从中可以看出：职业生涯决策是一个过程，而不单单是一种结果。生涯发展过程中面临许多需要决策的问题，高三学生面临选填大学志愿，大学高年级的学生则面临继续深造和就业，中年业务部经理面临转行等，但人们往往认为选择只是面临选项时才发生。其实，人每天都在面临选择。因此，决策是一个人应该具备的一种普遍的能力。

职业生涯决策是个人针对自己的个性因素，对工作岗位类别进行比较、挑选和确定，是人生的一种重大选择。它是人从自然人转变为职业人的关键环节，也是人成为社会活动主体，实现人生价值的开端。做出职业生涯决策，意味着我们将走上自己的工作岗位，开始我们的职业生活，是人生的一个重大转折点。

职业生涯决策是个性因素和职业因素的优化统一。在市场经济条件下，选择具有双向性。不同的人有不同的择业目标，不同的社会岗位将对不同的劳动者进行选拔。这就要求我们做职业生涯决策时，必须考虑到自己的性格、兴趣、气质、技能和价值观等个性信息，同时也必须考虑到职业、教育和休闲的各种选择。这样，我们才可以在综合自我认知和职业知识的基础上，利用职业生涯决策的知识和技能，对个性因素和职业因素进行优化，制定出个人的职业生涯决策。

职业生涯决策是从理想到现实的转化。每个人都对自己的将来充满希望，在谋划将来时，都树立了自己的职业理想。然而，理想和现实之间往往存在差距。作为理性的人，我们必须在职业理想和客观现实之间做出一定妥协。当个人的职业理想与客观现实存在矛盾时，我们必须打破幻想、承认现实、降低要求，也就是向客观现实妥协，从而在自我反思之后，真正解决"我与职业"的关系，科学、实际、合理地完成职业生涯决策的调试过程。

对于每一个即将走向社会的大学生来说，影响职业生涯发展的几项重大决策如下。

（1）选择何种行业。

（2）选择某行业中的哪一种职业。

（3）选择求职所适用的策略，以获得某一份特定的工作。

（4）从数个工作机会中选择其一。

（5）选择工作地点。

（6）选择工作取向，即工作的方向与形式。

（7）选择生涯目标或者系列性的升迁目标。

二、职业生涯决策的类型

心理学的研究表明，每个人在做出决策时所持有的心理情绪、态度和方式都不尽相同，从而呈现出多种决策类型。职业生涯决策也不例外。

（一）根据行为方式分类

根据人的行为方式不同，职业生涯决策类型可分为犹豫型、直觉型、顺从型和逻辑型。

1. 犹豫型

对自己不了解，对职业世界也不清楚，会收集很多的相关信息，也会向周围人询问情况，但面对可能的选项优柔寡断、犹豫不决，因此在进行职业生涯决策时，会觉得什么都好，又什么都不理想。

2. 直觉型

自我认识比较清楚，但对职业环境比较陌生。这类人凭借自己在特定情境中的感受或情绪反应做出决策。他们常缺乏对其他相关信息的系统收集，在做决定时全凭感觉，较为冲动，但能为自己的决策负责，绝不后悔。

 ## 精选案例

> 小琴是学暖通专业的，对于女孩子来说，这个专业似乎辛苦了一些，设计方案或制作图纸时要经常下工地，而且刚毕业没有经验的时候通常薪水比较低，月薪只有3 000多元，因此小琴选择去企业做秘书，在高档写字楼里工作，月薪也有5 000多元。
>
> 几年后，小琴因为生育离职，当她再去找工作时发现秘书这个职业已经不适合她了，而自身的专业早就丢了。小琴对未来的职业生涯感到迷茫。
>
> 小琴在最初求职时受经济因素的影响，并碍于社会评价而选择了秘书的职业，但是这一选择只是看重眼前利益，并没有做好长远的职业规划，因为从暖通专业来看，虽然毕业时薪水较低，但是具备一定经验后，薪资及发展都是不错的，而且对于女生来说，几乎没有年龄和生育等方面的限制，具备技术能力后，将来的职业选择余地会更大。

3. 顺从型

这类人毫无主见，总是等待或依赖他人为自己收集信息并做出决定。他们很看重社会评价、社会赞许、社会规范；不愿自己收集信息和分析判断，而特别关注他人的观点和决定。他们常常把父母、老师、亲朋、恋爱对象的意见作为自己决策的依据。

4. 逻辑型

这类人对自己的特征一清二楚，对职业世界的情况也洞若观火，能按程序认真地分析各种选项的利弊得失，做出最适当的、合乎逻辑的决定。

（二）根据心理情绪分类

根据人的心理情绪不同，职业生涯决策的类型可分为期望型、安全型、逃避型和综合型。

1. 期望型

选择自己最希望得到的东西，将自己最看重的东西放在首要位置，例如：自己看重权力、领导他人，就将此作为决策的主要依据，至于是否稳定、是否有成就、自主性强不强等，则较少考虑。

2. 安全型

注重安全、保障、比较容易成功的、不容易被辞退的职业，如教师、公务员等，至于薪酬待遇的高低，考虑得相对较少。

3. 逃避型

指不明确自己最喜欢的是什么，但否定自己最不喜欢的东西，尽管这样逃避了一些风险，但并非意味着就完全避免了风险，因为有些没有被否定的职业差异也非常大。

4. 综合型

会考虑多个方面的因素，而不只是突出其中的某个因素，如价值观、能力、性格等。

大学生应当了解自己的决策风格属于哪种类型。为了实现科学合理的决策，要尽可能向综合型努力。

 **体验活动**

回忆人生最重要的 3 个决策

活动地点：室内

人员要求：不限

材料准备：笔和纸

活动目的：了解自己的决策类型

活动流程：请回想迄今为止人生中做出的 3 个重大决定，按以下几部分予以描述并记录下来。

目标和当时的情境：

_____。

所有的选择：

_____。

决策方式：

_____。

对结果的评估：

_____。

我的 3 个重大决定：

_____

通过以上 3 个重大决定总结描述自己的决策类型：

_____

活动总结：

通过本次体验活动，总结自己的决策类型，科学、合理地进行职业生涯决策，为以后进入职业领域奠定良好的基础。

由于决策过程的影响因素很多，考虑越周全，决策难度越大。事实上，许多主要的决策内容与其他方面是有联系的。例如：敢于冒险的人，大多是承受力比较强、能力也不错的人；喜欢追求事业成就的人，其领导能力、分析问题和解决问题的能力也会比较强。抓住一个方面决策，尽管风险大，但难度小、时间短。

职业生涯决策科学、合理，为个人进入职业领域奠定了良好的基础。当然，随着社会经济的发展和变化，个人的职业生涯道路也并不随着之前的决定而固定下来，还会出现一些变化。在职业生涯道路上少走弯路，并取得较高的职业生涯成就，还需要不断地努力。

三、职业生涯决策的理论

常见的职业生涯决策理论有标准化职业生涯决策理论、描述性职业生涯决策理论和职业决策的 PIC 模型。

（一）标准化职业生涯决策理论

标准化职业生涯决策理论认为，决策者能够加工所有相关信息，做出完全理性的选择，在选择时遵循效用最大化原则。该理论的主要代表是盖拉特（Gelatt）的职业决策过程模式和克朗伯兹（Krumboltz）的社会学习论。

1. 盖拉特的职业决策过程模式

该理论认为，决策是一连串决定的组合，任何一个新决定都受先前决定的影响，而新做出的决定又会产生连锁反应而导致接下来决定的出现，所以，决策是多个决定连锁反应的发展历程。这也说明职业生涯决策不是一次选择或一个结果，而是持续不断地做出决定及修正的终生历程。

　　为了使决策过程理性化、系统化，盖拉特职业决策模式特别强调资料的重要性和过程的严谨性。为此，盖拉特提出了资料处理的 3 个策略系统和决策过程的 7 个步骤。

　　3 个策略系统分别如下：

　　（1）预测系统，预测不同的选择可能造成的结果，并估算出每种行动可能造成该结果的概率，以此作为制定行动方案的参考依据；

　　（2）价值系统，个人对于各种可能行动的喜好程度；

　　（3）决策系统，评判各种行动方案的标准。

　　权衡这 3 个方面，然后选择一个行动方案。

　　做决策的具体步骤如下：

　　（1）根据自己的需求制定决策目的或目标；

　　（2）搜集与目的或目标有关的信息资料，以了解可能的行动方向；

　　（3）根据所得的资料，预测各种可能行动的成功概率及结果；

　　（4）根据价值系统，估算个人对于每个行动方案的喜好程度；

　　（5）评估各种可能方案，选择其中的一个方案执行；

　　（6）若达成目标则终止决定，然后再等待下一个决定的出现；

　　（7）若没有成功，则继续探索其他可行的办法。

2. 克朗伯兹的社会学习论

　　社会学习论由班杜拉在 20 世纪 70 年代提出，强调个人独特的学习经验对其人格与行为的影响。克朗伯兹将这一观念引入职业生涯决策上，用以了解在个人决策历程当中，社会、遗传与个人因素对决策的影响。

　　在此基础上，他提出了下列影响职业选择的 4 个因素：

　　（1）遗传因素与特殊能力。遗传因素包括种族、性别、仪表、身体健康程度等；个人的特殊能力包括职业偏好、智力、音乐能力、美术能力及动作协调能力等。

　　（2）环境条件与特殊事件。克朗伯兹认为，在影响教育和职业的选择因素中，有许多来自外部环境，非个人所能控制。这些外部因素大多是人为因素（如社会、文化、政治或经济的活动）所致，小部分由自然力量（如自然资源的分布或自然灾害）引起。

　　（3）学习经验。克朗伯兹认为，个体独特的学习经验在决定个体生涯路径方面扮演着重要的角色。学习经验包括个体作用于环境的经验和环境作用于个体的经验。

　　（4）工作取向技能。前面提到的 3 个因素会以一种交互影响的方式使个体形成特有的工作取向技能，这些工作取向技能包括解决问题的能力、工作习惯、工作的标准与价值、情绪反应、知觉和认知的历程（如选择、注意、保留、符号知觉等心理过程）等。

　　之后，克朗伯兹以社会学习理论对职业生涯决策技巧的作用进行研究，提出了进行职业生涯决策的 7 个步骤：

（1）界定问题。厘清自己的需求及时间或个人限制，并制定出明确的目标。

（2）拟订行动计划。思考可能达成目标的行动方案，并规划达到目标的流程。

（3）澄清价值。界定个人的选择标准，作为评价各项方案的依据。

（4）找出可能的选择。搜集资料，论证可行的方法。

（5）评价各种有可能的选择。依据自己的标准，对各种可能的选择方案进行评价。

（6）系统地删除。有系统地删除不合适的方案，挑选最合适的方案。

（7）开始执行方案。方案确定之后开始实施。

克朗伯兹的理论以社会学习的观点来解释生涯选择的行为，特别强调社会影响因素和学习经验，为实际的生涯辅导工作提供了不少方法和启示，具有较高的实用价值。

（二）描述性职业生涯决策理论

描述性职业生涯决策理论主要解释个体面临实际生活的职业选项时如何做出决策，丁克里奇（Dinklage）的职业生涯决策风格理论是该理论中比较有代表性的。

丁克里奇的职业生涯决策风格是指不同的人在做事方式上所表现出来的习惯偏好也不同。丁克里奇认为，决策风格是影响决策效果与决策效率的一个重要因素。1968年，他通过访谈研究将人们进行职业生涯决策时所采用的风格归结为以下8类。

1. 冲动型

即个体抓住所遇到的第一个选择，不再考虑其他的选择或继续搜集信息。其想法是"先决定，以后再考虑"。例如："先找到一份工作干着再说"，这种决策方式的风险太大，当有更好的选择时，个体自然追悔莫及。

2. 宿命型

即个体将决定权留给境遇或命运。这类人迷信"我这个人永远也不会走运"，显得无力和无助，人生态度消极低沉，容易成为环境的"受害者"。

3. 顺从型

即个体顺从别人的计划而不是独立地做出决定。这类人相信"他们都觉得好，我就觉得好"。从众的人固然能在追随群体的过程中获得一种虚拟的安全感，但却忽略了自身的独特性，其选择在很大程度上并不适合自己。

4. 延迟型

即个体把问题往后推迟。例如："我还没有做好找工作的准备，所以打算先考研"。延迟型的人总是希望"也许过几天，事情就自动解决了"。

5. 烦恼型

即个体过度地搜集信息，使用信息时又顾虑重重、反复比较，当断不断，其心境表现常常是"我就是拿不定主意"。

6. 直觉型

即个体因为"感觉到是对的"而做决策，但不能说明原因。个体的直觉在环境情况无法提供充分信息时能对个体产生有效作用，但可能会不符合事实。

7. 瘫痪型

即个体接受做决策的责任，但是感觉过于焦虑而不能对决策做出有建设性的工作。这类人知道自己应该开始做决策了，但内心深处总是笼罩着"一想到这种事就害怕"的阴影。结果，他们无法真正地为决策和决策的后果承担责任。

8. 计划型

即个体直接使用标准化决策模型所推荐的理性策略。

上述 8 种决策风格没有绝对的优劣之分，各有其适用范围和局限性。例如：直觉型决策反映了决策者能够迅速提取相关信息，或者也可以说他是一个反应快的理性决策者。那种喜欢到处咨询或模仿他人者，有依赖的倾向，但也有可能把个人的认知偏差减少到最小。决策风格既受个性的影响，又受环境的影响，并非绝对无法改变。

（三）职业决策的 PIC 模型

PIC 模型的理论基础是方面排除理论，是一种在决策方案之间做出选择的方法，即在选择过程的每一阶段，要挑选出某一属性或某一方面，根据重要性对其做出评价，对不符合决策要求的属性予以排除，直到剩下某种未排除的方面或属性时，再做出最后的选择。

PIC 模型根据不同的目的、过程和结果，将职业决策过程分解成排除阶段（Pre-screening）、深度探索阶段（In-depth exploration）和选择阶段（Choice of the most suitable alternative），"PIC"即是这 3 个阶段英文首字母的缩写。

（1）排除阶段。职业世界为人们提供了大量的接受教育培训和工作的机会，大学生在对职业做出选择时可能会感到困惑。本阶段的工作就是为了消除困惑，即根据个人偏好，排除那些与个体偏好不兼容的职业，从而得到少量的、可操作的方案。

（2）深度探索阶段。通过深度探索"有可能的方案"，找出一些合适的方案，确定一些既有希望又适合个体的职业。

（3）选择阶段。基于对所有合适方案的评估和比较，挑选出最合适的方案。

四、影响职业生涯决策的因素

职业生涯决策的过程就是选择自己最满意的职业的过程，但在选择的过程中，除了遵循决策的基本原则外，还要考虑其他影响职业生涯决策的重要因素，包括素质和心理等主观因素，以及社会环境和机遇等客观因素。这些因素相互联系、相互作用。因此，在进行职业生涯决策时，决策者要认真考虑影响自己职业生涯决策的每一个因素。

（一）非理性信念

人们有时候会以偏概全，在一两次深刻经历的基础上得到一些刻板的印象和先入为主的偏见，这就是"非理性信念"。

非理性信念往往来自以前经历的事件（尤其是挫折事件）所形成的思想、看法和认识，这些认识会在以后的类似事件或情景中产生影响。因此，只有消除非理性信念，才能做出更理性的职业生涯决策。大学生可以通过思考以下几个方面的问题来消除非理性信念。

（1）你所要验证的想法是什么？

（2）你如何找证据来验证你的想法？

（3）支持你想法的证据是什么？

（4）不支持你想法的证据是什么？

（5）如果你能以较理性的想法来思考，你会怎么考虑？

💻 精选案例

小洁为了负担家计，高中毕业后就参加工作了。后来，她看见许多和自己年纪相仿的青年，无论是在学业上还是在事业上都有相当的成就，于是，她越来越觉得自己学历太低、升迁无望，对于自己无所作为的现状感到相当沮丧。

不愿向命运低头的小洁非常希望挣脱低学历的枷锁，希望有朝一日自己也能像高学历者一样扬眉吐气，受到别人的重视。这个念头在她脑海中盘旋了很久，只是她一直没有任何行动。

她担心自己水平太低而考不上大学；她担心自己由于太久没读书了而没办法适应学校生活；她也怕别人会笑她痴心妄想、白日做梦。另外，家计仍是一个沉重的负担，如果她全心念书，经济上恐怕会后继无力，所以她始终不敢和家人商量这件事。

好几次，她都决定要放弃继续求学的念头。可是，她又不甘心，难道这辈子都翻不了身了吗？

非理性信念中最常见的思维方式是"绝对化"。这种思维方式通常与"必须""应该""不得不"这类字眼联系在一起，如"我必须获得成功""生活应该是很容易的"等。怀有这种信念的人极易陷入情绪困扰。客观事件的发生、发展都有一定的规律，不可能按某一个人的意志去运转，所以为了更好地解决问题，大学生要采用相对思维而不是绝对思维，避免让非理性信念影响我们的职业生涯决策。

 ## 知识拓展

常见非理性观念的辨析

下面我们对一些常见的非理性观念进行辨析。

★ 都说第一份工作重要，会对人的一生产生深远的影响，所以第一份工作一定要找好。

辨析：任何一份工作都会对人产生影响，但是，正如我们从小到大经历过无数次成功和失败那样，第一份工作的成败不过是另一次成败而已。我们当然希望第一份工作是一份好工作，但即使它是一次失败的经历，我们也可以从中学到很多知识。只要我们愿意学习，任何一种经历都是有意义的，都可以成为我们的财富。如果觉得第一份工作没找好就等于贻误终生，那多半不是因为这份工作，而是我们的心态需要调整。

★ 我们一定要找到这样的职业：它能帮我得到对我来说非常重要的人的喜爱和赞许，如父母以我为荣，老师夸奖我。

辨析：每个人都希望得到他人的认可，这是正常人性的需要。但我们不一定要通过自己的职业来实现。现实中很可能出现的情况是我做着自己并不喜欢的工作，仅仅是为了他人认可我。当一个人只是为了他人而生活时，他会感到非常痛苦，一旦他没有得到自己想要获得的赞许，他的心理就会失衡，他所做的一切就失去了意义。因此，重要的是，我们能够首先认同和欣赏自己，这样就不必依赖他人的赞许而活着。我们仍然希望父母和师长也能够认可自己，但是当与他们有不同观点时，我们不必过于沮丧。

★ 如果我做出了某种决定，那我就永远甩不掉它了。我就会走弯路，浪费时间和精力，甚至再也无法回头。万一，这个决定是错误的怎么办？

辨析：事实上，在生活中即使做出了错误的选择，也没有多少决定是不可更改的。在职业选择上，你总是会有机会开始另一轮的职业决策，选择新的职业和生活。错误的选择可能会使你付出更多的时间，但也许那正是你在迈向自己的终极目标前所需要经历的锤炼。的确，两点之间直线最短。但在人生中，我们很少能走直线。有时，我们走了一些弯路，却因此学到了重要的人生功课，积累了宝贵的经验和资源，而这些其实为我们走好下一步做好了准备。

★你说的这些方法都挺好，但不适合我。我跟别人不一样，我各方面的条件都比他们差，我做不到你说的那些。

辨析：问题在哪里呢？是什么东西使你做不到你说的这些事呢？真的是由于你的条件不及别人，还是那些条件已经变成了你的借口，用来逃避行动？变化的全部目的就是去做"不是你"的那些事。虽然它必然伴随着一些害怕和不安全的感觉，但只有真正地尝试过，你才知道这些方法是否适合自己，以及这些事自己是不是能够做到。

（二）其他影响因素

缺乏准备、缺乏信息、信息不一致也会影响个体的职业生涯决策。

1. 缺乏准备

（1）缺乏决策动机。例如：部分大学生认为还没到需要确定职业发展方向或者制定生涯目标的时候，因而不愿意做出选择。

（2）决策犹豫。部分大学生在职业选择过程中会出现决策犹豫的现象，主要表现为不知道该做何种选择，犹豫不决，患得患失，无法取舍，缺乏信心，他们不知道是否会有更好的机会出现，对未来感到迷茫。

（3）在职业决策方面存在非理性信念，即对决策抱有非理性期望或者不合理的想法。

2. 缺乏信息

（1）缺乏决策过程中的信息，如不知道如何确定职业发展方向或职业生涯目标。

（2）缺乏有关自我的信息，如不了解自己的能力或者职业偏好等。

（3）缺乏职业信息，如缺乏对社会需求、职业环境、职业培训种类等方面的了解。

（4）缺乏获取信息的能力，如不知道如何获取职业、培训等方面的信息。

3. 信息不一致

（1）不可靠的信息，如个人特质与正在考虑的职业相矛盾等。

（2）内部冲突，如所学专业与自己的爱好不能很好地结合等。

（3）外部冲突，如父母不同意自己从事所向往的职业等。

第二节　职业决策方法

在人生的发展过程中有的选择无足轻重，有的选择关乎一生。有关自己未来职业发展的选择是影响将来的生活方式、幸福指数的重要选择。大学生做出明智的职业选择与决策，有助于在就业过程中获得与自身特点、自己的需要更匹配的工作，进入与自身价值观更为符合的组织，对职业的满意度就会更高。职业决策是一个复杂的认知过程，决策的方法有很多种，下面介绍几种常用的决策方法。

一、SWOT 决策分析法

SWOT 决策分析法是市场营销管理中经常使用的一种功能强大的分析方法。大学生利用这种方法可以找出对自己有利的因素和不利的因素，发现自己存在的问题，并找出解决问题的办法，进而明确以后的职业方向。

SWOT 决策分析主要分析 4 个方面：S 代表优势（Strength），W 代表劣势（Weakness），O 代表机会（Opportunity），T 代表威胁（Threat），如图 4-1 所示。其中，S 和 W 是内部因素，O 和 T 是外部因素。从整体上来看，SWOT 可以分为两部分：上半部分为 SW，主要用来分析内部条件；下半部分为 OT，主要用来分析外部条件。

图 4-1　SWOT 分析表

SWOT 决策分析是职业生涯决策过程中一个非常有用的工具。如果大学生对自己进行细致的 SWOT 分析，就能很明确地知道自己的优势和劣势在哪里，并且能分析出自己所感兴趣的职业道路的机会和威胁所在。进行 SWOT 决策分析时，对个人的优势与劣势要有客观的认识，不要过分夸大自己的优势，也不要过于自卑或把自己看得一无是处，应客观而全面地分析，同时要注意区分自己的现状与前景。

精选案例

　　小张，男，上海某大学公共事业管理专业的大三学生，在校期间学习了人力资源管理方面的理论知识。他勤奋好学、吃苦耐劳，敢于面对挑战，喜欢从事有挑战性的工作。小张的短期职业生涯目标是大学毕业后成为人事经理。小张职业生涯决策的 SWOT 分析情况如表 4–1 所示。

表 4–1　小张职业生涯决策的 SWOT 分析情况

SWOT 分析法		
内部个人因素	优势： （1）做事比较认真、踏实，有浓厚的学习兴趣和一定的实力，尤其对人力资源管理有着浓厚的兴趣 （2）有积极乐观的生活态度，善于发现事物积极的一面 （3）有极强的责任心和耐心，且喜欢做与这种特质相匹配的工作 （4）办公软件运用能力强，业余时间加强办公自动化训练 （5）英语书写能力强，有较好的口语表达能力 （6）对社会现象有自己的思考，有一定的分析能力 （7）有一定的书面表达能力，逻辑思维能力较强	劣势： （1）性格偏内向，对管理工作者来说，这是一种缺陷 （2）办事不够细致，有时考虑问题不全面 （3）做事不够果断，尤其是做决定的时候总是犹豫不决 （4）做事有时拖拉，不够雷厉风行 （5）工作、学习有些保守，冒险精神不够，创新能力有待提高
外部环境因素	机会： （1）中国经济快速发展，为大学毕业生的职业发展提供了广阔的空间 （2）校园里有建立良好人际关系的条件 （3）就专业方面来说，人力资源的发展已是大势所趋，这方面的人才需求正随我国经济的高速发展而不断增加 （4）有亲戚从事人力资源方面的工作	威胁： （1）距离毕业还有一年时间，各种准备相当不充分，相对重点大学的毕业生来说，自身实力不够突出 （2）用人单位对毕业生的综合素质要求不断提高，而自身能力尚有不足 （3）用人单位的招聘要求提高，更需要有经验的人才，而自身实践经验不足
自己的闪光点：对人力资源管理有着浓厚的兴趣；办公软件运用能力强；英语口语表达能力较好		

通过以上分析，可以看出小张从事人力资源管理工作的个人优势与机会大于劣势与威胁，具有专业优势、个性优势、能力优势及发展条件的优势。建议他在今后的一年中寻找相关的实习机会，为就业做好准备。

二、决策平衡单法

决策平衡单法经常被应用于问题解决和职业咨询中，用来协助决策者和咨询者系统地分析每一个可能的选项，判断执行各选项的利弊得失，然后依据决策者和咨询者在利弊得失上的加权计分排定各个选项的优先顺序，以执行最优先或偏好的选项。

（一）决策平衡单的主体框架

决策平衡单的主体框架包括以下 4 个方面。

（1）自我物质方面的得失。

（2）他人物质方面的得失。

（3）自我赞许与否。

（4）社会赞许与否。

实际应用时，由于认为"自我赞许与否"和"社会赞许与否"仍显得笼统，所以生涯辅导专家金树人将最后的两项改为"自我精神方面的得失"与"他人精神方面的得失"，就是从以"自我—他人"，以及"物质—精神"所构成的 4 个范围来考虑的。

决策平衡单能帮助决策者具体地分析每个可能的选择方案，考虑各种方案实施后的利弊得失，最后排定优先顺序，择一而行。

（二）决策平衡单法实施的主要步骤

第一步，建立"职业生涯决策平衡单"。列出可能的职业选项，决策者首先需在平衡单中列出有待深入考量的 3~5 个潜在职业选项。

第二步，判断各个职业选项的利弊得失。决策平衡单中提供的决策者思考的重要得失集中于 4 个方面，分别是自我物质方面的得失、他人物质方面的得失、自我精神方面的得失、他人精神方面的得失。考虑每个因素的得失程度，从 –5~5 给分。

第三步，考虑各项因素的权重。决策者在各个方面的利弊得失之间，会因身处于不同情境而有不同的考量。因此，在详细列出各项考虑层面之后，须再进行加权计分。对每个考虑因素按照自己的情况设置权重，从 1~5 给分。1 分表示不看重，5 分表示最看重。

　　第四步，计算出各个职业选项的得分。把各因素的权重和利弊得失分数相乘后再累加，计算各个生涯选项的总分。

　　第五步，排定各个职业选项的优先顺序。最后，依据各职业选项在总分上的高低，排定优先次序。职业选项的优先次序即可作为决策者职业生涯决策的依据。

　　当我们面对多种选择而无法决定时，决策平衡单是协助我们理智决策的一种有效的方法。决策平衡单的内容主要包括选择项目、重要性的权数、因子的评分和加权等，如表 4-2 所示。

表 4-2　职业生涯决策平衡单样表

选择项目		重要性的权数（1~5 倍）	选择一		选择二		选择三	
			+	−	+	−	+	−
自我物质方面的得失	1. 经济收入							
	2. 工作难易程度							
	3. 升迁机会							
	4. 环境安全							
	5. 休闲时间							
	6. 生活变化							
	7. 对健康的影响							
	8. 就业机会							
	其他							
他人物质方面的得失	1. 家庭经济							
	2. 家庭地位							
	3. 与家人相处的时间							
	其他							
自我精神方面的得失	1. 生活方式的改变							
	2. 成就感							
	3. 自我实现的程度							
	4. 兴趣的满足							
	5. 挑战性和创新性							
	6. 社会声望							
	其他							

续表

选择项目		重要性的权数 （1~5 倍）	选择一		选择二		选择三	
			+	−	+	−	+	−
他人精神方面 的得失	1. 父母							
	2. 师长							
	3. 配偶							
	其他							
加权后合计								
加权后得失差数								

注：权重从 1~5 给分，分值越高，重要程度越高；选项从 −5~+5 给分，分值越高，重要程度越高。

使用职业生涯决策平衡单，可以很清晰地把多种选择进行量化排序，为我们进行职业生涯决策提供量化的参考依据。需要指出的是，决策平衡单内的所有评分和权重设定都是决策者的主观评定，对不同的人来说，其内容可能会完全不同。因此，决策平衡单只能用于个体内比较，而不能够进行不同决策者之间的比较。

 精选案例

　　小王是人力资源管理专业的毕业生，他在经过一段时间的应聘、面试后，获得了 3 个机会——行政单位办公室秘书、外企人力资源助理、中学教师。现在，他需要做出决定，选择其中一个工作，与单位签订就业协议。

　　因小王理论知识扎实、动手能力强、沟通协调能力较为出色，他参加了学校的不少社团活动，他的老师让他到外企做人力资源助理。而小王觉得，根据他本人的兴趣、能力、价值观，自己更适合做秘书。小王到底是做秘书、人力资源助理，还是做一名中学教师？

　　职业的选择会影响自己的一生，到底该何去何从，小王很苦恼。经过多方权衡，小五从物质和精神各个项目考虑，得出表 4-3。

表4-3　小王的职业生涯决策平衡单

一、自我物质方面的得失	权重	秘书	人力资源助理	中学教师	一般工作
经济收入	4	3	2	1	2
工作难易程度	1	−4	1	2	2
升迁机会	2	0	1	1	3
环境安全	0	−4	4	4	3
自由度	5	5	2	3	1
休闲时间	1	2	3	3	1
生活变化	4	1	−3	−2	2
对健康的影响	3	−2	4	2	1
就业机会	1	0	4	1	3
二、他人物质方面的得失	权重	秘书	人力资源助理	中学教师	一般工作
家庭经济收入	2	2	2	1	2
家庭社会地位	2	3	2	3	1
与家人相处时间	1	2	3	3	1
家庭环境	3	0	0	1	1
三、自我精神方面的得失	权重	秘书	人力资源助理	中学教师	一般工作
生活方式的改变	3	3	2	0	1
成就感	5	4	1	2	−1
自我实现的程度	3	−1	1	2	−1
兴趣的满足	4	4	1	2	0
挑战性和创新性	4	5	1	2	−2
社会声望	2	0	1	3	1
是否符合自我道德标准	3	2	1	1	1
实现长远目标的机会	3	3	6	1	1
四、他人精神方面的得失	权重	秘书	人力资源助理	中学教师	一般工作
父母	2	−2	5	4	1
师长	1	−3	1	5	1
得分合计		115	95	96	44
优先次序		1	3	2	4

从决策平衡单列表可以看出，小王的打分非常明显，他认为秘书的工作更能锻炼自己，自己能得到全面的锻炼和提高，他不想放弃。如果有一天要真的做老师，他可以再深造，学习教育理论，然后当老师。他现在年轻、有激情，想好好把握锻炼的机会。

三、CASVE 决策模型

美国职业生涯理论家里尔登（Reardon）等人在认知信息加工理论（简称 CIP）中提出了 CASVE 决策模型。

该模型认为一个良好的决策需要经历 5 个步骤：C（Communication，沟通）、A（Analysis，分析）、S（Synthesis，综合）、V（Valuing，评估）和 E（Execution，执行）。

（一）沟通

沟通包括内部和外部的信息交流。通过交流，个体意识到理想和现实之间存在巨大的差距。内部的信息交流是指个体自身的身心状态。例如：在毕业找工作时，你可能在情绪上会焦虑、抑郁、受挫等，在躯体上会有疲倦、头疼、消化不良等反应，这些情绪和身体状态都是一些提醒你需要进行内部交流沟通的信号。外部的信息交流是指外界的一些对你产生影响的信息。例如：宿舍同学开始准备简历就是给你提供了一种外部信息，你也需要开始准备找工作了；在求职过程中，父母、老师、朋友给你提供的各种建议，也是外部的信息交流。通过内部和外部沟通，你意识到自己需要解决某些问题，这样的交流对开始生涯决策十分重要。沟通阶段需要回答的最基本的问题是此刻我正在思考并感觉到的自己的职业选择是什么。

（二）分析

分析是通过思考、观察和研究，对兴趣、能力、价值观和人格等自我认知以及各种环境进行了解，从而更好地理解现存状态和理想状态之间的差距的过程。在分析阶段主要运用的是在"全面探索自我"项目和"职业世界探索"项目中提到的方法。

在分析阶段，我们需要对两方面的知识进行了解。首先是自我认知，包含以下方面。兴趣：我喜欢做什么？做什么事情时我最能够投入？做什么事情能让我得到享受？能力：我擅长做什么？什么事情是我能做得比别人好的？我都掌握了哪些专业知识？价值观：我看重什么？我这辈子希望达到的目标是什么？我希望工作可以带给我什么？我是内向的还是外向的性格？我关注宏观抽象的事物还是具体细节？我倾向理性思考还是感性体验？我习惯于有条不紊还是随机应变？

其次是环境认知，每一个选择处于什么样的环境？会带来什么样的生活？需要付出什么努力？例如：考研需要付出什么努力？需要花多长时间准备？读研之后的生活是什么样的？研究生毕业之后的求职情况如何？而对于找工作也需要了解每一份职业相关的信息。

（三）综合

综合是根据分析阶段所找到的信息，先把选择范围扩展开来，然后再逐步缩小，最终确定3~5个最可能的选项。这个先扩大后缩小的过程非常重要。通过分析阶段，我们对自我的各方面都有了很多了解，每一个方面都分别对应着很多职业，把这些职业都列出来，就会得到一个范围很广的选择列表；然后选取其中的交集，就得出了缩小的职业选择范围；然后，把最可能从事的职业限定到3~5个。最后，可以问自己"假如我有3~5个选择，是否可以解决问题，消除现实和理想状态的差距？如果可以，就进入评估阶段做出最适合的选择，如果还是不能解决问题就需要重新回到分析阶段了解更多信息。

（四）评估

评估是对于综合阶段得出的3~5个职业进行具体的评价，评估获得该职业的可能性，以及这个选择对自身及他人的影响，从而进行排序。例如：可以问"对我个人而言什么是最好的？""对我生活中的重要的人而言什么是最好的？""大体上，对我所处的环境而言什么是最好的？"你还可以通过SWOT决策分析法和生涯平衡单等进行评估。

（五）执行

执行是整个CASVE的最后一部分，前面的步骤只是确定了最适合的职业，还不能带来职业选择的成功，需要在执行阶段将所有想法付诸实践，如开始具体的求职过程；为再一次回到沟通阶段提供线索，以确定沟通阶段所存在的职业问题是否得到了很好的解决。在执行阶段，需要制订计划，进行实践尝试和具体行动。如果没有解决，可以再次回到沟通阶段，重新开始一次CASVE循环，直到职业生涯问题被解决为止。

第三节　确定职业生涯目标

职业生涯目标是指个体渴望获得的与职业相关的结果，是个体所选定的职业领域中未来某个时刻所要达到的具体成就。大学生在职业选择与职业决策的过程中，始终要有明确的人生发展目标。理想的职业生涯目标对大学生的发展有着重要的激励作用。

一、确定职业生涯目标的重要意义

目标对人生有着巨大的导向作用。没有目标的人如同航行在茫茫大海中的孤舟，没有方向。明确而适合的目标是我们漫漫职业生涯征程中的灯塔，指引我们走向人生的成功。

 知识拓展

确立目标是制定职业生涯规划的关键

法国的一位著名自然学家费伯勒用一些毛毛虫做了一次不同寻常的实验，这些毛毛虫喜欢盲目地追随着前边一个毛毛虫。费伯勒很仔细地将它们在一个花盆外的框架上排成一圈，这样，领头的毛毛虫实际上就碰到了最后一只毛毛虫，完全形成了一个闭环。在花盆中间，他放上松蜡，这是毛毛虫爱吃的食物。这些毛毛虫开始围绕着花盆转圈。它们转了一圈又一圈，一小时又一小时，一晚又一晚，一天又一天。它们围绕着花盆转了整整 7 天 7 夜。最后，它们全都因饥饿、劳累而死。一大堆食物就在离它们不远的地方，它们却都饿死了。原因无他，只是因为它们按照以往习惯的方式去盲目地行动。

现实生活中，许多人其实也犯了同样的错误，对生活提供的巨大的财富，只能收获到一点点。尽管未知的财富近在眼前，他们却得到的很少，因为他们盲目地、毫不怀疑地跟着圈圈里的人群漫无目的地走着。而另外一些人则似乎经常迷失方向，一会儿向东，一会儿向西，似乎永远没有定向，不知所求的是什么。如果你不知道所追求的是什么，那就永远不会有击中目标的那一天。

1970 年，哈佛大学进行了一项关于目标对人生影响的跟踪调查，调查的对象是一些智力、学历、环境等条件都差不多的大学毕业生。调查结果发现：27%的人没有目标，60%的人目标模糊，10%的人有比较清晰的短期目标，3%的人有十分清晰的长期目标。25年后的跟踪调查发现：那3%的人几乎都不曾更改过自己的人生目标，他们始终朝着同一个方向不懈地努力，他们几乎都成为社会各界顶尖成功人士；那10%的人大都生活在社会的中上层，他们的共同特点是，那些短期目标不断地被实现，生活质量稳步上升，他们成为各行各业不可缺少的专业人士，如医生、律师、工程师、高级主管等；那60%的人几乎都生活在社会的中下层面，他们能安稳地生活与工作，但都没有什么特别的成绩；那27%的人几乎都生活在社会的最底层，生活都过得很不如意，常常失业，靠社会救济，并且常常在抱怨他人、抱怨社会。调查者因此得出结论：目标对人生有巨大的导向作用。

由此可见，确立目标是大学生制定职业生涯规划的关键，有效的职业生涯规划需要切实可行的目标，从而排除犹豫和干扰，全心致力于目标的实现。我们需要有一个能够让自己为之奋斗一生的目标，以便把力量整合到一个方向，超越我们孤独生存的状态，超越此种状态所造成的一切疑虑与不安全感，并且满足我们追寻生活意义的需要。大学生职业生涯规划的目的绝不仅仅是帮助个人按照自己的资历条件找到一份合适的工作，更重要的是帮助个人真正了解自己，为自己定下事业大计，筹划未来，拟定一生的职业生涯发展方向。每个人都应当审时度势，为自己筹划未来。有了事业上的目标，生活才有方向；有了事业上的追求，生活才有动力。对自己的职业生涯进行规划就是将自己的理想转化为现实的人生，把对未来事业发展的预期转变为明确的行动步骤。

二、大学生职业生涯目标的选择

职业生涯目标包括人生目标、长期目标、中期目标和短期目标。人生目标是我们的最终理想。一个人能否成就一番事业，很大程度上取决于是否有正确而适当的人生目标，没有人生目标，或者选错了人生目标，就很难取得事业上的成功。因而，进行职业生涯规划首先应该确立人生目标。

（一）大学生职业生涯目标选择的方法

大学生职业生涯目标选择可参照SWOT分析法。SWOT分析是企业战略研究中一种常用的分析工具，被广泛运用于企业战略管理、市场研究、竞争对手分析等领域中。

从 SWOT 分析的理念来看，在大学生职业生涯规划过程中使用 SWOT 技术也是切实可行的。

1. 优势分析

通过分析找出自己出色的地方，特别是比竞争对手有优势的方面。主要进行三个方面的分析：一是你曾经做过什么。即你已有的人生经历和体验，如在学校期间担任的职务，曾经参与或组织的实践活动，获得过的各项奖励等。二是你学到了什么。在学校期间，你从学习的专业课程中获得了什么，接受过什么培训，自学过什么，有什么独到的想法和专长？三是你做过的最成功的事是什么。你可能做过很多事情，但最成功的是什么，为何成功，是偶然还是必然？通过分析，可以发现自我性格中有优势的一面，以此作为个人深层次挖掘的动力之源，这也是职业生涯规划的有力支撑。

2. 劣势分析

劣势分析主要分析自己与竞争对手相比落后的方面。一方面，分析自己的性格弱点，如不善交际、感情用事等。一个独立性强的人会很难与他人默契合作，而一个优柔寡断的人很难担当企业管理者的重任。卡耐基曾说，人性的弱点并不可怕，关键要有正确的认识，认真对待，尽量寻找弥补、克服的办法，使自我趋于完善。另一方面，找出自己人生经历中所欠缺的方面。也许你曾多次失败，就是找不到成功的途径；需要你做某项工作，而之前从未接触过，这都说明经历的欠缺。欠缺并不可怕，怕的是自己还没有认识到，反而一味地不懂装懂。

3. 机会分析

机会分析主要分析有利于自己职业发展的一些机会。要对社会大环境进行认识与分析，当前社会政治、经济、科技、文化发展趋势中有利于所选职业发展的吗？具体在哪方面有利？接下来要对自己所选企业的外部环境进行分析，企业在本行业中的地位与发展趋势如何，面临的市场怎样，有无职位空缺？需要具备哪些条件？还要对自己周围的人际关系进行分析，哪些人可能对自己的职业发展有所帮助，作用如何，会持续多久，如何与他们保持联系等。

4. 威胁分析

威胁分析主要对自己人生发展可能存在的潜在危险进行分析。比如，高校扩招对大学毕业生就业的影响是什么，社会上用人单位人才消费观念发生变化对自己就业的影响是什么等。

这样步步地追问，一幅清晰的职业生涯前景图就呈现在你的面前。要注意的是，运用 SWOT 分析法进行职业生涯目标选择时，要尽可能考虑全面，权衡各种发展机会，然后从中选出最优的职业生涯发展机会。

（二）大学生职业生涯目标选择的原则

大学生职业生涯目标要具体，便于操作。要详细列出实现目标的具体时间和达到的程度，与之相应的其他目标也要明确具体，同时要做到互相配合、共同作用，促进个人的身心、生活和事业的全面发展。设立的目标高低应适度，人生除了事业目标外，还有财富、婚姻、健康等问题，这些问题都直接影响人生事业的发展和生活质量。所以，我们在制定职业生涯目标时也应兼顾这些因素。

大学生在设立职业生涯目标时要遵循以下原则：

（1）可行的，意思是说对于你的能力和特点而言，实现这个目标是现实的、可能的；

（2）可信的，是指你真的相信自己能够实现这个目标，对自己的能力非常有信心，相信自己能够在设定的时间内实现；

（3）可控的，是指你对一些可能会影响目标实现的因素的控制能力；

（4）可界定的，是指你的目标必须是以普通人都能理解的口头语言或书面语言进行表达；

（5）明确的，是指你只陈述某一特定的目标，并且在一段时间内只集中于这一个目标；

（6）属于你自己的，是指你制定的目标应该是自己真正想去做的事情，而不是别人强加给你的；

（7）促进成长的，是指你的目标应该是对自己和他人均无伤害性或损坏性的；

（8）可量化的，是指你的目标尽量以一种能够用数字加以衡量的方式来表达，而尽量不用宽泛的、一般的、模糊的或抽象的形式。

📺 精选案例

曾有研究机构组织了 3 组人，让他们分别步行去 10 千米以外的 3 个村子。

第一组的人不知道村子的名字，也不知道路程有多远，只知道跟着向导走。刚走了两三千米就有人叫苦，越往后走他们情绪越低落，走到一半就有人要放弃了。

第二组的人知道村子的名字和路程，但路边没有里程碑，他们只能凭经验估算行程时间和距离。走到一半时，大多数人就想知道他们已经走了多远，比较有经验的人说："大概走了一半的路程。"于是大家又簇拥着向前走，当走到全程的 3/4 时，大家开始觉得疲惫不堪，认为自己无法走完剩余的路程。

第三组的人知道村子的名字和路程，而且路上每隔一千米就有一块里程碑。每走完一千米大家便会产生一阵短暂的快乐。在整个行程中，他们一直保持高昂的情绪，很快就到达了目的地。

这个故事给我们的启示是：当人们确立了明确的目标，并且把自己的行动与目标不断加以对照，清楚地知道自己的行进速度和与目标的距离时，行动的动力就会得到维持和加强，人们就会自觉克服一切困难，努力达到目标。所以，大学生进行职业生涯规划时，一定要找准职业定位，确立明确的目标，正确分解目标。

三、大学生职业生涯目标的分解

职业生涯目标的实现可以用一系列的阶段目标来表示，为了顺利进入下一个阶段，应根据新阶段的特点制定分目标。目标分解就是根据观念、知识、能力差距，将职业生涯长期的远大目标分解为有时间规定的长、中、短期分目标，直至将目标分解为某确定日期可以采取的具体步骤。目标分解从最远、最高的目标开始，一直分解到最近的目标。要实现一个远大的目标，必须将其分解成若干个易于达到的阶段性目标，目标分解是将目标清晰化、具体化的过程，是将目标量化成可操作的实施方案的有效手段。

（一）按时间分解目标

按时间分解是最常用的目标分解方法，也很容易掌握。这里重要的是区分最终目标与阶段目标。

1. 最终目标

选择了职业生涯路线，并确定了总体目标，这个总体目标就是我们的最终目标或人生目标。最终目标取决于一个人的价值观、知识储备、能力水平，是对自身条件、社会环境、组织环境等主客观因素进行大量分析之后得到的结果。心理越成熟的人，往往越早地确定自己的最终目标，并朝着这个目标前进。最终目标只有与自己的价值观相符才是有效的，并且最终目标一经确立就不要再频繁更改。接下来，还要把最终目标分解为若干个阶段目标，每一阶段都有一个具体的目标。

2. 阶段目标

阶段目标可以分为长期目标、中期目标和短期目标三种。最终目标以几十年为期限，长期目标一般以十年为期限，中期目标一般以五年为期限，短期目标的时间为一两年，而近期目标就可以短至几个月。对于短期目标和近期目标，应详细规定实现的时间。

（1）长期目标。长期目标是需要认真选择的，一方面要符合自己的价值观，另一方面要和社会发展的需求相结合。既要有实现的可能，又要具有挑战性。长期目标的制定，使得人们对目标实现充满渴望，立志改造环境并坚持不懈，直至最终实现。

（2）中期目标。中期目标主要是结合自身的意志和组织的环境及要求制定，能够符合自身的价值观。中期目标应该能够切合实际并有所创新，能用明确的语言定量说明，并使用比较明确的时间，在适当之时可做适当的调整，这样便较易实现。

（3）短期目标。短期目标可能是自己主动选择的，也可能是通过外力安排或被动接受的，未必由自己的价值观决定，但是可以接受。短期目标总体上要切合实际，具有可操作性。

（二）按性质分解目标

根据性质，我们可以把职业生涯目标分解为具体的外职业生涯目标和内职业生涯目标。

1. 外职业生涯目标
一般来说，外职业生涯目标主要包括以下几项。

（1）职务目标。职务目标应当具体明确。

（2）经济目标。我们从事一项工作，获得经济收入是主要目的，毕竟我们谁也离不开生存的物质基础。在职业生涯规划中写明收入期望无可非议。你要注意的是切合实际和自己的能力素质，然后大胆地规划一个具体的数目，不要含糊不清，或者压根儿就不敢写。

（3）工作内容目标。在现实生活中能够晋升到高层职位的人毕竟是少数。位置越高，留给我们可以选择的机会也就越少，而且，能不能晋升很大程度上并不取决于我们自己。所以，我们不要只盯着职务的晋升，而应把外职业生涯目标规划的重心转移到工作内容目标上来。

（4）工作地点和工作环境目标。如果你对工作地点和工作环境有特殊要求，就要在规划中列出来。

2. 内职业生涯目标
只追求外职业生涯目标会让人遭遇很强的挫折感，怀疑上级对自己不公，上班太远太累，辛苦半天没拿多少钱，评优晋级没我的份儿，每天都生活在抑郁之中。其实，我们还有一笔重要的财富不容忽略，那就是丰富的知识经验的积累，观念、能力的提升以及由此带来的快乐和成就感。内职业生涯修炼到位了，不愁机会不来找你。因此，我们在分解和组合自己的职业生涯目标时，外职业生涯目标与内职业生涯目标应该是同时进行的，而内职业生涯目标尤其是应该重点把握的内容。

（1）工作成果目标。在很多组织里，工作成果都是进行绩效考核的一个重要指标，扎实的工作成果会带给我们极大的荣誉感和成就感，也搭建了晋升之途的阶梯。

（2）工作能力目标。工作能力是对处理职业生涯中各种工作问题的能力的统称，如策划能力、管理能力、研究创新能力、与领导无障碍沟通的能力、与同事协调合作的能力等。必要的工作能力积累是实现职务目标和收入目标的前提。所以，我们在制定个人职业生涯规划时，工作能力目标应当优先于职务目标。工作能力目标应当切合实际，具有挑战性，并与该阶段的职务职称目标所要求具备的条件相对应。

（3）心理素质目标。心理素质在当今社会越来越受到人们的重视，在职业生涯中，有人成功实现目标，有人半途而废，原因其实不在于机遇和外部条件。每个人在职业生涯的发展过程中都会遇到这样或那样的困难，只有心理素质好的人才能正视现实，努力去克服困难。而心理素质差的人只会怨天尤人、自暴自弃。为了你的职业生涯规划能够成为现实，需要不断提高你的心理素质。提高心理素质目标包括经受挫折、包容他人，也包括在暂时的成功面前保持清醒冷静。

（4）观念目标。关键是对人、对事的态度，价值观提高与否，取决于他们的工作结果，不取决于他们的头衔是否变化。职务、职称高可以作为职业生涯成功的一种标记，但不是职业生涯的最终目标。

法国人力资源开发专家 J. F. 拉包雷认为在职业生涯规划中，把目标定在本职范围内，发展职业生涯与职务晋升具有同等重要的意义。个人在既定的职位上发展，会经历以下四个阶段：第一阶段——学习阶段；第二阶段——进步阶段；第三阶段——掌握阶段；第四阶段——例行程序阶段。

至少在前三个阶段，比较明智的做法是在面对更高职位的可能性之前，了解一下目前职业的各项工作情况，包括自己对工作的兴趣和自己从中可以再发展的潜力。每个管理人员在把目光放在下一个职务目标之前，都可以自我检查在目前职务上处于哪个能力阶段。学习阶段：情况不熟，能力不足；进步阶段：积极主动，知错改错；掌握阶段：了解过程，方法得当；例行程序阶段：运用自如，有所创新。

📺 精选案例

　　王某是我的高中同学，更是我从小到大的朋友。高考过后，我们各自考入了不同的大学，实现了我们的大学梦。在分开的这十年里，我们几乎每隔两三年就会见一次面。每次我们都会畅谈，其间我们会探讨一个问题：你将来的目标是什么？

得到的答案总是不相同，下面记录的是王某每次谈及目标时的原话：

18岁，高中毕业典礼上：我要当中国首富！

20岁，春节假期相聚：我想创立自己的公司，要在30岁时拥有资产1 000万。

23岁，在某公司当技术员，第二职业是炒股：我正在为离开这家公司而奋斗，因为在这里工作太没前途了。我将全力炒股，要在三年内用10万元炒到200万元。

25岁，炒股失败而情场得意，开始准备结婚：我希望在一年后能有10万元，让我风风光光地结婚。

26岁，不太风光的结婚典礼上：在不久的将来能当个技术主管就行，别的不想了。

28岁，所在公司体制改革，偏偏正是妻子怀胎十月的时候：我希望在这次解约的名单里千万不要有我的名字。

从这个案例可以看出，王某有时候会分不清美好愿望与目标的区别，不会将大目标分解成若干个小目标，脚踏实地、一步步去实现，不懂得内职业生涯的发展是外职业生涯发展的前提，不懂得职业生涯发展是从做好本职工作开始的，没有处理好个人与企业的关系，总是抱怨，不懂得适应、利用和改变环境。

四、大学生职业生涯目标的组合

目标组合是处理不同目标相互关系的有效措施。如果只看到目标之间的排斥性，就只能在不同目标之间做出排他性选择。如果能看到目标之间的因果关系与互补性，就能够积极进行不同目标的组合。

（一）时间的目标组合

职业生涯目标在时间上的组合可以分为并进和连续两种情况。

1.并进

并进是指同时着手实现两个平行的工作目标或建立和实现与目前工作内容不相关的

预备职业生涯目标。有时候，外部环境给予我们的机会很多，这让我们面临多个选择，会出现两个或多个不同方向的职业生涯目标。只要处理得好，在一定时期内，是可以做到鱼与熊掌兼得的。当然，前提条件是你有足够的精力和能力来应对。对普通年轻人来说，我们仍然建议在一段时间内只定一个大目标。职业生涯目标的并进有利于我们激发潜能，在同样的时间内迎接更大的挑战，浓缩小目标，发挥更大的价值。比如可以兼任上级管理层的责任少的技术业务项目和中、高级管理层的"双肩挑"。

2. 连续

连续是指以时间坐标为纽带，将各个目标前后连接起来，实现一个目标再进行下一个。一般来说，较短期目标是实现较长期目标的支持条件。目标的期限是相对的，随着时间的推移，长期目标成为中期目标，中期目标成为短期目标，短期目标成为近期目标。只有完成好每一个近期目标和短期目标，最终目标才有可能实现。职业生涯目标分为最终目标和阶段目标，各个阶段目标的设定大体与最终目标一致并互相关联，阶段目标是在一段特定的时间内要达到的结果。如果将职业生涯的阶段目标转变为职业生涯最终目标，只需将各个阶段目标连接起来，加上一个时间表，再加上一个衡量目标达成结果的评估方式。

（二）功能的目标组合

很多职业生涯目标在功能上可以存在因果关系或互补关系。

1. 因果关系

有些目标之间存在明显的因果关系，如前面提到的工作能力目标与职务目标和收入目标，前者是因，后者为果。具体表现为工作能力提高，促使职务提升，导致收入增加。通常情况下，内职业生涯目标是原因，外职业生涯目标是结果。

2. 互补关系

有些目标之间具有互补的性质，是一种共生的目标群体。一个大学生希望在成为优秀学生干部的同时，还要学习进步取得奖学金，这两个目标之间存在直接的互补作用。学生管理工作为大学专业学习提供实践的机会，而专业学习又为实际的工作提供理论支持和方法指导。

（三）全方位目标组合

全方位目标组合已超越职业的范畴，它涵盖了人生的全部活动。全方位目标组合指职业生涯、家庭和个人事业的均衡发展，相互促进。事业不是生活的全部，任何一个人都不能离开家庭和休闲娱乐，完美的职业生涯规划不应该把生活中的其他内容排斥在外。

全方位目标组合可以超越狭隘的职业生涯范围，将全部的人生活动联系协调起来。制定职业目标的过程就是一个分解、选择、有机整合的过程。目标分解是为了使目标清晰，目标选择是为了使目标集中，目标整合是为了寻找目标因果关系。规划者一旦学会了整合职业生涯的目标，也就迈出了将美好理想变为现实的最坚实一步。

第四节　规划职业生涯路线

职业生涯路线是指大学生在确定职业生涯目标后从什么方向上实现自己的职业目标，包括由低级向高级步步上升的职业发展阶梯。职业生涯路线使我们可以逐步迈向已设定的职业目标。大学生通过选择和规划自己的职业生涯路线，可以推动职业生涯目标的实现。

一、大学生职业生涯路线选择的要素

大学生在职业生涯路线选择的过程中，可以针对下面三个问题询问自己：我想往哪一路线发展？我可以往哪一路线发展？我适合往哪一路线发展？这三个问题也就是职业生涯路线选择的三要素，我们可以将其归纳为想、能、行。

想，是个人希望向哪一条路线发展，主要是通过对职业价值观、职业兴趣、成就动机的自我探索，真正找到自己想要的职业生涯发展目标。

能，是个人能够向哪一条路线发展，主要是通过个性特质、技能因素、社会经验的自我探索，找到自己能发挥最大潜能的职业生涯发展路线。

行，是个人适合向哪一条路线发展，主要分析社会的政治经济环境因素、组织环境因素，找到自己的机会所在，最大限度地趋利避害。只有对这三个要素反复地进行综合分析，才能最终选择自己的职业生涯路线，并且这三个要素是缺一不可的。

二、大学生职业生涯路线选择的方向

不同的职业生涯路线有着不同的职业发展前景，对大学生的能力素质要求是不同的，这没有绝对的好与坏，只存在是否适合的问题。有的人适合搞科学研究，能够在研

究领域求得突破；有的人适合做领导工作，可以成为一名优秀的管理人才；有的人适合自我创业，可以成为一名优秀的企业家。

（一）专业技术型发展方向

专业技术型发展方向是指工程、财会、生产、法律、教育、医疗等职能性专业发展方向。其共同特点是：都要求有一定的专门技术性知识与能力，并需要有较好的理论研究和分析判断能力，这些能力必须经过长期的培训与锻炼才能具备。如果你对专业技术内容及活动感兴趣，并追求这方面的提高和成就，喜欢独立思考，并不喜欢从事管理活动，那么专业技术型发展道路就是你最好的选择。相应的发展阶梯是技术职称的晋升、技术性成就的认可，以及奖励等级的提高和物质待遇的改善。如果你虽然在开始时选择了专业技术方向，但仍然对管理有兴趣，并且希望在管理领域做出一番事业，也完全可以采取跨越式发展。也就是说，一开始从事某种技术性专业，不断积累、充实自己的专业知识，打下坚实的技术基础，然后在适当的时候，转向专业技术部门的管理职位。

（二）行政管理型发展方向

如果你很喜欢与人打交道，处理人际关系问题总是感到得心应手，并且由衷地热爱管理，考虑问题比较理智，善于从宏观角度考虑问题，并善于影响、控制他人，追求权力，行政管理型发展道路就是你最恰当的选择。把管理这个职业本身视为自己的目标，相应的发展阶梯一般是从基层职能部门开始，然后向中级职能部门及高级职能部门逐步提升。随着管理职位的上升，管理的权限会越来越大，承担的责任也会越来越大，升职的前提条件是你的才能与业绩不断地积累提高，达到了相应层次职位的要求。行政管理型发展路线对个人素质、人际关系技巧的要求很高。那些既有思维能力又善于处理人际关系的人，总是能够成为任职部门的主管干部，甚至做到总经理、总裁、院长、厂长等高层职位；而那些虽然善于处理人际关系，却欠缺思维分析力，以及感情耐受力较差的人，却只能停留在低层领导岗位上。由此可见，不断地学习，使自我的综合素质得到提升是多么重要。

（三）自我创业型发展方向

随着我国现代化社会的高速发展，越来越多的大学生开始选择自主创业的道路。大学生创业很有成就感，但创业途中的艰难也不是常人能够想象的。从客观上来讲，要有良好的机会和适宜的土壤；从主观上讲，创业人不仅要有强烈的创造与成就愿望，而且心理素质要好，能够承受巨大的心理压力和具有承担风险的能力，还要有新思维，善于开拓新领域，开发新产品。并且，要想获得创业的成功，必须先到社会组织中锤炼，学习如何做企业，然后再自己创业。

综上所述，不管你选择哪种职业生涯发展路线，最重要的是一定要结合实际，综合考虑自己的个性、价值观、兴趣、能力等自身条件和社会组织环境，反复权衡后再予以确定。

三、大学生职业生涯路线选择的注意事项

大学生在确定自己的职业目标和选择自己的职业生涯路线之后，可能会存在两种错误的认识：一是可能认为未来发展是不确定的，目标与路线是无意义的，因此投入精力不够，执行起来则更为不力；二是可能会固守自己确立的目标和选择的路线，而不考虑自身与环境的改变，从而影响职业目标的实现。因此，大学生在选择职业生涯路线的过程中，尤其应当考虑不同企业的职业生涯阶梯设置模式和新的职业发展路线的拓展方法。

（一）要与组织职业生涯阶梯保持一致

职业生涯发展阶梯是组织为内部雇员设计的自我认知、成长和晋升的人力资源管理方案，决定组织人员内部晋升的条件、方式和程序的政策组合。组织的职业生涯阶梯模式的设置，能够为组织内的各类员工提供可能的发展通道，尽最大可能调动员工的积极性和创造性，提高员工对组织的忠诚度，促进组织的可持续发展。

了解组织的职业生涯阶梯的设置模式，对于大学生职业生涯路线的选择与实施有着重要的意义。大学生在职业选择时，要了解组织的职业生涯阶梯设置模式，并尽可能选择职业生涯阶梯设置科学合理的、可为员工提供多通道职业发展路线的组织，这类组织可以为个人提供更多职业发展机遇，更有利于自身的发展。同时，职业生涯路线的选择不是一劳永逸、固定不变的，可能在一定时期出现交叉与转换，个人必须根据自身实际和具体情境做出选择与转换。

（二）要不断拓展自己的职业发展路线

大学生在未来实施职业生涯路线的进程中，可以根据不同的实际情况，不断构建自己的实用技能，通过继续教育或培训充电的方式进入新领域，选择从事第二职业，以在公司内部谋求新机会、进入新的职业发展领域等形式拓展职业发展路线。

（1）构建实用操作技能。这是职业生涯发展的基础。如果你掌握一些核心技能和知识，并擅长运用它们，就可以考虑把它们延伸到不同的行业和领域。

（2）回到学校进行充电。当你希望进入一个新的领域，而你没有这个领域的知识背

景，取得相应的新领域的教育证书将对你的职业生涯有所帮助。

（3）兼职从事第二职业。当你感到目前的工作不能满足要求的时候，也可以在继续从事目前工作的同时，选择一份新的工作，也就是我们通常所说的第二职业。但这样做存在着风险，因为大多数公司对员工从事第二职业并不赞同。你如果想保留现有工作，同时在业余时间做第二职业，就要当心不要让你的老板因对你的工作表现不满而产生反感。

（4）公司内部谋求新职。在公司内部谋求新的职业发展机会，适合于喜欢现在的公司，希望在公司内部开辟新的发展路径的员工。你可以尝试在完成自己所负责的工作的基础上，志愿去做一些分外的工作，而这些通常是其他同事不愿意做的，这样你就可以抓住机会进入一个新的领域，扩充你的技能并获得晋升。

（5）开拓新的职业领域。这个方法适用于那些对现有工作已经非常厌倦的人。对他们来说，痛快地离开并进入一个新的领域可能是个机会。特别是对那些短期内没有经济、生活压力的人来说更是如此。

第五节　制订职业生涯行动发展计划

当我们确定了职业生涯目标、选择了职业生涯发展路线后，行动便成了关键的环节。没有实现目标的行动，就不能实现目标。因此，必须把职业目标与实施行动进行有效的对接。

一、制订行动计划与措施的前提

成功人士都有一个突出的特征，就是有着清晰的目标，并始终携带着实现目标的行动计划，对自己的去向一清二楚。他们有目标也有行动，知道自己要做什么，也知道应该怎样去做。

（一）清晰的目标是行动的基础

很多人认为，一旦他们有了方向，就等于有了目标，这就造成了前进中的误导。"赚更多钱"和"开创一项事业"并非目标，目标是一种明确的、清晰的，可定义的、可测量的陈述。方向与目标的区别，正如指南针所指的方向与法国埃菲尔铁塔的最高点之间的区别。一个是方向，另一个却是明确的位置。

1. 定义二元的目标

目标的一个重要方面就是必须是以二元定义的。也就是说，如果我问你是否实现了目标，你必须给我一个确定的"是"或"否"的回答，"可能"不能成为选项。例如：你这学期要选修一门职业生涯规划类课程，且要阅读三本相关书籍，这就是你非常清晰的目标，然后在学期末，你就能对是否实现了目标给出确切的"是"或"否"的答案，这就是构成一个目标所需的清晰的层次。

2. 目标设定细节化

设定目标时应尽可能细节化。确定明确的数字、日期和时间，以确保每个目标都是可测量的。要么你达成了，要么没有达成。定义你的目标，就好像你已知道将会发生什么一样。有人说，预测未来的最好方法就是创造它。如上面谈到的，"一门""三本""学期末"等。

3. 把目标表述出来

目标必须用一种积极的、现在时的、个人肯定的形式写下来，一个没写下来的目标不过是个白日梦而已。表达你的目标，就好像它们已经实现了一样。如果你用将来时表达目标，就等于告诉自己的潜意识要把成果永远留在将来，而不是掌握在现在。构建目标时要避免模糊不清的词语，比如可能、应该、也许之类的词，这些词本身就包含着对于是否能达成目标的怀疑。另外，还要让你的目标个性化，就是说不能成为别人的目标。

4. 主动去设定目标

设定目标不是一个被动的行为，必须采取有意识的行动才能做到。每件事都很肯定，没有什么是模糊的，应该向目标前进，如果你什么都不做或是稀里糊涂地做，那你基本上就是漫无目的的受害者。如果你不主动照看自己的花园，杂草就会疯长。同样在工作和生活上，如果没有自觉而定向的行动，那里也会杂草丛生。当你认真严肃地审视自己身在何方及去往何处时，首要的任务就是把那些杂草根除。为了得到切实的成果，必须实践你的想法，必须与它沟通，构造它、执行它，使之成真。

（二）清晰的目标使行动更具体

认清一个真正的机会并采取行动，和在没有自觉决策的情况下就采取行动完全是两回事。等着能鼓舞你的东西出现，和期盼天上掉馅饼一样，不过是个幻想。清晰的决策不会自动发生，你必须身体力行地让它发生。如果你只是因为不知道想要什么而没有清晰的目标，那就坐下来积极地思考你想要什么。对自身渴望的了解并不是由某种神力赋予你的，而需要你自己去做决定。不设定目标就等同于决定让自己成为他人目标的奴隶，而清晰的目标才会使自己的行动更加清晰。

现实并不与愿景匹配得天衣无缝，这并不重要，重要的是愿景能够让你做出清楚的决策，以便让你保持在向目标前进的方向上。当一架商业客机从一座城市飞往另一座城市之际，它有 90% 的时间是脱离航线的，但它一直在测量自己的前进方向并不断调整。目标设定的原理也是如此。清晰的目标并不一定是你最终会到达的地方，但它能让你确定今天该干什么。当别人突然告诉你一个机会时，你会知道那是真正的机会还是仅仅是浪费时间。即使当你开始朝目标前行时，沿途也会遇到许多新情况和新问题，你一定会边走边修改目标计划。如果走到半路，你可能发现那不是你真正想要的，也可能会改变你的愿景。但我们仍然坚信，有缺陷的目标仍然比彻底没有目标要好得多。

在建立了清晰的、情愿为之付出的目标的那一天，你就会发现生活有了可以度量的改变。即使一开始的尝试并不完美，你也可以比以往更加迅速地做出决策，因为你知道它们会把你引向目标。凭借设定渴望的目标并把它写下来，然后每天回顾，你就能用聚焦的力量把目标变成现实。清晰的目标必然会作用于当下的行动，使行动更加清晰。

二、行动计划与措施的主要内容

在确定了职业生涯目标后，行动便成了关键的环节。没有实现目标的行动计划，目标就难以实现，也就谈不上事业的成功。这里的行动计划是指落实目标的具体措施，主要包括学习、工作、训练、教育等方面具体的计划与明确的措施。

（一）行动计划

职业生涯的发展是一步一步走过来的，职业生涯目标的实现是一点一点累积起来的。如果没有具体的行动计划，没有一点一点的累积，职业生涯路线就无法走通，职业目标也就不可能实现。所以，需要列出详细的工作、学习计划。每学期学什么，要列出具体科目，每年干什么，要列出具体项目。只有计划具体，职业生涯目标才有可能实现。

（二）具体措施

列出具体计划后，要对每项计划列出具体措施，并且措施要切实可行。我们可以通过以下案例，帮助我们理解措施是否切实可行。

精选案例

学生说："我的目标是想在一年内赚100万元！请问我应该如何计划？"老师说："你相不相信你能达成？"学生说："我相信！"老师又问："那你知不知道要通过哪个行业来达成？"他说："我现在从事保险行业。"老师接着又问他："你认为保险业能不能帮你达成目标？"他说："只要努力，就一定能达成。"

"我们来看看，你要为自己的目标做出多大的努力。根据我们的提成比例，100万元的佣金大概要做300万元的业绩。一年300万元业绩，一个月25万元业绩，每一天要有8 300元业绩，大既要拜访多少人？"老师接着说，"大概要拜访50人。""那么一天要拜访50人，一个月要拜访1 500人，一年就要拜访18 000个客户。"

这时老师又问他："请问你现在有没有18 000个客户？"他说："没有。""如果没有的话，就要靠陌生拜访。你平均一个人要谈上多长时间呢？"他说："至少20分钟。"老师说："每个人要谈20分钟，一天要谈50个人，也就是说你每天至少要花16个小时在与客户交谈上，这还不算路途时间。请问你能不能做到？"他说："不能。老师，我懂了。计划不是凭空想象的，需要依据能达成的措施来制订。"的确，措施是计划的度量仪。

（三）起讫时间

对每项计划列出切实可行的具体措施后，还要明确每项计划的起讫时间，即什么时间开始，什么时间结束。没有时间约束的计划与措施，最终会流于形式而无法执行。如果你计划大二学年学习职业生涯规划方面的知识与技能，具体措施包括选修职业生涯规划相关课程、自学相关知识、参加相关职业实习等。而一学年下来，你既没有选修相应课程、购买相关书籍，也没有参加相关社会实践，或者虽选修相应课程但没有投入精力，买了相关书籍但没有认真学习，参加了社会实践但流于形式，这样你的计划就难以实现。因此，明确每项计划的具体措施，约束自己按照计划实施，是非常重要的。

（四）考核指标

在明确具体计划、具体措施、起讫时间后，考核指标也要明确。如上例，具体计划为学习职业生涯规划方面的知识与技能，具体措施为选修职业生涯规划相关课程、自学相关知识、参加相关职业实习等，起讫时间为大二学年。为保证计划措施的落实效果，必须制定相应的考核指标，如选修的职业生涯规划课程成绩为优，写出3本以上职业生涯规划类书籍的读书笔记，了解自己感兴趣的职业任职资格要求，进行 10 个生涯人物访谈等。因此，考核指标的制定对计划与措施的落实与执行效果非常重要，必须找到能够衡量的指标，能量化的尽量量化，不能量化的必须客观化。

三、行动计划与措施的实施对策

在制订了行动计划、具体措施、起讫时间和考核指标之后，还需要采取一些必要的措施来推动计划与措施的实施。

（一）将计划与措施写下来

唯有将计划与措施写下来，才能将其详细的内容罗列出来。同时，当你把计划与措施写下来的时候，就把这个计划与措施具体地呈现在自己的面前了，这时就不能逃避自己对计划与措施的承诺，认真地履行自己的计划与措施。

（二）给计划设定一个期限

行动计划与措施确定以后，就要给自己的计划设定一个起止的期限。认真审视预期要达成的时间，并时刻督促自己如期完成。有时限的才可能叫计划与措施，没时限的只能叫梦想。

（三）列出计划与措施动机

明确地写出你想要实现计划与措施的真正理由，告诉自己实现计划与措施的把握和重要性。如果你做事前知道如何找出充分的理由，那你就无所不能，因为追求计划与措施的动机比计划与措施本身更能激励我们。做事的理由越多，达成计划与措施的欲望就会越强，这将成为你实现计划与措施的动力源泉。

（四）将计划与措施分步实施

针对计划与措施，定出实现它的每一个步骤。每一步该如何做才会取得最后的成功，找出妨碍计划实施的事项，并想方设法地去改变它或者改变自己。在计划实施的过程中，千万不要好高骛远。从时间上来说，假如设定了一个一年的计划与措施，那么你就应该再分别设定两个半年、四个季度和十二个月的计划与措施。与此同时，设立一个奖励自己的办法，这样的做法能让你常保积极的心态。

（五）分析你的位置和资源

分析自己现在的位置是非常重要的，唯有知道自己从何处开始，才知道下一步应该如何定。找出自己的长处，分析自己最强和最弱的方面，规划出自己最需要学习的事项，还要列出已经拥有的各种重要资源的清单，包括自己的个性、朋友、财物、教育背景、时限、能力等，这份清单越详尽越好。

（六）回顾过去的成功经验

接下来请回顾过去，有哪些所列的资源你运用得很纯熟？回顾过去，找出你认为最成功的经验，仔细想想做了什么特别的事，才获得事业、健康、人际关系方面的成功，请记下这个特别的原因，并学会在以后的事情中去应用。

（七）确认需要克服的障碍

成功就是克服障碍的过程。在向自己的目标前进的时候，遇见的每一个障碍都是来帮助你实现目标的。所以，首先要确认你的障碍，将它们列出来。其次要对面前的障碍设定重要性的优先顺序，找出对你实现目标影响最大的障碍，发掘通往成功路途中的大石块，然后全神贯注地去解决它们。

（八）确认你所需要的知识

我们生活在一个以知识为基础的社会中，不管设定了什么目标，想要实现它，必定需要更多的知识。你需要自我成长，需要不断地学习，吸收新的资讯来实现你的目标。在计划与措施实施的过程中，要确认你需要的知识。

（九）列出你最重要的人脉

凡是可以协助你完成计划与措施的人都是你要去维护的人脉。从理论上来说，所有的人都可以是你的人脉，但是必须从这所有的人脉中列出目前可以叫出名字或者是知道名字的人脉开始。同时，由于一个人的时间和精力是有限的，因此要找出最重要的人脉，优先考虑、优先行动，在他们身上付出更多的努力，将会取得事半功倍的效果。

（十）定期进行检查和总结

最后还需注意的是，要在实施中对计划与措施进行定期总结、检查和更新。

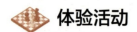 **体验活动**

设立个人职业目标及行动计划

在构思个人的职业目标时，运用目标设立的指导原则。

1. 三年目标

_____

_____

_____

2. 五年目标

_____

_____

_____

3. 分组进行讨论

（1）要达到这个目标，需要经过哪几个步骤？

_____

_____

_____

_____

（2）综上，设立一个月内、两周内、一周内的短期目标和行动计划。

①一个月内的短期目标和行动计划

_____

_____

_____

_____

②两周内的短期目标和行动计划

_____

_____

_____

③一周内的短期目标和行动计划

_____

_____

活动总结：

通过对个人职业目标及行动计划的设立，帮助自己在完成每一阶段生涯发展任务的同时，为下一个阶段发展做好预先的规划和准备。

实训练习

寻找人生目标："6 步游戏"

一、实训目的

明确并细化职业生涯行动目标。

二、实训内容

学生可通过"6 步游戏"来寻找自己的人生目标。

（1）游戏道具：4~5 张小纸片。

（2）环境要求：安静舒适。

（3）情绪状态：精神饱满，情绪激昂，思维活跃。

（4）注意事项：考虑目标时应尽量全面，避免仅从一个方面考虑（如仅考虑事业）。

第一步，寻找终生目标。

拿出一张纸片，写下第一个问题："我的终生目标是什么？"然后用 2 分钟写下答案。写答案时要遵从内心的想法，想的是什么就写什么。再花 2 分钟进行必要的修改。如果无法直接确立人生目标，则可以回想一下童年、少年时的梦想或者那些令自己最开心的事，从中获得启发，再写下答案。

第二步，思考如何度过今后的 3 年。

在第二张纸片上写下第二个问题："我该怎样度过今后的 3 年？"用 2 分钟概括地写下答案，再用 2 分钟对答案进行适当说明，所写的内容要比第一张纸片上的答案更加具体。这里的具体是指所做的工作更具体。例如：第一张纸上写了"要过幸福的生活"，那么在第二张纸上应将第一张纸上的目标分解为较具体、细致的目标。

第三步，半年内最重要的事。

在第三张纸上写下第三个问题："我在这半年内应该做哪些事？哪些工作

对我最重要?"这张纸片所罗列的内容应该比第二张纸上的内容更具体、细致、全面,是自己需要的,也是能够立刻做的。

第四步,浏览前三步。

浏览一下前三步的答案,游戏者应该发现,第二步的答案就是第一步答案的延伸,第三步答案是前两步答案的继续。如果这三步答案不具备这种逻辑,就需要重新写答案,务必使答案符合事物的发展逻辑。

第五步,目标分类。

请分别对三张纸片上面的目标进行归类,如分为事业目标、爱好特长目标、婚恋目标、社会交友目标、身心素质目标、读书目标等。

第六步,确立不同时期的目标。

请将3张纸片上的目标按同类关系连成一条线,这样就形成了自己的短期、中期、长期目标的行动路线。然后,结合自己的个人情况,根据短期目标制订切实可行的月计划、周计划和日计划。需要注意的是,下一级计划都应该服务于上一级计划,例如:制订周计划是为了完成月计划,制订日计划是为了完成周计划。当短期目标实现后,再向下一个目标前进。

三、活动检测

活动结束后,教师根据表4-4进行评分。

表4-4　探索活动评价表

评分标准	分值	实际得分	备注
严格按照步骤完成活动	25		
所列目标符合自身实际情况	25		
所订计划符合实际且有可能完成	25		
积极参与活动,通过活动认识行动计划的重要性	25		
总分	100		

第五章 撰写职业生涯规划书

　　职业生涯规划设计是指运用职业生涯规划的相关理论，在全面认识自身素质和职业志向的基础上，通过对未来的职业生涯展望的描述，而制定出关于职业发展的具体规划。职业生涯规划书为实现职业生涯规划提供了明确的时间表和路线图，它既是一份职业生涯的可行性报告，又是一个实现职业生涯规划的行动指南。

学习目标

1. 了解大学生职业生涯规划书的撰写步骤。
2. 熟悉大学生职业生涯规划书的格式。
3. 掌握职业生涯规划的修正与调整方法。

第一节　职业生涯规划书的撰写

一、大学生职业生涯规划书的撰写步骤

当代社会是一个经济迅速发展的社会，也是一个充满竞争的社会，提前做好自己的职业生涯规划可以为我们更好地适应社会打下基础。作为新时代的学生，就应该对社会有一个清醒的认识，对现在的就业形势，社会的政治环境、经济环境、文化环境，自己的性格能力都有清醒的认识，只有这样，我们才能更好地适应社会，为社会做出更大的贡献，才能更好地实现自己的人生价值。精心撰写一份实用而又有效的职业规划书显得十分必要，日后需要经常拿出来，参照它进行评估、调整。撰写大学生职业生涯规划书应遵循以下几个步骤。

（一）自我认知与定位

自我认知与定位是个人职业生涯规划的基础，也是获得可行的规划方案的前提，可以通过自我评价、他人评价和人才测评来完成。自我评价主要是自己进行冷静的自我审视、自我思考，对自己做出一个比较客观的评价。他人评价主要是通过询问他人对自己

的看法、让他人填写调查问卷或座谈等形式进行。人才测评是现今比较科学的自我认识方法之一，通过网上或书上提供的测评工具进行测评越来越被人们认可。

通过自我评价、他人评价和人才测评可以清楚自己的职业兴趣、职业能力、个人特质、职业价值观，以此为依据选择合适的职业路线。一份成功的职业生涯规划书必定是人职匹配的。

（二）职业环境分析

每个人的职业生涯都必须依附于组织环境的条件和资源，必然受到一定社会、经济、政治、文化和科技环境的影响。环境提供或决定着每个人职业生涯的发展空间、发展条件、成功机遇和前进的威胁。编制个人职业生涯规划书之前必须认真进行环境分析。可以通过访谈、文献搜索、调查等形式，对自己的家庭环境、学校环境、与自己理想职业相关的社会环境、行业环境、地域环境、企业环境、职业环境进行分析。这一步不可忽略，否则，职业规划方案就没有根基。

（三）确立职业生涯目标

职业生涯目标指出了大学生个人未来职业发展的方向，是职业生涯的方针和纲领，因而职业生涯目标的确立是职业生涯规划的核心。职业生涯目标的确立应当建立在自我剖析、环境认知和自我定位的基础上，做到符合自身特点、符合组织和社会需求，注意长期和短期相结合，协调统一职业目标、生活目标、家庭目标等。

大学生应该首先确立一个适合自己的长远目标，树立职业理想。在此基础上，确定大学期间的学业目标，制订大学期间的学习计划。再分解制订学年计划、学期计划，而后再细化为切实可行的短期计划——月、周、日的计划。学年、学期计划和短期计划务必具体、切实可行，应包括实现计划的步骤、方法与时间表等。

（四）制定行动方案

一份有效的职业生涯规划书必须有确实可行的行动策略。具体的、可行性较强的行动方案会帮助学生一步步实现目标。在确定职业生涯目标后，就要制定相应的行动方案来实现它们，把目标转化成具体的方案和措施。制定行动方案，要考虑的主要问题包括：为达到目标，在专业学习方面要学习哪些知识，掌握哪些技能，提高哪些实际操作能力；在实践方面，应采取哪些措施来提高工作效率，需要累积哪些实践经验；在能力提升方面，需要通过哪些措施来提高何种能力等。这些要点都要有相应的表格进行跟踪，以便定时检查和纠偏。

对大学生来说，这一步骤中最重要的是与职业选择相对应的教育和培训计划的制订。对于已经制订的计划，要认真思索并采用方法去实现它，尽自己最大的努力做得更好。比如，对某方面的专业知识，是选择系统学习，还是咨询专家、听讲座，或是参加社会实践，力求找出最有效的方案。方案的制定因人而异，因专业和学科而异，因环境而异，必须视具体情况做出具体分析，切不可照搬他人或书本上的方案。

（五）撰写职业生涯规划方案

职业生涯规划方案的撰写要建立在以上工作步骤的基础之上。工作充分、信息充足后才可动笔写作，不能急于求成。近年来，经过数以万计的大学生对职业生涯规划设计的实践，经过众多职业指导老师的辛勤探索、无数专家的反复研究，基本归纳出了一个通用型职业生涯规划设计模版，可供参考。但撰写时还应结合自身具体情况有所调整、有所创新。

 **体验活动**

运用 SWOT 分析法分析自己职业选择的可行性

SWOT 分析法是一种功能强大的自我评估定位和探测职业机会的分析工具。本活动的练习目的在于通过 SWOT 分析法，分析自己职业选择的可行性，以确立自己的职业目标。

【活动步骤】

（1）熟悉 SWOT 分析法（四维分析法）。

（2）完成下列 SWOT 分析法表格内容。

	优势因素（S）	劣势因素（W）
内部环境因素		
	机会因素（O）	威胁因素（T）
外部环境因素		

（3）结论：

_____

（4）我的最终职业目标：

_____

_____

活动总结：

通过 SWOT 分析法的各项训练，学生对相关问题进行深入思考，知道自己的优点和缺点在哪里，仔细地评估出自己感兴趣的各个职业道路的机会和威胁所在。

二、撰写职业生涯规划书的基本要求

（一）完整性

完整性要求职业生涯规划书涉及的资料翔实，步骤齐全。收集资料有多种途径，可以通过访谈、从报刊图书中摘抄、上网下载等方式，要尽可能注明资料的出处，并多运用图表数据来说明问题，以提高资料的可信度和说服力。

（二）全面性

论证有据，分析到位。要了解有关的测评理论及知识，认真审视并思考自己的测评报告并对照自我认识与测评结果的异同，分析与测评结果形成差异的原因，从而确定自我评估结果；要理清自己所处的地理环境，包括居住的地方、喜欢的地方、亲朋的意见等；明确自己最大的兴趣是什么、最喜欢与之共事的人的类型、最重视的价值与目标、最喜欢的工作条件是什么，再通过目前环境评估（社会影响、家庭影响、学校因素、就业形势等）和当前社会环境分析（组织环境分析、技术的发展、经济的兴衰、政策法规的影响等）来确定自己的职业方向，做到说理有据，层层深入。

（三）逻辑性

言简意赅、结构紧凑，重点突出、逻辑严密，行文流畅、条理清楚，这是最基本的写作要求。职业生涯规划书一般包含对职业规划的认识、对自我的剖析、对所学专业的认识、对职业方向的探索以及确定目标并制订计划这 5 个方面的内容。

在对这些内容进行分析阐述时，必须紧紧围绕职业目标这条主线来展开，从而体现文章论述的逻辑性和连贯性。要将重点放在自我评估、环境评估、目标实施上。职业生涯规划是对自己将来的规划，这个规划只有建立在对自我和职业的充分认识的基础上才能体现出它的科学性和可行性。

（四）可操作性

职业生涯目标不能过于理想化，应"择己所爱""择己所长""择世所需""择己所利"并切实可行，具有可操作性。

（五）匹配性

分解合理，组合科学，措施具体。目标分解、实现路径选择要有理论依据，而且备用路径之间要有内在联系。目标组合要注意时间上的并进、连续，功能上的因果、互补作用，全方位的组合要涵盖职业生涯、家庭生活、个人事务等方面。

（六）创新性

职业生涯规划因人而异，具有明显的个人特性。但它的撰写又有一定的格式要求，所以在写作时，要求每一个人都应该规划自己的内容，要求有创新性。

三、职业生涯规划书的设计

职业生涯规划设计即是职业生涯规划书的撰写。职业生涯规划书的基本内容包括封面、目录、正文、结束语四大部分。

（一）封面

封面一般由基本信息、撰写时间与励志短语等内容组成。
封面示例：

职业生涯规划书

姓名：

性别：

年龄：

籍贯：

身份证号码：

学校及学院：

班级及专业：

学号：

联系地址：

邮编：

联系电话：

E-mail:

职业生涯规划书形成时间：　　　年　　　月　　　日

　　封面设计提示：如果我们设计的职业生涯规划书要与同学交流，封面的个人基本信息要详尽；如果仅作个人收藏，个人信息可简略，但职业生涯规划书形成的时间不能遗漏，时间的记录对日后的职业生涯管理、评估和修正都有作用。封面还可以插入与主题相关的励志短语（如规划人生、成就未来）和图片，使职业生涯规划书更具内涵和更加美观。

（二）目录

目录示例：

1. 序言（前言）

2. 自我认知

2.1　职业生涯规划测评………………………………………

2.2　橱窗分析法………………………………………………

2.3　360°评估…………………………………………………

2.4　自我认知小结……………………………………………

3. 职业认知

3.1　外部环境分析……………………………………………

3.2　目标职业分析……………………………………………

3.3　职业素质测评……………………………………………

3.4　SWOT 分析………………………………………………

3.5　职业认知小结……………………………………………

4. 职业生涯规划设计

4.1　确定职业目标和途径……………………………………

4.2　制订行动计划……………………………………………

4.3　动态反馈调整……………………………………………

4.4　备选职业规划方案………………………………………

5. 结束语

（三）正文

1. 序言（前言）

要求：主要表达个人对职业生涯规划意义的理解。做职业生涯规划设计的前提是对职业生涯规划有深刻的认识。

例如：在就业压力日趋激烈的今天，一个良好的职业生涯规划，无疑能给自己的未来职业发展奠定坚实的基础，能使自己在未来的竞争中增加一份自信。而如今，身为大学生的我们，在人生发展的重要阶段，不能任时光虚度，应努力充实自己，为自己的明天储备必要的知识和能力。未来掌握在我们手中，抓住这宝贵的时光，为自己的未来之路设定一个前进的方向，不断迈进，相信我的明天一定会很美好。

2. 自我认知

（1）职业生涯规划测评。

要求：如果运用网络测评软件进行职业生涯规划测评，在职业生涯规划书上应采用测评报告中的图表来体现测评结果，这样会一目了然（见图 5-1 和图 5-2）；如果运用书本的测评量表进行自我测量，则要按指导语进行测量、总结、对照等，最终得出测评结果。

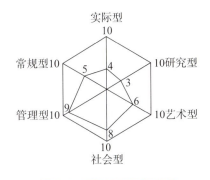

图 5-1　职业兴趣测评结果

能力类型	分数	0 1 2 3 4 5 6 7 8 9 10
言语能力	7	
数理能力	8	
推理能力	8	
资料分析能力	3	
人文素质	7	

图 5-2　职业能力水平构成图

（2）橱窗分析法。

橱窗 1："公开的我"。

橱窗 2："隐藏的我"。

橱窗 3："潜在的我"。

橱窗 4："背脊的我"。

（3）360°评估（见表 5-1）。

表 5-1   360° 评估表

项　　目	优　　点	缺　　点
自我评价		
家人评价		
老师评价		
亲密朋友评价		
同学评价		
其他社会关系评价		

（4）自我认知小结。

自我认知小结提示：综合自我评价、他人评价和测评结果进行概括性的小结。

例如：

"我是什么样的人？"——我是一个事业心强，注重个性发展的人。

"我喜欢做什么？"——我喜欢从事能充分发挥个人能力的项目性质的工作。

"我适合做什么？"——我善于从事与组织、策划、协调相关的工作。

结合上述所有分析：我希望在毕业后从事某项策划工作。

3. 职业认知

（1）外部环境分析。

① 家庭环境分析。

② 学校环境分析。

③ 社会环境分析。

④ 目标地域分析。

（2）目标职业分析。

① 目标职业名称。

② 岗位说明。

③ 工作内容。

④ 任职资格。

⑤ 工作条件。

⑥ 就业和发展前景。

（3）职业素质测评。

提示：运用网络测评软件测量的，可采用测评报告中的图表来体现测评结果；运用书本测评量表自我测量的，应按指导语进行测量、总结、对照等，最后得出测评结果。

SWOT 分析：

① 我的优势及其使用。

② 我的弱势及其弥补。

③ 我的机会及其利用。

④ 我面临的威胁及其排除。

（4）职业认知小结。

4. 职业生涯规划设计

（1）确定职业目标和途径。

① 近期职业目标。

② 中期职业目标。

③ 长期职业目标。

④ 职业发展途径。

（2）制订行动计划。

① 短期计划。

② 中期计划。

③ 长期计划。

（3）动态反馈调整。

评估、调整我的职业目标、职业途径与行动计划。

（4）备选职业规划方案。

提示：由于社会环境、家庭环境、组织环境、个人成长等变化以及各种不可预测的因素的影响，一个人的职业生涯往往不是一帆风顺的。为了更好地主动把握人生，适应千变万化的职场，拟定一份备选的职业生涯规划方案是十分必要的。

（四）结束语

要求：对职业生涯规划书进行一个总结，同时体现出自己对未来工作的决心和信心。

例如：通过这次职业生涯规划，我有生以来第一次思考自己是一个什么样的人；第一次思考我适合从事什么样的职业；第一次思考我的未来会是什么样的；第一次思考我的人生该如何规划。

人生有很多的抉择，一次次，当我们面对一个路口、面对一个拐弯、面对社会的筛选时，我们都要正确认识自己，看清自己的优势以及劣势，学会控制自己、做好自己、相信自己。路在心中，由我们掌握；路在脚下，靠我们选择！

知识拓展

职业生涯规划设计注意事项

职业没有高低好坏，只有适合与不适合。只要符合自己的兴趣、人职匹配，而且自己能完全胜任的职业就是好职业。职业伴随人生1/3的时间，倘若从事自己不感兴趣的工作，将无法坚持下去。

1. 选择具有较高效度和信度的人才素质测评软件进行测评

人才素质测评是了解自我的途径之一。对自我的分析仅凭自我认识及他人评价还不够全面，正确的做法是将自我认识、他人评价和人才素质测评结果有机结合，形成较为全面的自我认知。

2. 制定的职业目标要具有合理性

职业目标的设定不能脱离现实，要结合自己的兴趣、特长、能力、社会需要等各方面的因素考虑。要认清兴趣与能力，能力与社会需求都是存在一定差异的，我们要做的是在诸多因素中找一个结合点，将自己的经历、经验、专业技能、兴趣特长都有机地结合起来，这样的职业目标才会有生命力（见图5-3）。

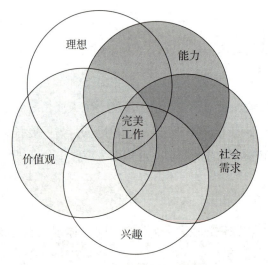

图5-3　合理制定职业目标

3. 措施要有可行性

针对职业目标制定的措施一定要具有可行性，这是评价职业生涯规划书的一个重要标准。最好制订出长期、中期、短期计划，并拟订详细的执行方案和时间限制。高年级的同学可将重点放在就业五年内的职业规划上，低年级的同学可将重点放在大学生涯的规划上，但都应突出为职业发展所做的准备工作。

职业生涯规划书行文的风格、叙述的方式、文案的设计等，都应体现自己的风格和特色，切忌大量抄袭职业测评报告结果，可多引用测评结果中的图表，这样更直观。

四、职业生涯规划书的格式

大学生职业生涯规划书格式多样，常见的有表格式、条列式、复合式和论文式。

（一）表格式

这种格式的规划书为不完整的职业生涯规划书，常常仅写有最简单的目标、分段实现时间、职业机会评估和发展策略等几个项目，有的只相当于一份完整的职业生涯规划书的计划实施方案表，适合作为日常警示使用，如表5-2所示。

表 5-2　大学生职业生涯规划表

一、自我评估	
职业规划自测结果	
内容	结果
气质	
性格	
兴趣	
能力	
价值观	
自我分析	
内容	结果
个人形象	
情绪情感状况	
意志力状况	
已具备的经验	
已具备的能力	
现学专业及学习程度	
现有外语、计算机水平	

续表

社会中的自我评估		
对你人生发展影响最大的人		
称谓	姓名	单位、职业、职务
父亲		
母亲		
他人对你的看法与期望		
称谓	看法与期望	
父母		
其他家庭成员		
朋友		
老师		

二、环境与职业分析

人际关系分析	
校园环境对你的成才影响	
具体环境	影响内容
学校	
院系	
专业	
班级	
寝室	
描述参加体验的职业状况	
具体内容	实际状况
人才供应状况与就业形势分析	
对人才素质的要求	
对人格特质的要求	
对知识的要求及学校中的哪些课程对从事该项职业有帮助	

续表

对能力的要求	
对技能训练的要求	
对资格证书的要求	
每天工作状况	
该岗位收入状况	
该行业人士对所从事工作有何满意及不满意之处	
该职业发展前景	
建议学校增设哪些课程	
其他	

三、建立初步目标					
初步描述职业理想					
职业类型		职业名称		具体岗位	
职业地域		工作环境		工作时间	
工作性质		工作待遇		工作伙伴	
职业发展期望					
目标 SWOT 分析					
实现目标的优势					
实现目标的劣势					
实现目标的机会					
实现目标的障碍					

四、职业生涯策略			
大学期间			
阶段	目标分析	提高的途径和措施	评估标准
大学总体目标			
第 1 学期			

续表

第 2 学期			
第 3 学期			
第 4 学期			
第 5 学期			
第 6 学期			

毕业后			
阶段	目标分析	提高的途径和措施	评估标准
毕业后第 1 年			
毕业后第 2 年			
毕业后 3~5 年			
毕业后 6~10 年			

五、生涯评估与反馈	
自我评估	
测评	
获奖状况	
自我规划落实状况	
经验与教训	
学习成绩排名	综合素质状况
素质测评	
父母评价与建议	
同学、朋友评价与建议	
老师评价与建议	
外因、内因评估	
职业目标修正	
规划步骤、途径及评估标准修正	

（二）条列式

这种格式的规划书包含职业生涯的主要内容，多作简单的表述，没有详细的材料分析和评估。内容简练，但逻辑性和说理性不强。

例文：某生的职业规划

（1）某校女生，护理专业，校级优秀学生干部，并多次荣获校级优秀学生奖学金，英语过国家六级，多次参加演讲、朗诵比赛，家庭经济状况一般，身体健康，性格不属于内向，但也不是特别活跃，喜欢安静。

（2）很想成为一名教师。教师不仅是儿时的梦想，也是自己比较喜欢的职业。也可以成为医疗单位的一名护理人员。

（3）做过家教，虽然不是自己的专业，但与孩子交流有天生的优势，当学生成绩进步时很有成就感。暑期曾在三级医院实习，虽然对护理工作不是特别热爱，但感觉还行。

（4）近几年都有学校来系里招聘护理专业教师，但随着护理专业硕士研究生的培养，招聘本科护理专业毕业生从事教师工作的学校越来越少。现今护理行业需求量较大，根据自身情况及所取得的成绩在医疗单位就业不成问题。

（5）目标是到学校当老师，自己有这方面的兴趣和理想，在知识和能力方面并不欠缺，并且自己有信心成为学生心中的好老师。或者是到医院从事护理工作，但兴趣不大。

（三）复合式

即表格式和条列式的综合，如表 5-3 所示。

详细执行计划如下：

（1）二年级在学好专业课的基础上，通过计算机考试、英语四级考试。

（2）三年级在临床实习期间，虚心求教，将理论与实践相结合，提高护理操作技能。

（3）在掌握技术的同时，要提高社会适应能力，做好踏入社会的准备。

（4）毕业后第一年掌握基本护理技能，了解护理精神，并取得护士资格证。

表 5-3 某生的计划实施

计划名称	时间跨度	总目标	分目标	策略和措施
短期计划（大学期间）	2017 年 9 月~2018 年 6 月	学习理论知识，加强动手操作能力，提高综合素质	通过计算机考试和英语四级考试，取得校奖学金，在各类操作比赛中获奖	认真学习，重视技能操作，参加计算机及英语辅导班，参加校系各类活动，临床实习时进一步提高自己的操作技能

续表

计划名称	时间跨度	总目标	分目标	策略和措施
中期计划（毕业后5年内）	2018年7月~2021年7月	适应工作，在工作中取得优异的成绩并提高个人从业资格等级	毕业后一年内取得护士资格证，第三年取得护师资格证	继续学习，将专业知识运用于实践中，不放弃外语学习。多与人沟通，向领导同事虚心请教

（5）毕业后第二年到第五年，主要做好职业生涯的基础工作，加强沟通，虚心求教。抓住机遇，经过不断尝试、努力，初步找到适合自身发展的工作环境、岗位。在工作上要做到不仅能掌握护理的所有技术，而且能熟练运用。最重要的是要取得护师资格。经常锻炼身体，形成良好的、有规律的个人生活习惯。

（四）论文式

这种格式的规划书，以数据、调查结果为依据，对职业生涯的主要内容进行翔实的分析与论述，逻辑性与说理性强。

例文：某生职业规划书中的职业与社会环境分析

（1）中国餐饮业发展前景。

餐饮业有"百业之王"之说，中国历来有"民以食为天"的传统。餐饮业作为我国第三产业中的一个支柱产业，呈现出迅速发展、繁荣兴旺的景象。国家统计局数据显示，近年来，中国餐饮业市场规模持续壮大，2011年突破2万亿元，2015年突破3万亿元，2018年更是突破4万亿元，占国民经济产值的4.7%。2019年餐饮行业收入约为4.7万亿元，同比增长9.4%。尽管近年来增速有所下滑，但仍远高于GDP增速。受各方面原因影响，2020年我国餐饮行业收入有所下降，约为3.95万亿元，同比下降15.40%。但总体来说，未来5年中国餐饮业发展前景非常广阔。

商界有句很流行的名言，叫作"不满意就是商机"，用到餐饮业中，意思就是你分别到10家餐厅去用餐，如果只有1家令你不满意，你就不要再做餐饮这一行了，因为这个行业已经发展得很成熟，没有你的机会了；如果有3家令你不满意，你成功的机会就几乎能达到50%；如果有8家令你不满意，这就是你进入这一行的最佳时机，假如你是一个经营高手，你差不多可以百分百地获得成功。就我国目前餐饮业的经营状况而言，远没有达到一个成熟行业的水平，因此，餐饮业仍有无限的商机。

（2）创业目标城市合肥对西餐的接受度。

①合肥人对西餐很有热情。

以合肥200位17~38岁居民为抽样调查对象，得出的结果是：43%的人接受西餐且吃过，35% 的人没有吃过但愿意品尝，18% 的人可接受但不愿品尝，4% 的人不接受。结果表明合肥人对西餐是很有热情的。到现在为止，合肥没有一家专门的法式餐厅，但平时走在家乡的步行街上，就可以看见"必胜客"的门口排着长队，那都是为了要品尝西餐的风味。在西餐中，最具特色的可以说是法国菜，法国菜体现了西餐的意境和精华。合肥人民生活水平普遍提高，有一定的经济基础，经济条件允许吃西餐！

②外国朋友越来越多。

在合肥生活着数十万外国人，他们持有 1 年到 5 年的居留许可证，而且可以延期。此外，还有近千名外国人拿到了让许多人极为羡慕的"中国绿卡"——长期居留证。来合肥的外国朋友也越来越多，合肥街头随处可见他们的身影，而西餐厅一直都是这些外国朋友热衷的地方。一家专门的法式餐厅，对他们就有着很大的吸引力，就像身处他国的你，看到中餐馆，莫名会有一种热情促使你进去品尝一下美食。

第二节　职业生涯规划书的修正

一、撰写职业生涯规划书的注意事项

（一）自我评估部分

自我评估关注的是个人的职业倾向，其他无关的自我分析内容无须赘述。并且，在每项分析后面都应有一个明确的归纳小结，突出自己各方面的特点。

使用自我分析法得出的结果不是绝对正确的，特别是职业测评的结果仅供参考，不要盲目迷信和依赖。测评只是一种辅助工具，其结果描述能够帮助人们拓展思路，接受更多的可能性，而不是限制人们的选择。

如果认为测评报告的描述不准确，可以用以下方法分析：回想自己回答问题时的状态，是否有意或无意回避了个人的真实情况；阅读一下每个维度的另一个方面，看是否更适合自己；咨询专业人士，获取更多的帮助。如果有必要，可以通过自我反思、成就回顾等方法重新审视自己，解决测评报告中与自我认知结果不相符的疑惑。

（二）环境分析部分

应突出对组织环境和具体职业的认知分析。这里往往是大学生普遍存在不足的地方。

应确保信息的时效性和可靠性。职业环境无时无刻不在发展变化之中，要确保自己掌握的职业信息是最新的、有价值的。互联网虽然方便快捷，但大量的过期和失真职业信息无法反映真实的职场状态。建议多采用生涯人物访谈或其他较为直接、可信度高的信息渠道。

（三）职业定位部分

人职匹配是确定职业目标的重要依据。在进行职业方向定位时，不应只盯住"三大"（大城市、大企业、大机关）、"三高"（高收入、高福利、高地位）单位，一定要与自身的情况相匹配。

职业发展方向因人而异。每个人的职业路径并非完全一样，盲目效仿是有害的。

个人职业发展路径不是唯一的。如果为了实现职业目标选择了两种以上的发展路径，这些路径之间应存在内在联系，否则，职业发展方向和路径的模糊不清，势必导致职业生涯决策中的犹豫不决，不利于核心职业目标的实现。

（四）目标设定部分

目标设定过程中要遵循 SMART 原则。大学生职业生涯目标的确定，重点应放在短期目标和中期目标。高年级学生可以侧重于毕业 5 年内的职业规划；低年级学生可以侧重于大学生涯规划，但必须突出职业准备工作。

（五）实施计划部分

（1）计划的制订要具体，要有时间性、可行性，便于定时检查。

（2）制订计划时要注意区分轻重缓急，学会时间管理和应对干扰。

（六）反馈评估部分

（1）反馈评估的重点是目标计划的完成情况，要将注意力放在结果上。

（2）反馈修正不是职业生涯规划的最后环节，而应贯穿整个职业生涯规划的始终。

（3）注意备选方案与主目标之间的关联度，以及备选方案的可行性。

二、修正职业生涯发展规划

（一）发展目标的适当调整

高职生必须要对自己的特长、爱好、性格等进行反复的剖析和衡量，对社会现状进行深入的体会，在制定职业生涯规划的过程中不断地向老师和有经验的学长或父母讨教，争取在初期便制定出一个比较符合自身性格、特长的规划，脚踏实地地按照规划中的目标向前迈进。当然，计划总是不如变化来得快，因而这就需要我们在实践中在大方向不变的前提下不断对职业生涯规划进行反复的校正，在这个过程中切记不可好高骛远和见异思迁。要知道，我们现在所处的环境正如一个铺满五颜六色贝壳的海滩，各个贝壳都争相闪烁着耀眼的光辉，而如果我们想要拿走那里所有的贝壳，那必将一无所获，因为我们手的容量是有限的，而贝壳却是无限的，当我们想要拿起更多的红色贝壳时，必将丢掉现有的绿色贝壳。

不同年级的高职生往往有不同的特点与心态，对此，人们有着不同的说法。

第一种说法。大一上半年：糊——沉浸在考上大学的喜悦之中，以为还是自己的天下；大一下半年：醒——此时非彼时了，好汉不提当年勇；大二：虚——学了不少却心里没底；大三：熟——秋天到了，果实熟了，该上市了。

第二种说法。大一上半年：彷徨——高职新生就好比一条久困鱼缸的小鱼突然被置于茫茫大海却不知该游向何方；大一下半年：呐喊——大学也就这样，我要活出自我；大二：伤逝——逝者如斯夫，时不待我也；大三：朝花夕拾——浑浑噩噩，一晃三年过去了，我要在这最后的高职生涯里尽量多学点知识。

由此可见，要求一个大一的学生制定一个高职阶段一成不变的职业生涯规划是多么不现实。但有规划远比没有规划好，规划书就好比孙悟空头上的紧箍圈，它可以给自己一个大概的指引并且使人有一种压力感。

很多高职学生喜欢考虑换专业，这也属于目标的修正问题。出于对兴趣与就业形势的考虑，高职生想调换专业无可厚非，但调换专业前一定要弄清楚自己究竟喜欢和适合什么专业，不可盲目冲动。

（二）目标实现中的阻力分析

在目标的实现过程中不可能总是一帆风顺的，面对挫折与失败，有的人越战越勇，有的人却晕头转向，为什么会有这么大的区别呢？究其原因，在于不同的人分析与解决问题的能力不一样。

对目标实现过程中的阻力进行分析是很有必要的，大学阶段目标实现的阻力主要有以下几种情况。

1. 目标设置不合理

就业、出国、创业均可作为大学期间的发展目标，但必须具体和现实。如选择先就业，那就要想清楚去什么地方就业、在什么行业就业、从事什么职业与什么性质的工作、希望拿多少工资等；如选择出国留学，那就要考虑家庭经济承受能力、个人学习成绩，尤其是外语水平等；如琢磨着毕业后自主创业那就必须积累经验，学会分析市场行情、制订创业计划等。

目标没有好坏、对错之分，适合的就是最好的。如果选定的目标不合理，那就已经失败了一半。

2. 制定目标的当事人缺乏执行力

经常听一些大学生讲"我要考研"，可是没过多久，他就改变主意了。还有的大学生说"从下周开始，我要好好学英语"。大家可能会问：为什么非要从下周开始而不是从今天、从现在开始呢？

执行力相当于心理学中所说的毅力。很多学生就是因为缺乏毅力，稍一碰钉子，就马上否定自己的方向，踏上"速成路线"混上几年后，发现可供行走的路越来越窄，最后被逼上死角，不得已进行反思，又重新跳回以往的职业生涯规划中来。然而在如此反复的过程中就会错失很多学习和发展的机会，到最后极有可能越做越累，甚至一无所获。

老子曾经在《道德经》里这样说："合抱之木，生于毫末；九层之台，起于累土；千里之行，始于足下。"意思是说需要几个人合抱的树木，都是从如针毫的小苗长起来的；九层高的亭台，也是一筐土一筐土筑起来的；而千里的行程，是需要一步一个脚印迈出来的。世界上任何事情都是这样，都有个从量变到质变的过程，而这个过程只有有毅力的人才能坚持下来。

人生就是一场马拉松比赛，开始跑在最前面的未必能一直领先，原来落在后头的也并不一定就永远不能后来居上。有人总是在别人的成就和荣耀面前哀叹自己起步太晚，其实每一位马拉松参赛者都明白，迟个三步、五步，甚至十步、百步也不算晚，关键是能否坚持到终点。成功者常常用毅力去书写胜利传奇。

3. 目标实现的外在条件不具备或者发生改变

从哲学的层面上讲，目标实现的内在条件相当于内因，外在条件相当于外因。所谓内因即内部矛盾，是指事物内部各要素之间的对立统一关系。如种蛋产出时已经发育成多细胞的胚胎，胚胎本身存在同化与异化、遗传与变异的矛盾。外因就是事物的外部矛盾，是指一事物同其他事物之间的对立统一关系。如没有适宜的温度，种蛋中的胚胎就无法正常发育，种蛋还是种蛋，而时间过长，胚胎就会死亡，就更谈不上孵出小鸡。可见，种蛋与温度之间是既对立又统一的关系，即是鸡蛋变小鸡过程中的外部矛盾。

事物在各种外部条件的影响下，其内部矛盾的双方的力量处在此消彼长的不断变化之中，一旦矛盾双方的力量对比发生根本性的变化，便会引起双方地位的相互转化，于是新矛盾取代旧矛盾，新事物取代旧事物。

在鸡蛋孵化小鸡的发展过程中，种蛋是内因，适宜的温度是外因。种蛋和适宜的温度对于由鸡蛋孵化出小鸡的发展过程来说，都是同时必备、不可缺少的因素，缺少任何一种因素都不可能孵出小鸡来。可见，事物的发展是由内因和外因共同起作用的结果，矛盾是事物发展的动力。

外在条件虽然有不可控制性，但它毕竟要通过内部条件才能起作用，人是有主观能动性的，人们不仅可以利用与改造外部条件，还可以创造条件实现目标。

高职生在具体实施自己职业生涯规划的过程中，最容易出现的问题就是眼高手低、心浮气躁、急功近利、见异思迁。在就业过程中，很多刚刚踏上社会岗位的毕业生，往往不能以平和的心态对待现状，一旦碰到小小的钉子，或感觉自己所处的环境和理想中的目标有差距，便会产生极大的心理落差，认为以前制定的人生规划是在现有个人的能力和工作环境下不可能达成的。于是，他们开始自暴自弃、得过且过，轻率地抛开以往的职业生涯规划，选择一条最为急功近利的速成路线，没有为后期发展留下任何可拓展空间。

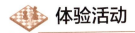 **体验活动**

帮你的同学把计划落地

两个同学一组，互相提问：

1. 你的目标是什么？

_____

_____

2. 为什么这个目标对你很重要？

_____

_____

3. 你什么时候开始做？

_____

_____

4. 你第一步准备怎么做？

_____

_____

5. 下一步是什么？

_____

_____

6. 我们怎样才知道你已经做了这件事情？

_____

_____

活动总结：

计划的制订固然重要，但及时付诸行动才是重中之重，只有在不断的实践中改善计划，使计划符合自己职业的发展，才能使自己一步步地走向成功。

（三）职业生涯发展状况评价

职业生涯规划师总结：职业生涯状况发展得好坏，早期看锻炼机会，锻炼机会越多越好；中期看待遇，待遇越优厚越好；晚期看价值感，社会价值感越大越成功。

那么，我们到底应该从哪些方面、以什么标准来评价职业生涯发展的状况呢？

1. 评价原则

（1）"目标"与"结果"和谐性原则。

"和"与"谐"是两个不同的中文字，它们的含义有很大的相似点。《吕氏春秋》里有一句话可以很好地说明"和"的含义："正六律，和五声，杂八音，养耳之道也。"人的耳朵很奇怪，不愿意听单一的声音，一定要听几种不同的声音才能感到舒服。把"和"与"谐"连在一起，即"和谐"，就是指存在差别的各个成分可以相互协调地联系在一起。它本身就带有两层含义：一是组成一个整体的各个成分之间存在明显的差别；二是这些存在差别的各个成分之间又可以非常协调地整合在一起。

"结果"可以理解为目的，"目标"则是阶段性的结果，两者能够保持一定的和谐性就可以了。

（2）阶段性原则。

"目标"与"结果"虽然不尽相同，但不同阶段的高职生有不同的生涯发展任务，评价其职业生涯发展状况必须把握阶段性原则。各年级高职生的主要任务如下：

低年级高职生的主要任务：自我认识，树立正确的学习观，了解专业性质、专业能力要求、专业学习的价值和专业前景等，提升学习动力，适应大学学习生活和人际关系，尽快完成角色转变。了解自己的特长与潜能、优势与不足，正确认识自我。初步认识职业生涯发展规划的重要性，树立正确的职业价值观。学习通用型技能，提高基本素养，为未来的职业发展做好专业准备。

中年级高职生的主要任务：自我拓展，培养较强的责任感、使命感，树立正确的成才观和事业观；通过职业测评、职业咨询、了解职业信息等方式，认识职业；根据自身条件、职业志向和未来职业的发展进行初步的职业生涯规划。结合职业生涯规划，做好职业生涯决策，参加职业培训、社会实践、创业锻炼等活动，拓展职业知识技能，提升自我素质，培养高度的责任心和精益求精的精神，提高人际沟通、团队合作和创新等能力。

高年级毕业班高职生的主要任务：自我发展，树立开拓务实的职业观、创业观和择业观。通过职业生涯规划、职业生涯决策的修正，形成现实而正确的个人职业发展评价，确定合理的职业定位和择业期望标准。通过毕业实习、个人辅导、职业信息的收集和选择、就业技巧培训等多种形式，提高职业成熟度和职业行为的"自主、自尊、自信、自强"意识。树立爱岗敬业精神，实现人生发展与社会需要的内在统一，完成向社会职业人的角色转换。

2. 评价维度

（1）自我评价。

按照心理学的说法，自我评价是自我意识的一种形式，是指主体对自己思想、愿望、行为和个性特点的判断和评价。儿童是在把自己当作认识主体，将自己从客体中区分出来，开始理解我与物的关系后，在别人评价自己和评价别人的过程中，逐渐学会自我评价的。自我评价是自我意识发展的产物，其发展的一般规律是：评价他人的行为—评价自己的行为—评价自己的个性品质。它是自我教育的重要条件。人对自己的思想、动机、行为和个性的评价，直接影响着他本人学习和参与社会活动的积极性，也影响着与他人的交往关系。一个人如果能够正确地、如实地认识和评价自己，就能正确地对待和处理个人与社会、集体及他人的关系，有利于自己克服缺点、发扬优点，在工作中充分发挥自己的作用。实事求是地评价自己是进行自我教育、自我完善的重要途径之一。

高职生自己对个人职业生涯发展的评价是所有评价维度中最重要的方面，高职生已基本成年，具有相当成熟的自我意识，他们完全具备自我评价的能力与水平。

（2）他人评价。

他人评价主要包括同学评价、朋友评价、教师评价。同学评价又包括学长评价、同班同学评价、室友评价等。教师评价既包括班主任、辅导员评价，也包括任课教师、实习指导教师、毕业论文指导教师评价。

（3）组织评价。

组织评价是指由某种正式或非正式机构给出的评价，如班级、院系、学校、学生社团等。组织评价往往有较高的信度和效度，而且有利于当事人看清楚自己在同龄人或同学中的竞争位置，有利于发现优势与劣势。

3. 评价方法

（1）综合测评法。

综合测评法一般包括多个指标体系，每个指标体系均以量化的方式呈现，便于排名和统计。每个指标的最终得分包括多个评价来源，如自我、班级、教师等。正因如此，综合测评法有较高的外部效度。

（2）360度反馈评价法。

360度反馈评价法原本是企业对员工绩效管理时经常用到的一种多源评价法，是将上级主管、同事、下属、客户等的评价与个人的评价综合反馈给被评价者。

360度反馈评价法也可用于高职生的职业生涯发展评价，个人在进行360度反馈评价时，应尽可能打开"窗户"，广泛地向他人征求意见，这些人可以是自己的老师、同学、亲人、朋友、实习单位领导、社会工作中的同事等，其中来自辅导员、班主任及与自己有直接交往的同学的评价信息最为重要。

（3）日记或周记分析法。

日记或周记分析法是把一个工作日（周）及一个非工作日（周）的活动如实而无遗漏地记录下来，然后按照活动性质进行分类，如上课、自习、考试、上网、文体活动、逛街、睡觉等，看看用于不同活动项目的时间各是多少，并分析时间的分配是否与自己的职业生涯目标相对应。

（4）"重要人物"访谈法。

请自己的同学、朋友、父母、亲戚、同事或其他你认为了解你的重要人物中的两个人对你进行评价，在此过程中，你可以提出一些问题，看看他们从旁观者的角度对你有什么看法。

精选案例

职业生涯规划书

××职业技术学院：×××　　指导老师：×××

警句：一个人的价值，应当看他贡献什么，而不应当看他取得什么。

前　言

职业生活是整个人生的重要组成部分。作为一名在校生，我马上就要面临人生的重大转折——从学生到职业者的角色转换。

在当今社会就业压力大、就业形势极其严峻的情况下，怎样才能为自己寻求一份合适的好工作呢？我认为重要的是通过对自身状况的了解，以及对社会和人才需求的认识，来更好地规划自己的人生，为自己确定人生目标，制定人生规划。因为一个可行的计划是成功的一半，有了计划就有了目标，有了目标便有了努力的方向和前进的动力，只有这样才能为成功奠定基础、提供保障。对于每一位即将毕业的学生来说，选择一份能充分发挥自己聪明才智的职业是至关重要的。而对自己今后的职业生涯从总体上做一个合理的规划，是一件十分有必要的事情。职业生涯规划是指在客观分析个人的性格、资质、人生态度、潜能等因素的基础上，结合社会的人才需求，采取有效的职业发展策略，选择合适的职业发展道路，一步步地攀登事业的阶梯，取得事业上的成功，实现人生价值的过程。

职业生涯规划能使我更好地了解自己，并根据对自我和职业的理解，确定合适的工作目标，对我今后事业的成功乃至整个人生的成功都有着重要的作用。

规划人生方向　成就职业梦想

一、自我分析

（一）个人部分

（1）兴趣爱好：读书、看报纸、图表分析、关注新闻动态、发表自己的评论。

（2）价值追求：尽力发挥自己的长处、追求真理、挖掘自己的潜力、施展自己的才能、实现个人价值最大化。

（3）自我充实：阅读书籍、掌握多方面知识、更好地充实自己、对某些重点疑点问题亲自实践、追求真理。

（4）性格特征：乐观主动、喜欢发表意见、为人热情、擅长与人沟通、忠实可靠。

（5）个性优势：做事目标明确、有强烈的发展提升意识；工作雷厉风行、善于决断、做事有担当；主动行动、独立性强、有强烈的成就动机。

（6）个性劣势：不够客观，有时过于感性，对自身利益考虑不够；行事可能表现得独断专行，听不进别人意见，有时甚至会在无意中损害他人利益。

（二）个人综合分析（见表 5-4）

表 5-4　个人综合分析表

综合特质	重感情；重视证据与事实；关心并想了解他人事务，自信、热情且友善，体谅他人并愿意协助他人解决问题
能力优势	善于沟通并能了解他人；体贴、富有同情心，适合扮演支援者角色；善于交际并有能力说服他人
人际关系	善于交际，能轻松面对陌生人，说服力强；在必要时态度开明，以较被动的方式接受旁人的想法与意见
激励因子	避免冲突；希望处于有利环境，得到旁人的宽容与支持，获得旁人的谢意、尊重与喜爱

（三）学生工作简析

（1）担任班委，协调组织开展班级活动。

（2）担任系学生会宣传部干事，组织开展各项宣传活动，保证各项工作正常开展。

（四）职业兴趣分析

人才素质测评报告（见图 5-4）表明，我的职业兴趣类型为"管理型"。这类人乐观主动，喜欢发表意见，有管理才能，应从事需要胆略、冒风险且承担责任的活动，喜欢从事领导及管理性质的职业。对于计划从事管理工作的我来说，这是我的绝对优势。

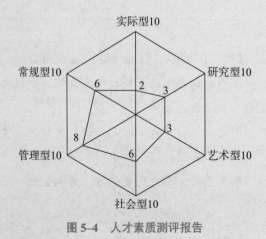

图 5-4　人才素质测评报告

（1）具备特点：办事小心谨慎，比较敏感，喜欢发表意见与见解，喜欢从事具有组织性、挑战性的工作。

（2）性格：有责任心，高效率，踏实稳重、细致、有耐心、诚实可靠，控制欲强，喜欢支配别人。

（3）适合的职业：适合从事需要胆略、冒风险、承担责任的活动；喜欢从事能发挥自己才能、施展自己本领、尽力挖掘自己潜力的领导工作及具有管理性质的职业，以实现所在机构、部门、单位、企业的各项工作目标及个人价值最大化，适合职业如人事经理、人事助理、部门主管、部门经理、厂长、技术总监等。

（五）职业能力分析（见表5-5）

表5-5　职业能力测试结果

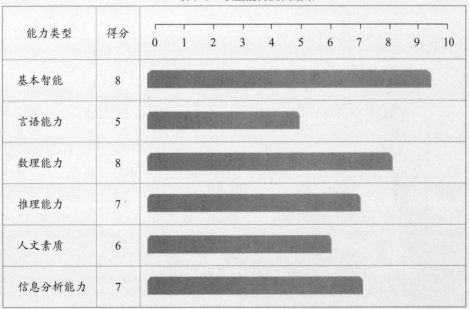

能力类型	得分	0　1　2　3　4　5　6　7　8　9　10
基本智能	8	
言语能力	5	
数理能力	8	
推理能力	7	
人文素质	6	
信息分析能力	7	

（六）职业价值观分析

我的主要职业价值取向是自我实现取向。对此而言，我的职场特点为：一心一意，发挥个性，追求真理，尽力挖掘自己的潜力，施展自己的本领，不愿受别人指使，凭自己的能力拥有自己的"小城堡"，不愿受人干涉，独立、主动性强，工作雷厉风行，善于决断，做事有担当。但是，尚需改正的是独断专行、不重视他人的想法与意见及缺乏积极大胆的创新精神。

（七）自我分析小结

我是一个事业心强、注重个性发展的人，因为我看重的是能否最大限度地发挥自己所长，是否具有独立性，是否能挖掘自己的潜力、施展自己的本领，并不考虑收入、地位及他人对自己的看法。根据测评分析，自己能够从事与组织、策划、协调、分析相关的工作；适合从事必须具备上述能力，需要胆略、冒风险且承担责任的领导及管理性质的职业；并且我的目标职业是技术总监，它与自己的兴趣、能力、价值观等个性特征正好相匹配，所以我会为实现自己的目标不断拼搏奋斗。

二、职业分析

（一）综合评估——SWOT 分析法（见表 5–6）

表 5–6　我的 SWOT 分析

优势及其使用	劣势及其弥补
优势： S1：专业背景好，凡是专业课，成绩都非常不错 S2：英语能力基本可以，在同学中比较出众 S3：有多次实习工作经历，擅长与人打交道，语言表达能力优秀 优势的使用： ①在应聘专业对口职业时占优势 ②在应聘工作和面试时，非常优秀（现在英语好、专业成绩也好的人才稀缺） ③在交流沟通时表现得更为娴熟和专业，在面试中占有先机	劣势： W1：一些基础课成绩一般 W2：性格中有些固执的地方 劣势的弥补： ①在面试时强调专业技能 ②尽量将心态放平和，提醒自己认真听取别人的意见
机遇及其把握	挑战及其排除
机遇： O1：能人得志的社会 O2：在毕业前的各种招聘面试 机遇的把握： ①认真对待每一次面试，尽可能多地抓住资源，得到更多的工作机会 ②努力提高自己的英语水平，用考试驱策自己学习	挑战： T1：社会就业形势严峻，就业压力很大 T2：人际关系的处理 T3：在面试时的各种习难与挑战 挑战的排除： ①同专业人士聊天，吸取经验，在兼职过程中学习和职业人士打交道的方法，拓宽眼界 ②对每一个面试公司进行调研，分析其需求与特点，在面试之前准备材料和应变策略，在面试中发挥表达能力强、感染力强的优势

处在信息化、国际化的时代环境中，必须对自己有全面的、综合的了解；对目前的情况、存在的问题经常进行深入的分析和连续的跟踪，并根据自己的发展目标，制订出一套相适应的计划来保证达到目的。

（二）职业分析小结

我的职业生涯规划考虑了职业区域、职业特征等问题，如职业角色的发展与职业所在行业的发展的密切关系、行业现状和发展前景等。通过SWOT分析，我对自身优势、劣势以及周围环境的机遇、挑战进行了分析，然后在这些分析结果的基础上制定出了各种应对策略（详见具体行动计划）。

三、确定职业目标

（一）职业类型

我的职业类型为管理型。

（二）职业特征

从事需要胆略、冒风险且承担责任的活动；从事具有领导及管理性质的职业，以及自我实现取向的工作、支配取向的工作和经营取向的工作。

（三）主要职业领域

根据我所制定的职业生涯目标，我的主要职业领域是通信企业。

（四）职业定位

符合中高级管理职位的要求，工作效率高并取得较好的成绩。

四、职业发展路径与策略

（一）职业发展路径

根据自己的综合特征、内外部环境与行业发展方向及地域，确定本人的职业发展路径是：从基层做起，在实践中提升自己的综合素质和管理能力，直至达到技术总监的职位要求。

（二）职业发展策略

第一步，在校期间努力学习专业知识和专业技能，参加专业实践活动，利用在班级和学生会工作，培养领导与管理能力。

第二步，在毕业后，找一份适合自己综合能力水平与自身实际状况的工作，从基层做起，在实践中磨炼自己，提升自己的综合素质，争取早日成为领导的得力助手。

第三步，在成为领导的得力助手之后，努力学习并在实践中培养自己的管理能力，搞好同事关系，在自身条件与外部条件都允许的情况下，争取走上领导岗位。

第四步，在担任领导之后，继续学习专业理论与技能，并发挥自己的领导才能，关注下属的工作和生活情况，使自己成为一名企业骨干、称职领导，并逐步成为企业的技术总监。

第五步，尽量发挥自己的核心能力，为企业制订合理的计划与决策，编制各种分析报告，成为企业不可缺少的"顶梁柱"。

五、具体行动计划

（一）短期计划

1. 在校期间

（1）积极准备英语及计算机等级考试。

（2）合理安排、分配自己的学习时间，有计划地学习各方面知识，如计算机、工商企业管理等，丰富自己的知识体系。

（3）把主要精力投入学习专业知识与技能上，适时参加各种专业实践活动，提高专业技能。

（4）利用自己担任班委、系学生会干部的有利条件，积极组织开展各种活动，培养自己的管理能力，提高自己的综合素质。

（5）抽时间阅读各种书籍、报纸杂志，通过电视、网络等关注时事动态、时事资讯、行业发展方向，并发表自己的一些看法，提高自己分析、解决问题的能力。

（6）做好有关通信企业市场的调研与分析。

（7）通过各种途径了解通信企业市场动态，以及员工所需的职业素质、能力、求职应聘技巧等。

（8）通过英语、计算机等级考试，并取得计算机操作工资格证书及电工中级培训合格证书。

（9）整理毕业论文基本信息，做出论文基本框架，着手准备个人简历。

（10）参加各种人才招聘会及毕业生就业洽谈会，了解就业信息。

（11）完成毕业设计和论文，为大学生活画上句号。

2. 工作第一年

（1）争取在最短时间适应工作环境，熟悉工作流程及公司的各项规章制度。

（2）努力工作，提高自己的实际工作经验，丰富相关理论知识。

（3）在工作之余，对自己的业务进行钻研，为上司提供合理化的工作建议。

（4）学习与本职业相关的工作内容、方法、技巧，争取对本行业内其他相关职业都有一定了解，以便自己在其他岗位上更快地适应。

（5）在工作、生活中培养同事之间的感情，建立良好的同事关系。

（6）在工作中，多观察学习领导是如何管理企业、处理事务的，是如何处理上下级关系的。

（7）利用业余时间学习高级电工专业方面的知识，争取在最短时间内拿到高级电工资格证。

3. 工作第二年

（1）继续学习包括电子线路在内的相关专业知识。

（2）坚持学习与目标职业相关的通信技术、模拟数字信号、电工技术等方面的知识。

（3）随时关注本行业的最新动态，了解时事资讯，做好策划。在做好本职工作的基础上，继续深入了解本行业相关职业运行机制及工作流程，以适应实际工作中的岗位调动。

（4）在对自己的业务进行钻研的基础上，继续为上司提供合理化的工作建议及策略。

（5）争取在本年内取得中级会计专业资格证书。

（6）继续与同事保持友好的关系。

4. 工作第三年

（1）工作第三年基本上了解了本企业所有岗位职业的工作内容，可以胜任相关岗位。

（2）继续深入研究业务，为上司提出更多建议，并成为其得力助手。

（3）锻炼自己的实际管理能力，并且抽时间向上司学习管理方面的技巧。

（4）继续与同事保持较好的关系，并发展上下级的关系。

（5）在努力工作之余，不忽视与家人的关系，保持家庭和睦。

在上述条件都成熟时，利用一切可以利用的条件发挥自身优势，早日成为工程师。之后一如既往地踏实工作、钻研业务、提出建议、培养关系。

（二）中期计划

（1）巩固理论知识，加强专业技能。

（2）积极参加国内外各种业务知识、技能培训，掌握市场竞争状况和行业发展方向，发挥自己作为助理应起的作用。

（3）认真进行市场调研，了解本行业的投资方向，并做出模拟策划，作为上级的参考材料。

（4）培养自己的决策能力，提高自己的高级管理才能。

（5）在工作中，学习领导是如何管理企业、如何处理各种复杂关系、如何做出决策的，为以后自己的升职做准备。

（6）同事关系、上下级关系、家庭关系等仍需长期维护。

（三）长期计划

（1）在工作与为人方面，勤勤恳恳、踏踏实实，争取早日成为企业中高层管理者，全面负责技术工作。

（2）在本部门建立有效的激励制度和管理发展制度，使下属有自主发展的空间与动力。

（3）通过自己各方面的努力，在家人与下属的支持下，实现自己的最终职业目标，即企业技术总监，成为企业的"顶梁柱"，并且继续为企业坚持奋斗，直至退休。

六、评估及调整

"计划赶不上变化"，当情况发生变化时，要使计划行之有效，就必须适时对计划进行评估和调整。因此需要定期或不定期地对规划做出评估，并适时进行调整。

（一）评估调整的频率与原则

（1）由于情况的变化是无规律的，因此我决定每季度对我的规划评估一次，当遇到特殊情况时，随时进行评估以便及时对自己的规划做出调整。

（2）原则是实事求是、与时俱进。

（二）评估的内容和方法

（1）职业目标评估：在尊重现实的基础上对自己的职业目标进行评估。如果一切发展顺利，那么我将一如既往地为实现自己的目标而奋斗。当职业目标难以实现时，我将适当调整自己的职业目标。

（2）职业路径评估：当在职业发展中遇到由于国家政策调整、行业形势变化等不可抗拒的因素，而导致职业路径方案出现偏差时，我会适度地调整自己的发展方向与发展路径。

（3）其他因素评估：当我的身心、家庭、经济状况等发生变化时，我会适时、适度地调整我的规划，使之切合实际，与时俱进。

（三）调整原则

我的调整原则是：使职业与自己的性格、兴趣、能力及价值取向等个人因素相匹配，以便能更好地发挥自己的才能，挖掘自己的潜力，并且使自己的职业发展路径与内外环境相适应，使自己的职业发展方向明确，最终实现自己的职业目标——技术总监。

结束语

规划不只是纸上谈兵，更重要的是具体实施并能取得成效，因此要做好时间规划，努力按时实现每一步计划；要善于审时度势，根据内外环境的变化，适时进行必要的调整；要培养自我能力，增强自己各方面的本领，持之以恒，一步步争取成功。

××职业技术学院×××

20××年×月×日

 **实训练习**

设计大学生职业生涯规划书

一、实训概述

【目的及要求】

大学时期做好职业生涯规划可以使大学生在未来能够正确地选择职业，克服职业生涯发展中的险阻，获得事业的成功。

实训目的在于综合前期各项研究成果，对自身的职业生涯做出详尽、细致、可行的规划，将其明确化、系统化，为自己大学及未来的发展提供有效的指引。

二、实训内容

将前期自我认知、职业及环境认知的成果予以整合，并做进一步的研究、分析，设计自己的大学生职业生涯规划书（见表5-7）。

表 5–7　职业生涯规划书

一般情况	姓名		性别		年龄		政治面貌	
	就读学校				院、系			
	所学专业				感兴趣的专业			
	起止年限							
	年龄跨度							
规划总目标	就业		考研		留学		创业	
具体方向								

自我评估（包括现状分析与发展潜能）	认识自我	我的兴趣	
		我的职业价值观	
		我的技能	
		我的气质	
		我的性格	
	角色转变目标	我心中的理想职业	
		从依赖到独立的转变	
		从被动学习到主动学习的转变	
		从未成年人到成年人的转变	
环境因素分析	社会环境分析	政治环境	
		经济环境	
		文化环境	
		区域环境	
	行业环境分析	行业现状	
		国家政策	
		国内外相关重大事件	
	组织（企业）环境分析	企业实力	
		企业领导人	
		管理制度和企业文化	
	具体职业分析	职业评估	
		工作分析	
	其他环境分析	家庭环境	
		教育环境	

续表

我的现状与规划目标之间的匹配分析	我的优势		
	我的不足		
征求意见	家长建议		
	老师建议		
	同学建议		
	朋友建议		
我的职业目标及确定原因			
大学生涯规划目标分解	大一的目标	1. 学业规划目标	
		2. 生活成长规划目标	
		3. 社会活动规划目标	
	大二的目标	1. 学业规划目标	
		2. 生活成长规划目标	
		3. 社会活动规划目标	
	大三的目标	1. 学业规划目标	
		2. 生活成长规划目标	
		3. 社会活动规划目标	
	大四的目标	1. 学业规划目标	
		2. 生活成长规划目标	
		3. 社会活动规划目标	
大学生涯规划目标组合	学习目标	专业学习目标	
		与职业相关的学习目标	
	生活成长目标	身心健康	
		学会理财	
		学会管理	
		正确交友	
		积累社会经验	
	社会实践目标	提高专业实践技能	
找出差距			

续表

实施规划的措施	学习措施	
	培训措施	
	实践措施	
	工作措施	
规划成果的评估与反馈		
规划的修正		

第六章 职业生涯实践与管理

　　生涯管理是一个持续解决问题的过程。在这个过程中，我们要搜集信息，提高对自我和环境的认识，确定职业生涯目标，制定职业生涯战略并付诸实践，积极反馈。在大学阶段，大学生要培养职业生涯管理方面的能力，学会学习、学会生活、学会面对各种困难和挫折。良好的职业生涯管理能力是大学生适应社会发展的必然要求，职业生涯管理有利于提高大学生的情商，锻炼大学生的自制力，帮助大学生赢得未来。

学习目标

1. 理解终身学习的内涵，制订有效的终身学习计划。
2. 了解职业生涯管理原理及模型；掌握有效的职业生涯管理策略。
3. 熟悉大学生时间管理的含义及特点。
4. 了解压力，认清压力的根源，合理制定应对和预防压力的策略。
5. 了解大学生常见的不良情绪，掌握大学生情绪的管理方法。

第一节　树立终身学习观

教育学家康内尔（Cornell）曾说："现代社会，非学不可，非善学不可，非终身学习不可。"如果一个人一年不学习，你所拥有的知识就会折旧 80%。一个人比另一个人水平高、能力强，在很大程度上是因为他拥有更多的信息，能够站在更高层次上用不同的视角看待问题，拥有更多解决问题的途径。而这些能力的根源，都来自丰富广阔的知识学习。

对于大学毕业生来说，从小读书一直到大学毕业，很多人会持有这样一个看似自然的想法，读完大学书就算读到头了，参加工作则意味着学习生涯的终结。事实上，这样的观点既片面，也狭隘。俗话说"活到老，学到老"，对于个人的职业发展来说也是如此。社会在不断发展变化，职业的结构、内容和用人要求也在不断地变化，而个人的职业意识、职业素质以及知识能力必须通过学习才能提高。大学教育固然重要，但毕竟只是短暂的一个阶段，大学毕业后的延伸学习和重新学习，对于选择及重新选择职业岗位和取得职业成就，无疑具有更重要的意义。尤其是在当前的知识经济时代，获取知识、运用知识和创新知识的能力是一个人成功的重要因素。善于学习、有较强的学习能力和思维能力的创新型人才，才是知识经济时代的强者。这就需要具备终身学习的精神。

一、终身学习的概述

1994 年 11 月，在意大利罗马举行了"首届世界终身学习会议"。会议提出，终身学习是 21 世纪的生存概念，人们如果没有终身学习的概念，就难以在 21 世纪生存，并采纳终身学习的定义为："终身学习是通过一个不断支持的过程来发挥人的潜能，它激励并使人们有权利去获得他们终身所需要的全部知识、价值、技能和理解，并在任何任务、情况和环境中有信心、创造性和愉快地应用它们。"国际劳工组织提出要"为终身具备就业能力而终身学习"。党的十六届六中全会进一步提出"构建社会主义和谐社会"要求，提出要"积极发展继续教育，努力建设学习型社会"。终身学习将成为人们生活方式的一部分。因此，"不一定终身受雇，但须终身学习"应该成为初入职场者的基本信念。

学习是一种持续终身的活动。终身学习是指开始于人的生命之初，终止于人的生命之末，包括人生发展的各个阶段的学习活动，既包括纵向的一个人从婴儿期到老年期的各个不同发展阶段的学习，也包括横向的在学校、家庭、社会等各个不同领域的学习活动。终身学习彻底改变了传统的学习观念、学习思想，对学习赋予了全新的认识和理解。

学习是个体的一种自发的生活方式。"终身教育"是一种理念，"学习化社会"是一种保障措施，二者为人的完善提供了条件，若要真正实现人的完善还必须通过个体的学习，内化为个人的经验才能实现。因此，"终身学习"的重要内涵就在于它是个体的一种自发的生活方式。在这样的生活方式中，学习者学会观察、听讲、表达自己的观点、提问题和思考。他能够认识到自己所需要的教育，并能规划和评价自己的学习。

学习是多样化、个性化的。终身学习尊重每个人的个性和独立性，重视学习者自主、自发地不断发展，它不仅使学习内容的范围更加扩大，而且也使教育、学习的技术与方法等进一步扩大，学习者可以自主地从多种内容和方法中进行选择。另外，终身学习的目标也是多样化的，学会认知、学会做事、学会共处、学会生存是终身学习理念的重要支柱与最终目标。

二、制订有效的终身学习计划

虽然我们都认可"活到老，学到老"的说法，也能认识到不断学习对于自己适应职业的重要性，然而更关键的是要把终身学习的观念落实到实际行动中，合理进行有关终身学习的计划安排，培养终身学习的好习惯。一份成功的终身学习计划应包括以下内容：

第一，要有清晰的人生蓝图。如果一个人连自己想要什么、想成为什么都毫无想法，那么必然也搞不清自己应当学什么、怎么学。

第二，要有激励。终身学习不同于短时间的学习，更多的是需要一个人的意志力和持久性，因此制定一些能够自我激励的方法不失为督促终身学习的好办法。

第三，要明白自己的弱势。终身学习的内容已不单单是知识的学习，更多是要学习如何更好地在职业和社会中求发展，所以必须明确自己在工作中的各种劣势，从而有目的、有方向地进行学习，逐渐将自己的劣势发展为优势，发挥自己的最大能力。

第四，要重视阅历和观摩。与学生时代的学习不同，终身学习更多伴随的是阅历的增加、视野的拓宽，要注意实践历练。同时，在终身学习中一定要学会广结良缘、寻找榜样。"独学而无友，则孤陋而寡闻"，学习不是一个人孤芳自赏，更多的是与身边的人沟通、交流，向有经验的前辈请教，如此才能较快地学到真本事。

联合国教科文组织曾在《学习：内在的宝藏》报告书中指出，终身学习包括四大支柱，分别是：学会与人相处、学会追求知识、学会做事、学会发展。这四个方面无疑都是职业发展中必须要面对、必须要学习的。在制订自己的终身学习计划时，一定要同时思考这些方面，缺一不可。

第二节　生涯管理概述

刚毕业时，每个人都很容易按照自己的认知来想象未来的世界。然而，现实常常和想象有出入，有时甚至是难以接受的不同。因此，只有主动管理好自身的职业生涯，提前了解现实，才能解决好这些问题。职业生涯管理是一个解决问题的持续的过程，它不仅需要我们在确定职业目标前，打好知己知彼的基础，付出对职业目标的努力，还需要我们在步入职场后，持续不断地对自身的职业发展进行积极有效的管理。

在做出职业决策的同时，对它的检验也就开始了。对于职业决策，大学生一是按自己的决策目标不断地修正和完善，使之更加贴近自己的实际；二是按自己的决策行动和生活，因此必须积极管理自己的职业生涯。好的职业生涯管理能够在一定程度上避免"就业错位"，使学与用更加紧密地结合，使大学生的人才效益、社会效益得以彰显。

一、生涯管理的内涵

生涯管理就是掌握自己与环境的现状，根据需要进行改变和调整，使自己保持最佳的状态，争取最好的发展机会去实现自己生涯目标的过程。

成功的生涯发展要依靠成功的生涯管理，因为生涯发展中会遭遇许多变化，需要我们把握和调整。变化是人生的常态，也是生涯发展的常态，我们需要建立生涯管理的观念，勇敢地迎接变化。

生涯管理是由无数个"三步曲"组成的。

（一）发现变化

变化可能来自外部，如经济环境、政策导向、家庭的突发事件等，也可能来自内部，如自己的想法发生了改变等。变化可能是于己有利的，也可能是于己不利的。变化可能比较剧烈，也可能比较平缓，一时不易察觉。我们需要培养分析环境和自身的能力，及时发现变化，分析变化的缘由和对生涯发展的影响。

（二）明确需要

变化可能为生涯发展带来新的机遇，也可能会造成一些阻力和障碍。这时，我们对自己的"发展需要"要有一个明确的定位与评估。这样，就不会因变化带来的一些意外而偏离了自己的航道，迷失了自己的目标。

（三）进行调整

发现变化、明确需要之后，就要采取行动进行调整了。这一步是很关键的，因为只有行动才能产出成果。我们有时会对自己的调整没有百分之百的把握，迟迟不敢行动，这样往往会失去一些成功的机会。其实，只要我们用积极的心态去管理自己的生涯，即使没有出现预期的结果，也能够借以锻炼自己的心态和管理生涯的能力。没有行动就不会有新的结果，也就不会有再次的选择，而没有选择的人生才是最可悲的。

精选案例

　　小王和小金学的都是文秘专业，毕业后同在一家外资公司当文员。小王很喜欢自己的专业，也很努力，业余时间还进修英语口译。而小金越来越不喜欢文秘工作，可是一时又没有新的方向，所以得过且过。她们所在的外资公司因业务量骤减，总公司撤回了其在中国的投资，于是小王和小金同时失去了工作。小王因为已经取得了高级口译证书，很快就在另一家外资企业找到了一份秘书工作，而小金至今还在为工作发愁。

　　有人说"这个世界唯一不变的就是变化"。生涯规划就是一个不断地"知己""知彼""做出选择和决定"的过程，这个过程又是在生涯管理的"发现变化""明确需要""进行调整"的无数个"三步曲"中实现的。如果个人能有效地进行生涯管理，及时调整职业目标，那么就能从容应对各种变化。

二、有效生涯管理的要素

　　生涯管理的主要含义是根据情况的变化调整生涯目标和实现策略。对于每一个人而言，职业生命是有限的，如果不进行有效的规划，势必会造成时间和精力的浪费。有效的生涯规划，可以使我们的发展更有目的性和计划性，也为实现自我价值创造机会。个人实施有效的生涯管理，一般来讲要具有下面6个要素。

（一）对自己负责

　　责任感是激发我们奋进的压力和动力。当你把一件事当作自己的责任所在时，就会调动自己所有的智慧，千方百计地把这件事情办好。相反，如果你觉得这件事并不是由你负责，就可能对它不闻不问、敷衍了事，或等他人来拿主意，因为你觉得这件事完成与否和你没有多少关系。可见，是否有责任感，决定了我们对待一件事情的态度，决定了我们会投入多少精力和心血去完成它。那么，我们需要考虑：管理自己的生涯，思考自己未来的发展，谁应该对它负责？是父母或家人，是老师或专家，还是你自己？你把它划归在不同的责任区，相应地就会有不同的态度，从而大大影响生涯管理的质量。所以，我们要注意培养对自己负责的责任感。

（二）提高自控能力

　　坚忍顽强的意志和自控力，是一个人走向成功必不可少的品质。国外许多心理学家致力于自控力的研究，他们提出了自控力的"5个控制"，即控制思想、时间、语言、欲望和情绪。心理学家们认为，如果一个人能够有效地培养上述"5个控制"，那么他的心理状态就会很稳定、很平衡，他就已经具备了控制自己的能力。

（三）积极有效的行动能力

我们都知道画饼不能充饥，生涯目标不能仅仅停留在脑子里和纸面上。通过前面的学习，我们了解到人的生涯是由不同的发展阶段连接而成的，每一个阶段都有相应的发展任务需要完成，一个阶段的发展任务完成得怎么样，会影响到下一个阶段的生涯发展。而这些发展任务是否能够很好地完成，主要依赖于我们是不是采取了积极有效的行动。例如：在生涯探索期，有的同学会主动寻找机会进行探索和了解，而有的同学则只是消极地等待老师或其他人的安排，这样一来，根据探索的程度和成果来看，积极主动的同学显然会优于消极等待的同学。所以，我们要注意培养自己积极有效的行动能力，绝不能做"语言的巨人，行动的矮子"。

（四）灵活机动地调整策略

管理自己的生涯，实现生涯目标，需要的不仅是"坚"，还有"韧"，也就是一种弹性和灵活性。面对生涯发展过程中遇到的机遇，我们要能够灵活机动地调整策略，及时抓住机遇。要知道，机遇往往是稍纵即逝的，稍一放松就会失去机会。如果遇到阻力或障碍，我们也不能被动地对抗，而要主动地规避，化险为夷，创造机会。也就是说，我们不仅需要"苦干"，还需要"巧干"，这样才能更有效地管理好自己的生涯，减少不必要的损耗。

（五）积极面对挫折

怎样对待"挫折"是生涯管理中一个很重要的问题。人人都想平平安安、顺顺利利地度过一生，但这只是美好的愿望。人的一生总会碰上大大小小、方方面面的挫折。

 精选案例

有一位青年人在一家公司做得很出色，他为自己描绘了一幅灿烂的蓝图，对自己的前途充满了憧憬和信心。突然有一天，这家公司倒闭了，青年人认为自己是世上最不幸、最倒霉的人，他灰心丧气。但他的经理——一位中年人拍拍他的肩说："你很幸运，小伙子！"经理解释道："凡是在青年时期受挫折的人都很幸运！因为你们可以知道如何鼓起勇气重新开始，学到不忧不惧的经验。如果一直是顺顺利利的，到了四五十岁忽然遭受挫折，那才叫可怜，中年再学习如何面对困境，实在是太晚了。"

奥斯特洛夫斯基说："人的生命似洪水在奔流，不遇到岛屿和暗礁，就难以激起美丽的浪花。"的确，没有经历过挫折的人生不是完整的人生。面对挫折，我们需要的是乐观和勇气。其实挫折一点也不可怕，可怕的是受挫后自暴自弃、一蹶不振。遇到挫折后，我们应该从中发现失败的原因，找出不足，吸取经验，不低头、不丧气，用勇气去战胜它。

（六）学会不断学习

一个人必须具备学习、学习、再学习的意识，并且付诸具体行动。学习，不等于要"样样通"，而要根据自己的特长和兴趣，做到术业有专攻，能够在合适的岗位上依靠自己的一技之长取得成就，为社会做出贡献。此外，培养自己的学习能力也很重要。学习能力是指能够进行学习的各种能力和潜力的总和。学习能力是获得和运用知识的能力，它是感知、认知、自控、理解、记忆、操作等诸多能力的综合体现。提高学习能力可以在自我认识、自我反省、自我调节等方面进一步探索。提高学习能力的本质是学会思考。学习能力的培养是个人取得成功的关键因素。

在社会上有很多人成功地管理了自己的生涯。他们以一种对自己高度负责的责任感、积极主动的态度以及面对机遇、困难和阻力时的灵活应对来管理自己的生涯发展过程，不听天由命，也不把自己交付给别人安排，最终实现了自己的职业理想，不断接近自己的生涯目标。

三、生涯管理模型

在社会学中，模型就是现实的照片或代表形式。模型包括一系列以某种具体方式相互关联的变量，能使我们更好地理解世界的某些方面。生涯管理模型描述人们应当怎样管理他们的职业生涯。这并不是说每个人都只能照搬这个模型来管理自己的职业生涯，但模型所代表的那些活动可以使你心想事成。

职业生涯管理模型如图 6-1 所示。在正式定义其中的重要因素之前，我们先通过一项体验活动来理解什么是职业生涯管理的循环。

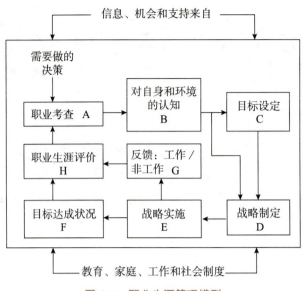

图6-1 职业生涯管理模型

职业生涯管理的循环是一个解决问题、制定决策的过程。在这一过程中，人们通过收集信息，更好地认知自身和周围的环境；然后，通过设定目标、制定发展战略并付诸实施，再获取更多的信息反馈，以便继续职业生涯的管理工作。

按照这种方法对职业生涯进行管理的人不会盲目地生活。正如图6-1大方框上下两行文字所表示的那样，认知、目标设定、战略制定和反馈往往依赖于其他人和组织的支持。例如：组织内部以及大学所能提供的咨询，业绩的评价、自我评估的讨论会，工作单位提供的培训计划，家人的忠告、爱和各种支持，这些都能为你进行有效的职业生涯管理做出贡献。

能否成功地运用这种职业生涯管理模式，取决于个人和组织双方的努力。它包括个人与其现在和未来的组织、同事、朋友以及家庭之间的信息交换。个人必须乐于承担任务，这是积极主动地对自己的职业生涯负责。为此，人们需要努力搜集整理出职业生涯决策所需要的信息。研究表明，有了家庭和朋友的支持，人们会感到更安全，并且能更好地在他们的事业发展中取得进步。

组织也应当乐于并且能够与个人共享信息，为个人提供必要的资源，并支持员工个人管理好自己的职业生涯。

四、生涯管理策略

根据职业发展观，从个人的角度而言，职业生涯发展阶段可分为职业生涯早期阶段、职业生涯中期阶段和职业生涯后期阶段等。在不同的阶段，职员个人生命特征和职业生涯特征不同，其所面临的职业生涯发展的问题也各不相同，因此，不同阶段的职业生涯管理策略也存在明显的差别。

（一）职业生涯早期阶段的管理

职业生涯早期阶段是指一个人由学校进入组织，在组织内逐步组织化，并为组织所接纳的过程。这一阶段一般发生在 20~30 岁，是一个人由学校走向社会，由学生变成职员，由单身生活转向家庭生活的过程。一系列角色和身份的变化必然要经历一个适应过程。在这一阶段，个人的组织化及个人与组织的相互接纳是个人和组织共同面临的重要的职业生涯管理任务。

1. 职业生涯早期阶段的主要问题

在职业生涯早期的个人组织化阶段，新职员对组织不是十分了解，与上司、同事之间尚不熟悉，处于相互适应期。由于未能觉察彼此的需要和适应组织的特点，可能会引起某些矛盾和问题。这一阶段常见的问题主要有以下 3 种。

（1）面临现实冲击。现实冲击是指由新职员对其工作所怀有的期望与工作实际情况之间的差异所引起的心理冲击。现实冲击通常发生于个人开始职业生涯的最初时期，有的新职员怀有较高的工作期望，面对的却是枯燥无味和毫无挑战性的工作现实。

（2）难以得到信任和重用。新职员刚刚进入组织，对组织的人员和环境都不了解，组织对新职员也缺乏深入了解，因此，新职员往往很难立即取信于第一任上司。在这种情况下，上司会认为只有等到新职员真正了解公司运作的真实情况之后，才可以让其承担重要的工作，因此，最初交给新职员的工作往往过于容易或很乏味。当然，在新职员进入组织后的最初数周内，上司采取这种做法是完全可以理解的。但是，如果数月、一年甚至更长时间内上司都持这种不信任的态度，就会大大打击新职员的工作积极性，压抑其才能的发挥，并将直接影响其未来的职业生涯发展。

（3）与组织成员的隔阂。由于年龄与时代的差别，代沟在新老职员之间是不可避免的。一种情况是，组织中的老职员可能会对新职员持有某种偏见或成见，认为新职员幼稚单纯、好高骛远、书生意气、经验不足、自视清高等。这种成见有其合理的、符合事实的地方，但同时具有很大的片面性。另一种情况是，新职员进入组织，会引起上司和老职员的某种不快。上司和老职员觉得新职员是个威胁，因为新职员往往受过更好的教育、有较高的起薪，所以他们不知不觉地总想表明新职员没有什么了不起，于是交给新职员一些十分艰难的任务，以证明新职员并不称职。

上述问题的存在，有时会对组织和个人的职业生涯发展造成严重的消极后果。因此，认识组织化的任务、学习组织化的方法，对处于职业生涯早期阶段的职员具有重要意义。

2. 职业生涯早期阶段的管理策略

应聘者接受雇用并进入组织后，由个体向组织人转化，经历了一个不断发展变化的过程，即个人的组织化。它包括新职员接受并达成组织及部门所期望的工作态度、价值观和行为模式等。个人组织化是组织创造条件和氛围，使新职员学会在该组织中如何工作，如何与他人相处，如何扮演好个人在组织中的角色，接受组织文化，并逐渐融入组织的过程。在职业生涯早期阶段的组织化过程中，新职员和组织都有各自的管理任务，也需要解决一些容易产生的问题。

（1）掌握职业技能，学会如何工作。

承担职业任务，做好本职工作是新职员的基本任务和重要责任。对于新职员来说，第一步就是要掌握职业岗位技能，学会如何在组织中开展工作。在这一过程中，新职员要注意3个方面的问题。

第一，弄清岗位职责，明确工作任务。新职员在接受每项具体工作时，要向组织问清楚个人承担的工作任务、任务的目标和要求、完成任务的期限等。这样可以避免出现新职员因不知道该做什么而显得不知所措或工作不积极的情况，也可避免因工作过于主动而显得越俎代庖的情况。

第二，克服依赖心理，学会自主地开展工作。组织中每个人都有自己的工作，新职员不要指望工作中处处得到上司或老职员的关照与指导，应当学会自主地开展工作。个人明确了所承担的工作任务及要求之后，就应该主动完成工作进度计划，设计好完成工作任务的方法与手段等并认真实践。

第三，培养工作兴趣，扩展知识面。兴趣是职员工作的动力和支撑力，而一定的文化知识、职业知识和专业知识则是其从事职业活动的基础条件和必要保证。及时地熟练掌握从事某项职业活动所必需的知识，并不断学习、扩展知识面，就获得了适应职业变动的条件与能力，就能够做好工作，达到职业目标，获得成就感。

（2）适应组织环境，学会与人相处。

新职员进入组织后要想尽快融入组织必然要经历一个适应组织环境的过程，这也是新职员学会工作、做好工作、获得发展的必要条件。在适应组织环境的过程中，需要注意两个方面的问题。

第一，要尊重上司，学会与上司融洽相处。领导者的素质、能力、性格、个人品质差别很大，新职员面对的无论是何种类型的上司，都要乐于接受，尽量与其融洽相处。在处理与上司的关系时，新职员必须把握好附属性和独立性之间的关系。要有虚心好学的态度，遇到困难或问题要多向上司学习和请教，这就是附属性。同时，新职员还要有独立性，即发挥自己的能动作用，主动解决工作中遇到的问题，以展示出自己的实力和对上司工作的支持。

第二，寻找个人在组织中的位置，建立心理认同。新职员进入组织后，恰当的心理定位对争取上司的认可和同事群体的接受具有重要作用。如果新职员被分配到一个工作团队，并明确承担本团队的任务，那么就必须学会使自己的需要和才干与该团队的要求相配合，学会与团队成员和睦相处，团结协作。

（3）培养决策能力，学会如何选择。

自我职业决策能力是一种重要的职业能力。决策能力的大小、决策正确与否，往往影响整个职业生涯发展。在个人的职业生涯发展过程中，特别是职业发展的转折关头，如首次择业、选定职业锚、重新择业等，具有较强的职业决策能力十分重要。

自我职业决策能力指个人习得的用以顺利完成职业选择活动所需要的知识、技能及个性心理品质。具体讲，要培养和提高个人以下几方面的职业决策能力：善于收集相关职业资料和个人资料，并对这些资料进行正确的分析与评价；制订职业决策计划与目标，独立承担和完成个人职业决策任务；在实际决策过程中，不是犹豫不决、不知所措、优柔寡断，而是有主见，能适时地、果断地做出正确决策；能有效地实施职业决策，克服计划实施过程中的种种困难。

（二）职业生涯中期阶段的管理

个人职业生涯在经过了职业生涯早期阶段，完成了职员与组织的相互接纳后，必然步入职业生涯中期阶段。职业生涯中期阶段的开始有两种表现形态：一是获得晋升，进入更高一层的管理或技术职位；二是薪资福利增加，在选定的职业岗位上成为稳定的贡献者。职业生涯中期阶段是一个时间周期长（年龄跨度一般是25~50岁，长达20多年）、富于变化，既有可能获得职业生涯的成功（甚至达到顶峰），又有可能出现职业生涯危机的阶段，其职业生涯发展面临着特定的问题与任务。

1.职业生涯中期阶段的主要问题

职业生涯中期阶段，正值复杂人生的关键时期。个人3个生命周期的交叉运行，以及个人特征的急剧变化，导致某些职员存在职业问题，形成"职业生涯中期危机"。这些危机主要表现在以下3个方面。

（1）缺乏明确的组织认同和个人职业认同。一个人工作了十余年后，却发现还没找到自己的职业锚，尚没有明确的专长和贡献区，工作绩效平平。这种情况常发生在一些流水线上的工人、一般职员，甚至某些中层管理人员身上。他们往往陷入既没有认同的工作，不被组织赏识，也没有显赫地位，不为人所知的默默无闻的境地。如果一个人在其职业范围内出现了这种问题，处于这种情境，往往会出现两种结果：一是放弃工作参与，转向更多地关注工作之外的自我发展和自己的家庭；二是对工作本身失去反应，其积极性、兴奋点、注意力已不在工作上，而是放在了组织的福利奖酬，如报酬、津贴、安全、工作条件上。

（2）现实与职业理想不一致。许多人在职业中期阶段陷入一种自我矛盾之中，因为其现实的职业发展同其早期的职业目标、职业理想不一致。这种不一致一般有两种情况：一是虽然从事自己理想中的职业，然而并未取得所期望的成就；二是自己的职业锚完全不同于最初的设想，现实的职位比最初设想的低，或与早期的职业设想、抱负相比，更需要职业以外的其他东西。

（3）职业工作发生急剧转折或下滑。在职业生涯中期，特别是人到中年以后，每个人都不可避免地要承担生命中的繁重任务，发生中年期的各种生理和心理变化，不少人还面临工作不顺心、无成就感、现实与理想矛盾的情境。如果不能正确地对待和处理这些复杂的情况与变化，必然会发生职业工作的急剧转折与滑坡。常见的情况如下：工作对他们来讲不再富有挑战性，也就不能再使他们感到兴奋，他们反而感到落入组织或职业陷阱；对工作不再有进取心，平淡应付，得过且过，没有生气和活力，消沉抑郁；如果经济收入不减少，其他条件也允许的话，个人会突然地、戏剧性地转换职业；"战略"发生转移，由原来以事业和工作为重心，转向以家庭和个性发展为重心，能量指向个人业余爱好、兴趣、人际关系等方面。

2. 职业生涯中期阶段管理策略

职业生涯中期，各种问题和矛盾集中，如果处置不当，职业生涯发展会发生大的转折，乃至出现急剧下滑，对组织进步和个人的全面发展都十分不利。这一时期，个人要克服职业生涯中期所面临的职业问题，应付人到中年时面临的生命周期的变化，同时还需要担负起该阶段个人职业生涯的特定管理与开发任务，承担新的职业角色。

（1）保持积极进取的精神和乐观的心态。有信心获得晋升及发展，劲头十足，有充分的潜力进步，将来或进入高层领导职位，或成为职业中的稳定贡献者，薪资增加。但是，相当数量的中年职员，由于面临职业生涯中期阶段危机及家庭的各种问题，减弱甚至丧失了原有的工作热情、积极性和进取心，不想也不肯对工作投入太多、参与太多。有的人因为职业发展遇到的困难和问题较多，以至于失望、沉沦，滑向下坡路。后两种情况的出现对个人、家庭和组织都十分不利。此时如果能够正视客观现实，保持积极进取和乐观的心态，积极寻找解决矛盾和问题的新方案，那么，中期阶段的职业危机就可能成为新的机会，还可能有助于实现职业发展的新跨越。

（2）面临新的职业与职业角色选择。在职业生涯中期阶段，每个人都经历了较长时间的职业工作，也面临着新的职业角色选择。这时，个人需要重新审视自身的生活目标和价值观，以取得一种更稳定的职业和生活结构，摆脱以往的角色模式，选择新的角色：继续留在原来的职位上，使自己的知识和技术更加精深和熟练，成为骨干或专家；进入行政管理领域，成为主管，寻求新的适宜的职业角色；离开原职业工作，从根本上改变职业角色。每个人都需要在某个时间点上做出选择。这一选择受到内外两方面因素的影响。内部因素主要是受个人职业锚的约束和指导，所积累的经验和智慧会强化其潜在的贡献，影响其角色选择。外部因素主要是组织对个人才干和个人经验的价值的判别。当组织觉察不到或识别不清楚一个人具有成为技术专家或业务主管所需要的才能时，会限制其发展机会，此时个人只能选择其他职业角色。

（3）成为一名良师，担负起言传身教的责任。随着个人职业生涯的发展及职业锚的稳固，自己在工作和发展中的经验日益丰富，这些对于正处在成长中的年轻职员来说是十分宝贵的。因此，处于职业生涯中期阶段的职员，不论其是否具有主管的职位，都不可避免地要肩负起言传身教的良师责任，给年轻人以监督、教诲和支持。

（4）维护职业工作、家庭生活和自我发展三者间的均衡。在职业生涯中期阶段，每个人都面临着来自工作、家庭和自我发展3个方面的问题及其相互影响、相互制约的矛盾。因此，解决职业生涯中期阶段的问题，正确处理3个生命周期运作之间的关系，求得三者的适当均衡，是处于这一阶段的职员必须完成的重要任务。

要完成这一任务，个人可以从两个方面入手：一是自我重估，包括重估自己的职业锚和贡献区，客观地看待自己的才干、表现和业绩，重新思考自己的成功标准和目标定位等；二是对今后的人生进行重新定位，决定职业工作、家庭生活和自我发展三者的运作模式。以自我重估和再认识的结果为基础和前提，综合考虑各方面的因素，对今后如何参与工作，如何适应家庭生活，如何实现自我发展做出决策，妥善处理工作、家庭和自我发展三者的关系，求得三者间的适当均衡。

（三）职业生涯后期阶段的管理

从年龄上看，处于职业生涯后期阶段的人，一般在50岁至退休年龄之间。由于职业性质及个体特征的不同，个人职业生涯后期阶段开始与结束的时间会有明显的差别。这一阶段，个人职业工作、家庭生活和心理状态都发生了与以前不同的变化，并呈现出某些明显的特征。个人的家庭生活发生很大变化，个人逐渐产生了对家的依赖感，温馨的家庭生活成为职业生涯后期阶段的一大需求，自我意识上升，怀旧心重。

1. 职业生涯后期阶段的主要问题

（1）进取心、竞争力和职业能力明显下降。知识经济时代，科学技术发展迅猛，知识老化和技术更新的速度非常惊人。处在职业生涯后期阶段的职员，由于其体能和精力不可避免地衰退，学习能力及整体职业能力呈下降趋势，其知识、技能明显老化，且已无力更新，职业工作能力和竞争能力逐渐减弱以至丧失。

（2）权力、责任和中心地位下降，角色发生明显变化。职业生涯中期正是一个人年富力强、职业发展至顶峰的时期。有的人攀升至中、高层领导岗位，拥有相当大的权力，负有重要责任；一般人，也多是职业工作中的骨干，拥有娴熟的技能和丰富的经验，处于良师角色和工作中心的位置。但是，到职业生涯后期，这一个个夺目的光环会渐渐消失。领导职务往往逐渐被更年轻的人取代，权力与责任随之削弱，核心骨干、中心地位逐步丧失。

2. 职业生涯后期阶段的管理策略

根据职业生涯后期阶段的个人身心特征及职业工作的变化情况，处在这一阶段的人要完成职业工作，仍面临着特定的角色转变与心理调适等管理任务。

（1）学会接受和发展新角色。处在职业生涯后期阶段的人，要勇敢地面对和坦然接受生理机能衰退及其所导致的竞争力、进取心下降的客观现实，另辟蹊径，寻求适合自己的新职业角色，以发挥个人的专长与优势。在现实工作中充任教练，对新人进行技能培训；或充当参谋、顾问等角色，出谋划策，提供咨询；或从事力所能及的事务性工作等，这些均不失为职业生涯后期阶段的良好角色。

（2）学会接受权力、责任的丧失和地位的下降。首先，要从思想上认识和接受"长江后浪推前浪"这一必然规律，心悦诚服地认可个人工作权力、责任的减小，以及中心地位的下降，以获得心理上的平衡。其次，将思想重心和生活重心逐渐从工作转移到个人活动和家庭生活方面，善于在业余爱好、家庭、社交、社区活动和非正式工作等方面寻找满足感。可以通过参加钓鱼、养花、收藏、旅游、与老同学或老朋友相聚畅谈等活动来充实自己的生活，满足自己的需求。

（3）回顾自己的整个职业生涯，做好退休准备。在职业生涯结束时，一个人应当好好地回忆自己所走过的职业生涯道路。一方面，我们可以总结和评价自己的职业生命周期，为自己的职业生涯画上完满的句号；另一方面，通过总结自己职业生涯成功的经验和失败的教训，现身说法地对新人进行培训教育。同时，还要做好退休的准备工作，主要是做好个人的退休计划。

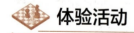 **体验活动**

你能为 10 年后的你做些什么？

如果 10 年后，你有非常好的职业发展，过着非常理想的生活，那时的你回顾自己的大学生活，会认为是因为你在这期间做了些什么？

1. _____

2. _____
3. _____
4. _____
5. _____
6. _____
7. _____
8. _____
9. _____
10. _____

你还可以想象一下，你生命中那个曾经对你有重要影响的人对于你找一份好工作和过上幸福的生活有什么样的建议？请用他（她）的口吻写下来：

_____

_____

活动总结：

通过活动引导学生正确地认识自身的个性特质、现有与潜在的资源优势，帮助学生重新对自己的价值进行定位并使其持续增值；用积极的心态去管理自己的职业生涯，只有付诸行动，才能更好地实现自己的职业目标与理想。

第三节 职业生涯自我管理

一、时间管理

培根说："合理地统筹规划时间就等于节约时间本身。"时间管理是在日常事务中执行的一种有目标的可靠的工作技巧，它引导并安排使用者管理自己及个人生活，合理有效地利用可以支配的时间。如何安排你的生活，怎样去规划你的职业生涯或者工作步骤，关键是合理有效地利用可以支配的时间。

（一）时间管理概述

英国博物学家托马斯·赫胥黎（Thomas Huxley）有一句非常有哲理的话："时间最不偏私，每天给任何人都是 24 小时；时间也最偏私，每天给任何人都不是 24 小时。"其差异就在于能否合理和充分地利用时间。时间管理是所有学生不可回避的问题，不会把握时间是大多数学生的共同体验。在校期间，养成良好的时间管理习惯，不但会使学业有所长进，也会使未来的职业发展领先一步。

1. 时间管理的含义

美国时间管理学者杰克·弗纳对时间管理的定义是：有效地利用时间这种资源，以便有效地达成个人的重要目标。需要注意的是，时间管理本身永远也不应该成为一个目标，它只是一个短期内使用的工具，一旦形成习惯，它就会永远帮助你。如果我们想要成功，就必须把时间管理工作做得更好。

也有人认为，时间管理所探索的是如何减少时间浪费，以便有效地完成既定目标。由于时间所具备的独特性，因此时间管理的对象不是"时间"，而是指面对时间进行"自我管理的管理者"。

还有人认为，时间管理是在日常事务中执着并有目标地应用可靠的工作技巧，引导并安排管理自己及个人的生活，合理有效地利用可以支配的时间。

综上所述，时间管理是为了提高时间的利用率和有效性而对时间进行合理计划与控制的过程。时间管理可以使工作系统化、条理化，使工作更有效、更有成果。大学生的时间管理行为是一个包含想法、行动和控制的综合过程，包括时间管理意识（指大学生对时间的敏感性以及主动管理时间的自觉性）、时间管理规划（指时间安排的优先次序及时间分配等）、时间管理行为控制（指大学生对自身的控制能力）三个方面。

对大学生而言，时间管理就是学会面对时间的流逝而进行自我管理，其所持的态度是将过去作为现在的参考，把未来作为现在努力的方向，从而好好把握现在，运用正确的方法做正确的事。大学生时间管理的关键就是对事件的控制，即把每一件事情都能够控制好。大学生时间管理的目的在于提高工作和学习效率，既要抓紧时间、合理利用，又要在单位时间内取得更大的工作成果和学习成果。

2. 大学生时间管理的特点

（1）闲暇时间总量增加。据调查，除双休日、节假日外，大学生平均每天的课余时间为 3~5 小时。有部分大学生由于学业压力大、任务重，课余时间相对较少。

（2）制度特点明显。大学生活具有很强的制度性，如学制的安排、学习内容的选定等，生活在这种环境中的大学生不可能不受这种制度性环境的影响。与此相适应，大学生时间的安排及运用也显示出明显的制度性特点。最明显的例子就是相对固定的作息时间。除此之外，节假日等闲暇时间的分布也是制度安排的结果，如"十一"长假、寒暑假等。

（3）个体差异明显。有关大学生的课余时间的管理现状调查表明，在周一到周五的课余时间安排中，自习是处于第一位的，但是在第二位要做的事情中，大一、大二、大三的学生表现出了明显的不同，大一学生选择了学生会等社团活动，大二、大三学生选择了上网和谈恋爱。无论他们选择的理由是什么，我们可以看出在时间管理上，不同年级存在着差异。

（4）性别差异不明显。男生女生的时间管理差别比较小，但是女生比男生具备更好的时间管理信心及对时间管理行为能力的估计。有关研究还表明，成绩优秀的学生在自我效能方面明显高于其他学生，虽然大学生都认为时间管理很重要，但是成绩优秀的学生比其他学生更善于管理时间，更善于利用时间。并且，时间价值观念强的人有较强的统筹时间的能力，能够出色快速地完成任务。

（二）大学生时间管理现状

目前，大学生的时间管理现状并不尽如人意，表现在以下几个方面：

1. 时间安排不合理，利用质量差

随着大学生独立自主意识的增强，受社会文化多元的影响，他们对业余时间的安排与利用呈现多样化的趋势。大学生群体大多不喜欢循规蹈矩，在学习和工作中不愿按计划利用时间，导致效率低下，浪费了大量时间。有部分大学生并不是不愿意计划自己的时间，而是时间规划得不合理，没有将时间进行具体分配。如一些人在业余时间沉迷于网络、游戏、聊天、玩乐等。大学生对课余时间的利用效率低、质量差，严重影响了正常的学习，影响身心健康，甚至出现行为偏差等不良现象。

 精选案例

　　李某是一名大二机制专业的学生，对他而言，大学生活是紧张无序的。他说："进大学快两年的时间，我的生活是丰富的，参加了三个社团，并担任了职务；我是学生会的宣传委员，每次举办活动都由我出海报；我有很多朋友，经常约我一起出去玩；另外，我还在校外找了一家兼职，每周五、周日晚要去上班。刚开始时，我还觉得挺充实，总有事可以干，不怕没事闲得发慌。可时间一长，我发现有些不对劲，我根本没有真正属于自己的时间，有时候好不容易完成了手头的工作，刚想轻松一下或做些别的重要的事，突然一个电话就会

把我的计划打乱。比如说，我周六上午想去自习室看看书，一出门不巧遇见朋友来找我，说××今天请大家出去吃饭，盛情之下我只好放下书包跟他前去，结果大半天又搭了进去。其实，还有不少重要的事情等着我去做。我学的是机制，这方面的很多专业书我都想读，可就是没有时间，我经常是把书从图书馆借出来还没来得及读就已到归还日期了。而且，我一直打算读研，想早点着手准备，可一直没能真正开始。眼前的事情太多了，让我顾不上将来的事。我觉得有些乱，仿佛不是我去做事，而是事逼着我去做。这学期专业课特别多，再过一个多月又要期末考试了，真不知道会考成什么样子。"

2. 缺乏时间意识和自我管理能力

大学与中学最大的区别是，大学课余时间增多了。很多大学生对忽然增多的课余时间感到茫然，对时间没有安排计划，不重视，随感觉和心情而定，时间安排带有很大的随意性和盲目性。随意、盲目地安排课余时间说明部分大学生缺乏时间意识，没有明确的人生目标，没有科学合理的人生规划，自我管理能力差。

3. 闲暇时间安排过于享受化

当今的大学生多数是独生子女，在物质上没有压力，无忧无虑，致使部分大学生对闲暇时间的安排过于宽松，导致一些学生虽然怀揣着雄心壮志进入大学，但因为不知道自己应该做什么，不知道如何管理好大学时光，毕业时后悔莫及。

 精选案例

早上7点20分，小肖走进办公室。他之所以提早上班是为了把办公桌上的一大堆文件处理掉。小肖打开台灯，开始处理文件。当他看到第一份文件时发现，他必须等一位同事到了之后才能处理，于是他把这份文件放在了一边，继续看第二份。第二份文件里夹了一份统计表，小肖觉得可能以后会用得上，于是就去大厅复印了一份备用。

当他重新坐下来看文件时顺便扫了一眼今天的报纸，发现了一篇很感兴趣的文章，于是他开始埋头阅读。等他读完这篇文章，发现同事们开始纷纷走进办公室，原来已经快9点了。小肖赶快把文件堆往角落，以便空出一块儿地方写一份关于客户管理的计划书，这个任务是领导交代的，明天前必须完成。正当他打开文档准备开工时，同事小胡和小王走了过来，邀他一起喝杯咖啡。小肖看看表，心想聊个 10 分钟应该不成问题吧，于是开始听小胡和小王聊昨天看过的那场电影。电影很精彩，等小肖弄懂了剧情，30 分钟已经过去了，他匆匆跑回办公室。

一进办公室，电话响起，是小肖的领导郑先生。郑先生告诉他，10 点有个会要开，是讨论今明两年发展计划的。小肖想，这个会很重要，不参加不行，怎么办，吃完午饭再抓紧赶计划书吧。但是午饭后，情况并没有改善。小肖接待了几名客户，接听了几通电话，又看了两封邮件，已经到下班时间了。明天要交的计划书还一字未动，他百般无奈地把资料塞进公文包，心里直纳闷，为什么小胡和小王下班后还有时间去看电影呢？

（三）大学生时间管理技巧与方法

1. 时间管理需要设立合理目标

可以把一段时间的几个目标写出来，根据主次关系及对自己的影响大小依次排列，然后依照你的目标制订详细的计划，并严格依照计划进行。

在确定了总体目标后，要根据自己的实际情况以及实施的能力将计划分为小块，如准备英语四级考试时设定每天背 15 个单词的小计划。把自己将要做的每一件小事情都写下来，列一张总清单，这样做能让你随时明确自己的任务，在列好清单的基础上进行目标的分化。

2. 时间管理需要制订详细计划

很多计划实施时遇到的难题都是由未经认真考虑而行动引起的。在制订有效的计划中每多花费 1 小时，在实施计划中就可能节省 3~4 小时，并会得到更好的结果。如果你没有认真做有效的计划，那么时间还是无法得到合理的分配。把每天的时间分配记录下来，找到浪费时间的根源，你才有办法改变。

3. 时间管理应遵循"二八"定律

用你 80% 的时间来做 20% 最重要的事情，会使自己的生活不那么紧张。生活中必定会有一些突发困扰和亟待解决的问题，如果你发现自己天天都在处理这些事情，那表示你的时间管理并不理想。一定要了解，对你来说，哪些事情是最重要的。成功者往往花最多时间去做最重要但不是最紧急的事情，而一般人往往将紧急但不重要的事放在第一位。

4. 时间管理应有明确的价值观

据研究，我们在生活中，每隔几分钟就会被打搅一次。假如每天可以有一个小时完全不受任何人干扰地思考一些事情，或是做一些你认为最重要的事情，这一个小时甚至可以抵过一整天的工作效率。规划自己的时间，同时为自己创造不被打扰的环境，集中精力做最重要的事。当然，价值观如果不明确，就很难知道什么事是重要的，什么事是不重要的。当价值观不明确时，就无法做到合理地分配时间。时间管理的重点不在于管理时间，而在于分配时间，你永远没有时间做每件事，但永远有时间做对你来说最重要的事。因此价值观很重要，要在生活中渐渐形成。

5. 时间管理应提高工作效率

巴金森在其所著的《巴金森法则》中这样写道："你有多少时间完成工作，工作就会自动变成需要那么多时间。"如果你有一整天的时间可以做某项工作，你就会花一天的时间去做它，而如果你只有一小时的时间可以做这项工作，你就会更迅速有效地在一小时内做完它。提高效率，为自己规定尽可能短的时间去做重要的事情，以节省时间。

6. 克服时间拖延

时间管理的最大挑战是无限制地拖延。拖延是一种心理学现象，是指在开始或完成一项外显或内隐的活动时实施有目的的推迟。拖延使目标任务在最后期限内无法完成，或者目标任务在快到最后期限时才刚刚启动。拖延不仅会让人难以按时完成计划中的工作，养成拖拉懒散的毛病，还会使你产生无用感、空虚感和挫折感，下面介绍一些方法来克服拖延。

（1）用"想做"代替"必须做"。"我必须去做某件事"这种想法是拖延的一个主要原因。当你对自己说必须去做某件事的时候，你就在暗示自己你是被强迫去做那件事。那么你自然就会有愤恨和极不情愿的感觉。这时，你就会把拖延作为远离这种痛苦的防卫工具。如果你所拖延的工作有个时间期限，那么当期限逼近，而工作还没开始，这项任务原本带来的痛苦又会被更大的痛苦代替。

解决办法是：认识到你不用做任何自己不想做的事情，没有人强迫你用目前的方式工作，是你所做过的所有决定把你带到了今天这样一个状态。如果你不喜欢这样的自己，那就大胆地去做出不同的决定，随之而来的就是新结果。还有，要知道你不是在每个方面都有拖延这个坏毛病的。就算是最差的拖延者都会有某些他们从不拖延的地方，比如说你从不会错过最喜欢的电视节目，或者你每天总能抽出时间登录你最喜欢的论坛。任何情况下你都有选择的自由。所以，如果你推迟了某件你觉得"必须做"的工作，请记住，这条路是你自己选的，如果你选择"想做"一件事，那么拖延的可能性就很可能会降低。

（2）用"开始"代替"结束"。也许你总把必须完成的工作想得很困难，心理畏惧会让你推迟这个工作。当你总把注意力集中在完成一项看不到前景的工作时，你就会产生一种被任务压倒的感觉。于是你就把这种痛苦与这项任务联系在一起，尽可能地延迟这项任务。比如你对自己说："今天我必须把作业给交了"或者"我必须完成这个报告"，你就很可能会有压迫感，从而推迟工作。

解决办法是：别总想要去完成整个工作，先开始完成这项工作的一小部分，用"我现在能先做一点什么"代替"我要怎么完成这个任务"，只要你迈出足够多次的一小步，那么一定会积跬步终至千里。

（3）用"人无完人"代替"完美主义"。一次就要把工作做到完美这种想法会阻碍你开始这项工作。老想着要把事情做到最好，导致的结果就是产生压力，接着你又会把压力与任务联系在一起，从而条件反射地逃避任务。最终，就会以拖延工作到最后一分钟告终。就是到了最后一分钟你还会为自己找到一条出路，现在已经没有时间去把工作做到完美了，所以你摆脱了困境，因为你可以对自己说"如果有更多的时间我是可以完美地完成工作的"。但是，如果一项任务没有具体的时间期限，那么完美主义就会让你无限期地推迟下去。

解决完美主义的方法是：要知道今天完成不完美的工作比无限期拖延完美的工作强得多。别老想着要完美地完成全部工作，要想着先走出不完美的第一步。比如，你想写一篇 5 000 字的文章，那就从写 100 字的提纲开始。

 ## 知识拓展

李开复谈时间管理

人一生中最大的两个财富是你的才华和你的时间。才华越来越多，但是时间越来越少，我们的一生可以说是用时间来换取才华。如果一天天过去了，我们的时间少了，而才华没有增加，那就是虚度了时光。所以，我们必须节省时间，有效率地利用时间。如何有效率地利用时间呢？下面有几个建议：

1. 做你真正感兴趣、与自己人生目标一致的事情

我发现我的"生产力"和我的"兴趣"有着直接的关系，而且这种关系还不是单纯的线性关系。如果是我没有兴趣的事情，我可能会花掉40%的时间，但只能产生20%的效果；如果遇到我感兴趣的事情，我可能会花100%的时间而得到200%的效果。要在工作上奋发图强，身体健康固然重要，但是真正能改变你的状态的关键是心理而不是生理上的问题。真正地投入你的工作中，你需要的是一种态

度、一种渴望、一种意志。

2. 知道你的时间是如何花掉的

挑一个星期，每天记下每30分钟做的事情，然后做一个分类（如读书、准备GRE、和朋友聊天、社团活动等）和统计，看看自己什么方面花了太多的时间，凡事想要进步，必须先了解现状。每天结束后，把一整天做的事记下来，每15分钟为一个单位，如13:00~13:15等车，13:15~13:45搭车，13:45~14:45与朋友喝茶……在一周结束后，分析一下这周你的时间如何可以更有效率地安排，有没有活动占了太大的比例，有没有方法可以增加效率。

3. 使用时间碎片和"死时间"

如果你做了上面的时间统计，你一定发现每天有很多时间流逝掉了，如等车、排队、走路、搭车等，这些时间可以用来背单词、打电话、温习功课等，现在随时随地都能上网，所以没有任何借口选择再发呆一次。我前一阵和同事一起出差，他们都很惊讶为什么我和他们整天在一起，但是我的电子邮件都可以及时回复。后来，他们发现，当他们在飞机和汽车上聊天、读杂志和发呆的时候，我就把电子邮件全回了。重点是，无论自己忙还是不忙，你要把那些可以利用时间碎片做的事先准备好，到你有空的时候有计划地拿出来做。

4. 要事为先

每天一大早挑出最重要的三件事，当天一定要做完。在工作和生活中每天都有干不完的事，唯一能够做的就是分清轻重缓急。要理解急事不等于重要的事，每天除了办又急又重要的事情外，一定要注意不要成为急事的奴隶。有些急但是不重要的事情，你要学会放掉，要能对人说不！而且每天这三件事里最好有一件重要但是不急的，这样才能确保你不会成为急事的奴隶。

5. 要有纪律

有的年轻人会说自己没有时间学习，其实，换个说法就是学习没有被排上优先级次序。曾经有个教学生做时间管理的老师，他上课时带来两个大玻璃缸和一堆大小不一的石头。他做了一个实验，在其中一个玻璃缸中先把小石、沙倒进去，最后大石头就放不下了。而另一个玻璃缸中先放大石头，其他小石和沙却可以慢慢渗入。他以此为比喻说："时间管理就是要找到自己的优先级，若颠倒顺序，一堆琐事占满了时间，重要的事情就没有空位了。"

6. 运用80%:20%原则

人如果利用最高效的时间，只要20%的投入就能产生80%的效率。相对来说，如果使用最低效的时间，80%的时间投入只能产生20%效率。一天中，最需要专心的工作应该放在头脑最清楚的时候做。与朋友、家人在一起的时间，相对来说不需要头脑那么清楚。所以，我们要把握一天中 20% 的最高效时间（有些人是早晨，也有些人是下午或晚上。除了考虑时间之外，还要看你的心态、血糖的高低、休息是否足够等），专门用于最困难的科目和最需要思考的学习上。许多同学喜欢熬夜，但是晚睡会伤身，所以还是尽量早睡早起。

7. 平衡工作和家庭

关于对家庭的时间分配原则：

（1）划清界限、言出必行——对家人做出承诺后，一定要做到，但是希望其他时间得到谅解。制定较低的期望值以免造成失望。

（2）忙中偷闲——不要一投入工作就忽视了家人，有时 10 分钟的体贴比 1 小时的陪伴更受用。

（3）闲中偷忙——学会怎么利用时间碎片。例如：家人没起床的时候，你就可以利用这段空闲时间去做你需要做的工作。

（4）注重有质量的时间——时间不是每一分钟都是一样的，有时需要全神贯注，有时坐在旁边上网就可以了。要记得家人平时为你牺牲很多，度假、周末是你补偿的机会。

合理安排时间，就等于节约时间。

二、压力管理

压力是日常生活的一个组成部分，它来自许多不同的方面，在不同的时间以不同的方式影响我们。如果管理得好，它可以起到积极的作用，并帮助你表现得更出色；如果管理得不好或被忽略，它将成为一颗"定时炸弹"。

 精选案例

在一次压力管理培训课上，培训师拿起一杯水，然后问台下的学员："各位认为这杯水有多重呢？"有人说是半斤，有人说是一斤，培训师则说："这杯水的重量并不重要，重要的是你能拿多久。拿 1 分钟，谁都可以；拿 1 小时，可能觉得手酸；拿一天，可能就得进医院了。其实这杯水的重量是一样的，但是你拿得越久，就觉得越沉重。这就像我们承担着压力一样，如果我们一直把压力放在身上，到最后会觉得压力越来越沉重，而后无法承担。我们必须做的是放下这杯水，休息一下后再拿起这杯水，如此我们才能拿得更久。所以各位应该将承担的压力于一段时间后适时地放下，并好好地休息一下，然后再重新拿起来，如此才可能承担得更久。"

这则案例阐明了一个简单的道理：无论什么样的压力，唯有科学面对，才能获得解决之道。

了解压力，认清压力的根源，制定应对和预防压力的策略，可以减轻我们的压力、改善我们的心情，提高工作效率。

（一）压力概述

1. 压力的定义

压力一词原本是物理学中使用的一个概念，后来被著名的心理学家汉斯·塞利（Hans Selye）引进医学界，之后，压力一词开始广泛应用于社会科学领域。现在，人们更多地将其视为一个心理学概念。不同的心理学派对压力有不同的解释：精神分析学派认为压力是人生早期时的矛盾冲突；行为心理学派认为压力是由刺激引起的某种经过学习的反应；认知心理学派认为压力起源于个人对事物的看法；社会心理学派认为压力是由社会和文化的因素造成的。这些解释都能从某一方面反映压力的性质。

2. 压力的分类

通常意义上，人们普遍认为压力是一个不好的东西，压力常常被描述为威胁生命的东西或是打乱人的正常感觉的一种状态。其实，压力对所有人而言都有意义。20 世纪 50 年代，汉斯·塞利把压力分为积极压力和消极压力。

积极压力是一种好的或者是正向的压力。它可以使人有更大的动力、能量来完成工作，但又没有超过人的承受能力、达到破坏程度。积极压力可以激励人奋进。

消极压力则是一种坏的或不好的压力。当一个人"实际可以完成的"和他"认为自己应该完成的"之间存在明显的不平衡时，就会产生消极压力，它会使人觉察到异常的压迫感，随之产生生理和心理的不良症状。

3. 压力的来源

压力的产生通常与受到太多的压迫相关联，如承受高度压力的工作、不得不做出很多决定、支撑家庭的经济开支，都是类似的压力来源。当然，除了这些外部的事务，压力还常常来自人的内心，如自身的自卑感、人格障碍、社交恐惧等内心的冲突和挣扎。

通常，压力的来源可以分为 3 个方面。

（1）心理方面。

压力是一种主观的现象，取决于当事人如何想、如何解释与如何应对。关于心理压力来源，詹姆斯·S.科尔曼（James S. Coleman）等人1987年曾提出会带给个人压力的3种心理因素，分别是挫折、冲突及压迫。当这些心理因素产生时，压力也随之而生。

① 挫折。挫折是因为个体的需求和想达到的目标被阻碍而产生的。按照引起挫折的原因，挫折被分为外因性挫折和内因性挫折。因外在环境的阻碍而引起的挫折，就是外因性挫折，如意外事件、不和睦的人际关系、偏见、歧视等。因内在及本身的阻碍而引起的挫折，称为内因性挫折，如身体残疾、缺乏能力、缺乏某些技术、孤独寂寞等。

当许多挫折接踵而至时，其效应会不断累加，最终会使人因为最后一个小小的挫折而感到无法承受压力，这就是寓言中所说的"压死骆驼的最后一根稻草"。

② 冲突。冲突最容易带给人压力，人们可能因为两个或多个生活事件的矛盾和冲突而产生压力。冲突可以分为趋避冲突、双趋冲突、双避冲突3种形式。

趋避冲突，就是必须从两个或多个目标中选择其一，而每个目标各有其缺点。比如，在高薪但偏远的地方工作与在低薪但繁华的大城市工作中做出选择，就面临着这种冲突。

双趋冲突，就是当个人必须在两个或多个具有吸引力的目标中进行取舍时而产生的冲突。这种冲突通常是因为个人的时间、空间、体力、财力及处理能力有限而产生的。如"鱼与熊掌不可得兼"就是最好的例子，对这种冲突的解决一般遵循"两利相权取其重"的原则。

双避冲突，就是当个人必须在两个或多个不想要的目标中选择其一时而产生的冲突。形象地说，这种冲突就是"要么上刀山，要么下火海"，二者必须取其一。生活中有很多这样的双避冲突的情形，如去银行办理业务，排队人很多，很浪费时间，但是不办又不行。处理这种冲突的方式就是选择伤害或者痛苦较少的一方，就是通常所说的"两害相权取其轻"。

实际生活中，人们遇到的困难情境往往更加复杂。上述三种冲突往往交织在一起，使人倍感压力。

③ 压迫。压力也会因个人迫使自己达到某些目标而产生。例如：大学生的业余生活本应是丰富多彩的，但有的同学为了能够取得更高的分数或争取更好的成绩，而强迫自己加倍努力。想玩的时候不敢玩，该放松的时候又不敢放松，造成自己矛盾重重，疲惫不堪。

（2）环境方面。

在现实生活中，有许多压力来源于生活事件的改变，也就是所处环境的改变。包括个人日常生活秩序上发生重大的变化，如搬家或新生入学，工作升迁或转换等。生活环境中交通及空气质量的恶化等，也可以成为压力源，如都市化造成的人口稠密、噪声等，使生存环境日益恶化。

随着市场竞争的加剧，组织迅速而持续的变化，以及市场份额、时间、人力等资源的严重匮乏，迫使管理者、员工改变以往的工作方式，通过不断学习以适应新的变化，导致压力持续增加。

（3）角色方面。

角色压力是工作压力的重要组成部分，其来源可以分为角色冲突、角色模糊和角色超载3个部分。

① 角色冲突是造成压力的一个重要原因，可分为角色内冲突与角色间冲突两种。角色内冲突是指对于同一个角色，员工得到了矛盾的信息。如一个上司告诉一个新的销售员要将主要精力用在开发新客户上，而另外一个上司则告诉他要将主要精力用在为现有客户提供更好的服务上。角色间冲突是指不同角色的冲突，如工作中的角色与家庭成员中的角色的冲突。

② 角色模糊是指对自己扮演的角色没有清晰的认识，具体是指对工作的目标、期望，工作中的权利、义务和责任，以及工作表现和回报间的关系，缺乏清晰、稳定的认识。在这种情况下，个体不知道该做什么，也不知道怎样才能有效地承担起工作角色，不知道自己的工作行为是否有回报和成就。在个体无法及时看到自己工作效果的环境中，或者当个体感觉到工作中的成功是一种随机的、不稳定的现象时，角色模糊就产生了。

③ 角色超载是另一个与角色有关的压力源。它是指雇主对雇员提出了过量的工作要求，使雇员产生了重大的压力。角色超载分成数量超载和质量超载两种。数量超载是指雇员能够达到各种角色要求，但问题在于需要雇员在短时间内应对多个工作角色，因此感到了很大的压力。质量超载是指由于技能的问题，即使给雇员很多时间和资源，他也难以达到角色要求。

（二）压力反应

1. 压力反应理论

（1）适应综合征理论。

适应综合征理论由著名压力专家汉斯·塞利提出，其基本观点是所有的生物都具有保持体内平衡的驱动力。如疾病、过度的工作要求等压力会破坏体内的平衡状态。人体就会通过一些自动化的反应来维持这种平衡。对压力的适应是按照阶段发生的，各个阶段持续的时间长短取决于个体是否成功地应对了目前的压力。这种成功程度则与压力源的强度和持续的时间有关。一次小小的工作失误可能很容易让人遗忘，而一些大的压力源会持续相当长的时间。有机体储存着有限的适应能量，一旦能量耗尽，有机体就缺乏应对持续压力的能力。塞利将压力反应描述成 3 个阶段：

① 警戒反应阶段。当出现警戒反应时，在很短的时间内，人体会出现一个正常水平的防御过程。如果这种防御成功，警戒就会消失，人体会恢复到正常的状态。大多数短期的压力都会在这个阶段得到解决。在警戒阶段，不同的人可能会有不同的感觉，有的人可能会呼吸急促，有的人可能会手脚发凉，有的人可能会面红耳赤。

② 抗拒阶段。如果第一个阶段的反应没有排除危机，压力仍然存在，或者不能控制外界因素的作用，那么人体必须动用很多资源，实行全身总动员来赢得这场"战争"。这个阶段会伴随更多的身体症状，如溃疡、动脉粥样硬化、血压升高等。

③ 衰竭阶段。当压力源非常严重时，随着人体燃尽所有的资源和能量，抗拒也会随之衰弱，濒临崩溃。

（2）压力的认知理论。

塞利工作的最大贡献是使人们真正开始重视压力。但是，塞利只注意到了人的压力与生理反应之间的关系，但通过这种理论，人们无法得到任何缓解压力的策略。也就是说只能认识压力，但仍然束手无策。压力的认知理论则较好地解决了这一问题。

压力的认知理论认为：人是有思想的动物，不是压力的被动承受者，人们通过调节自己的思维方式可以改变自己的压力状态。消除压力的一个重要原则就是切断自己的消极思维。这一理论使人们找到了战胜过度压力的信心和勇气。

大量的研究表明，人类的大脑在某种意义上来说非常刻板，对于大脑来说，感知到的威胁就是真正的威胁，而不论这种威胁是真实存在的还是想象出来的。当威胁出现时，大脑就会对此做出反应，身体的一些器官，如腺体和胃部等相关的部分就会进入"战备"状态。

理查德·S. 拉扎勒斯（Richard S. Lazarus）认为，人在面对压力时，个体的评价非常重要，评价可以分为 3 个层次：初级评价、二级评价和再评价。

在初级评价过程中，个人主要判断事件的结果、所得到的利益或者损失。一个普遍的问题是"我是否遇到了麻烦"。如果深入分析，初级评价可以分为以下 3 种：第一种是吸引了我们的注意力，但很快判断与我们无关，如开车时身后突然出现的刺耳的刹车声。如果它距离我们足够远，就很快被当作无关的事情被抛诸脑后。第二种是吸引了我们的注意力，但判断可能对我们有利。第三种是吸引了我们的注意力，判断可能会对我们造成危害。

在二级评价过程中，个体再问自己："这种情况下我该怎么做？"当我们感觉到一个情境会有一些生理或心理伤害，且我们无法有效对之做出反应时，我们就会感到压力。如果我们改变了事件的意义，使得威胁不复存在，或者我们使用了某种方法消除了威胁，压力就会消失。

再评价是建立在前两级评价发生后，对事件的处理所引起的反馈基础上的。它会改变初级评价，同时影响对应该压力情境的技巧的主观知觉。在再评价的过程中，我们可以采用不同的处理方式来应对紧急事件。

① 合理化。我们可以通过合理化加上一个自己希望的意义，尽管客观公平地分析后发现这种意义并不符合现实。比如，一个人在单位的一次干部提拔时落榜，他的最初反应可能是愤怒和沮丧，随着时间的推移，他可能会说"无所谓，我觉得当前的工作岗位更适合自己"，而周围的人都看得出他很在意这次提拔。

② 改变事件的意义。与合理化类似，基于事实或基于部分事实，为事件加上两个或多个自己希望的意义。如突然下岗后，获悉原企业可能会破产。因此，早下岗可以提前找工作，避免与大量下岗的人员竞争。

③ 降低事件的意义。购买彩票时希望中大奖，于是开始计划购置一些奢侈品。兑奖的结果是只中了一个末等奖，尽管很失望，但很快这些添置计划也会一步步地消失。

（3）卢因的压力理论。

库尔特·卢因（Kurt Lewin）认为，压力是"动力场"的产物。所有的个体和组织处在一个充满了动力和阻力（如压力）的环境中，这些力量会阻碍和促进个体的行为。一个人在一个组织中的行为水平取决于许多相互作用的影响因素，其中的一些因素会推动个体采取行动应对目前的变化，而有些因素可能会阻碍个体采取行动。

卢因的理论认为，在一般情况下，压力感是内部和外部的压力源共同作用的结果。这些压力源可以被看作模型中的推动力。也就是说，这些压力源通过生理的、心理的和人际的等不同的途径作用于个体，使个体当前的行为产生变化。如果不加干预，这些压力可以使人产生病理性反应（如焦虑、抑郁、强迫等）。

影响个体行为的各种力在动力场中是平衡的，推动力和阻力是匹配的。当各种力失衡后，个体的行为就会发生变化。也就是说，如果推动力大于阻力，变化就会发生；相反，如果阻力大于推动力，变化就会沿着相反的方向进行，然而，大部分人发展出了自己独特的限制力来避免病理性反应。强烈的限制力可以降低心率，优化人际关系，稳定情绪，高效地管理自己的压力。如果缺乏这种限制力，就会出现相反的情况。

2. 压力反应模式

个体面对压力的反应，一般可以分为生理层面、心理层面和社会文化层面3种。当个体遇到压力时，生理上免疫系统会抵抗疾病；心理上个体会学习适应、产生自我防御心理并寻求支援；社会文化层面上，可以利用团体来共同面对压力。个人在应对压力时，既要解除压力，又要保护自己。因此，个人应对压力的模式就分为任务取向和防御取向。

（1）任务取向。

当个人觉得有把握处理压力时，会采取直接行动去解决问题，排除压力，这种反应倾向于任务取向。基本上，任务取向的反应表示个人同意并接受这一压力，希望通过改变自己和外部环境，找到解决问题的最好方式。比如，职业女性面对事业和家庭的双重问题时，选择雇用小时工或与丈夫分担家务，是改变外部环境；选择降低自己对事业的追求，以家庭为中心，就是改变自己。

（2）防御取向。

当个人感到无法处理压力并且感觉受到威胁时，往往不是采取行动来解决压力，而是保护自己不受伤害，这种倾向被称为防御取向。防御取向的行为有两种：一种是通过哭泣、反复诉说及悲伤等方式来应对压力，这类似"心理损害复原机能"；另一种是运用心理防御机制来应对压力。

心理防御机制就是指运用回避、否认等消除焦虑和恐惧的手段来应对压力。西格蒙德·弗洛伊德（Sigmund Freud）认为，心理防御是一种无意识的心理过程，在需要时，人们都会运用防御机制。防御机制可以用来维护理想中的自我形象，使人们对生活中的自我感到满意。但是，防御机制往往会成为人生中的盲点，自己不愿意正视和承认。常见的心理防御机制有否认、投射和合理化。

① 否认。在有关死亡、疾病和类似的痛苦经验中，人们常常会运用否认。否认是心理防御机制最基本的表现方式之一。通过拒绝接受或拒绝相信那些引起焦虑和压力的信息而把自己从不愉快的现实中解救出来。这种防御机制的功能在于保护个人不在瞬间被极具威胁性的事实击倒。

② 投射。投射是通过夸大别人的问题而转移个体对自己的问题的注意，从而减轻焦虑。如果一个人看到了自己的失败和缺点，就会感到焦虑。但是如果他通过无意识的活动把自己的邪念、缺点或罪恶的冲动投射到别人身上，就可能把自己从焦虑中解脱出来。例如：晓萍知道自己期末考试有一门课没有通过，很沮丧，但是一想到还有同学期末考试有三门课不及格，压力就会减轻。

③ 合理化。合理化是指为了给自己的行为提供解释而编造某些合理的但并非真实理由的做法。例如：小杜没有完成老师布置的实验报告。他解释说："我回去整理实验数据时，发现其中一组数据有问题，就想补上再完成报告，但是这几天实验室因为装修，没有开放，所以就一直没有补上。"

3. 消极反应与积极反应

压力反应也可以看作从消极反应到积极反应的过程。有很多反应不一定是完全消极或完全积极的，而是介于两者之间，下面将对消极反应和积极反应简单进行介绍。

（1）消极反应。如果个人应对压力的行为是消极的，那么这种应对方式对压力的缓解通常是无效的，如果该种方式长久持续下去，则对个人的生理和心理都会造成伤害。消极无效的压力调适方式有自我防御行为、过度吸烟、酗酒、滥用药物、网络成瘾、疯狂购物等，最后必然导致身心俱疲。

而长期无效的压力处理方式会使个体在生理、心理、情绪和精神方面都呈现能量耗尽的状况，这种情况就是筋疲力尽。克里斯蒂娜·马斯拉奇（Christina Maslach）指出，这种状况有 3 个方面的特征：第一是情绪衰竭，此时会感到虚弱、紧张和麻木，许多患者还会体验到一种生理上的不适，感到自己油尽灯枯，对学习和工作抱有一种抵制的态度；第二是自我感丧失，与周围人疏离，对人冷淡，似乎眼前的一切都没有什么区别，不值得关心；第三是个人能力下降，总感觉无助、绝望或愤怒，工作表现极差，因为自尊受损，急于换工作或改变职业。

（2）积极反应。积极有效的压力调适方法其实就是要直面自己的问题，不离开现实世界，准确和真实地评估压力情况而不是扭曲事实，学习认识压力并拒绝用有伤害力的情绪反应去处理压力，意识清楚又理性地去评估、选择可行的行动，不采用不切实际的想法。例如：如果感受到强大的工作压力，除了努力工作外，还可以尝试改变自己的工作方式，使自己承受较少的压力；或是让其他同事参与到自己的工作中，以分散工作权责，减轻工作压力。

（三）压力管理能力的培养与提升

压力管理能力是每个职业人尤其是领导者必备的能力，大学生应该注意从自己的职业生涯早期甚至学生时代起就努力培养自身的压力管理能力，主要可以尝试从以下几方面入手。

1. 培养主观幸福感

培养主观幸福感旨在培养个人体验快乐、欢欣、知足、自豪、欣喜、感激等愉悦情绪的能力。虽然这些情感体验大多是人们与生俱来的生理反应，但通过幸福感训练，人们可以强化对这些情感体验的强度和持久度。美国心理学家芭芭拉·弗雷德里克森（Barbara Fredrickson）发现，体验愉悦心情的人思考问题会更开阔。她指出："感觉好远远不等同于没有威胁，它可使人们变得更好，更具有乐观精神和压力管理能力，更与他人合得来。"她还建议人们通过发现应激中的有意义的事情来提高个人的愉悦情绪体验。此外，幸福感训练还可降低对如内疚、耻辱、悲伤、气愤、嫉妒等不愉悦情绪体验的感受强度，以减少生活的应激状况。

2. 培养乐观人格

培养乐观人格旨在培养个人自信乐观、自主行动、温暖与洞察、表达自如、坚韧等的人格特质。心理学界早在 20 世纪 70 年代就将乐观作为一个重要的人格特质来加以研究，并强调经验学习对培养乐观人格的重要性。美国著名心理学家马丁·塞利格曼（Martin E. P. Seligman）的畅销书《学会乐观》（*Learned Optimism*），就是讲怎样通过个人努力来提高自身的乐观态度和应激能力。美国著名人格心理学家科斯塔（P. T. Costa）和麦克雷（R. R. McCrae）也主张，主观幸福感的决定因素是人格因素。如外向性格的人容易产生正面情绪，而焦虑性格的人容易产生负面情绪。所以，培养乐观人格是提高压力管理能力的最有效的手段。

3. 培养幽默化解能力

培养幽默化解能力旨在培养一个人幽默、诙谐地调整心态的能力。美国哈佛大学心理学家佐治·维尔伦博士指出：幽默感是人类面临困境时减轻精神和心理压力的方法之一。许多研究表明，幽默有助于降低人体内皮质醇的含量（它在人体中是引起紧张情绪的激素），而皮质醇持续增高可使心血管功能和生理功能受损。没有幽默感的人像尊雕塑，没有幽默感的家庭只是一间旅馆，没有幽默感的社会是不可想象的。生活中的人总避免不了因沮丧、挫折、失败与不幸而导致的心理失衡，但富有幽默感的人善于从生活中揭示或升华其中的喜剧成分，淡化甚至驱除不利情绪，化压力为动力。

4. 培养问题解决技巧

培养问题解决技巧旨在增强个人克服困难、解决问题的能力。它以应激心理学的理论研究为基础，在"问题专注"应对与"情感专注"应对两方面提高一个人的压力管理能力。其中问题专注的应对技巧包括迎难而上、自我控制、筹划问题解决、寻求社会支援、逃离、回避、隔离问题等技巧；情感专注的应对技巧包括找人倾诉、自我压制、自我宣泄、自圆其说、奇迹幻想、放松冥想练习等技巧，以在应激实践中不断提高一个人的压力管理能力。此外，问题解决训练还应培养一个人的关键意识，以提高对应激的迅速反应。美国著名文学家拉尔夫·沃尔多·爱默生（Ralph Waldo Emerson）曾言："逆境有一种科学价值，一个好的学者是不会放过这一大好学习机会的。"它说明，任何问题的解决都可以是一个逆境化解的学习过程。美国心理学家詹姆斯·彭尼贝克（James Pennebake）在一系列实验中让受试者表达出最使他们苦恼的情感，取得了良好的治疗效果。他的方法非常简单，就是让受试者连续5天左右，每天都花15分钟或20分钟写出"一生中最痛苦的经历"，或当时最让人心烦意乱的事情。受试者写出东西后若想自己保留则悉听尊便。这个自我表白的效果惊人：受试者的免疫力增强了，随后半年里去看病的次数大大减少，因病缺勤的天数也减少了，甚至肝功能也得到了改善。

5. 学会适当的放松方式

（1）腹式呼吸法。腹式呼吸法能让我们控制自己的呼吸，对扩大胸腔、增加肺活量有一定的帮助，能间接改变生理与情绪的反应，并且能降低肩部肌肉的紧张程度，促进身体放松。腹式呼吸的要点如下：

地点的选择——选择一个舒适的环境，可以坐着或站着，姿势自然。

集中注意力——将注意力集中在腹部（可以将手放在腹部）。

进行腹式呼吸——先合上嘴，通过鼻子吸气。慢慢将吸入的空气充满整个肺部，屏住呼吸几秒，然后用口慢慢呼出空气。重复数次。

增加吸气量——可尝试在吸气快结束时，轻微地提起肩膀和锁骨，以增加吸气量。

（2）肌肉放松法。一个人的情绪体验和躯体的紧张程度是密不可分的，二者在保持紧张或松弛状态方面具有一致性，松弛的机体状态能够诱发轻松泰然的心境感受。通过该方法的练习，可以使全身肌肉逐渐进入松弛状态，降低骨骼肌的张力，减慢呼吸的频率，从而使心情放松、愉快。操作方法：找一个安静的房间，光线不要太亮，尽量不要有其他外在的干扰，解开身上紧身的衣物（如领带、腰带、鞋带等），摘下佩戴的手表、眼镜及其他饰物，坐在一把舒适的椅子上或靠在沙发上。让四肢舒服地伸展开来，使自己处于一种舒适的状态，心里不要考虑其他的事情。

下面我们以放松手臂肌肉为例，进行练习。

双手自然地放在腿上，掌心向上，慢慢地深吸一口气，同时慢慢地将双手捏成一个拳头，你会产生一种紧张感逐渐加强的感觉。然后缓慢而有规律地呼气，将捏紧的拳头慢慢地伸展开，心里默默念道："放松、放松……"手臂会出现一种酸沉的感觉。

与此类似，你也可以对腿部、腹部、肩部等身体部位加以放松。一个完整的肌肉放松练习包括了一整套程序，你可以遵循脚趾—小腿—大腿—臀部—腹部—胸部—背部—肩部—手部—头颈部这样一个放松顺序。

（3）想象放松法。想象放松法的准备活动与肌肉放松法类似，先使自己处于一种舒适的状态。然后想象最能让自己感到舒适、惬意、放松的情境，通常是在大海边。例如："我静静地俯卧在海滩上，周围没有其他人。我感觉到了阳光温暖的照射，触碰到了身下海滩上的沙子，我全身感到无比舒适。海风轻轻地吹来，带着一丝丝海腥味。海浪在轻轻地拍打着海岸，有节奏地唱着自己的歌。我静静地躺着，静静地倾听着永恒的波涛声……"

指导别人放松时，要注意语气、语调的运用。自我想象放松可以自己在心中默念。节奏要逐渐变慢，配合自己的呼吸，自己也要积极地进行情境想象，尽量想象得具体生动，全面利用五官去感觉。初学者可在别人的指导下进行想象放松，也可根据个人情况，通过自我暗示或借助于音频文件来进行。

三、情绪管理

情绪是客观事物与人的需要相互作用产生的一种整合性心理过程。情绪渗透在人们的一切活动中，影响着人们的活动效能。我国大学生多数处于青年中期（18~24岁），在这个阶段，个体心理尚未成熟，对自我、他人和周围环境的各种认知态度及相应的行为方式有时会有明显的不确定性。他们的情绪有时会复杂多变，经常会出现莫名其妙的烦恼。情绪会明显地影响大学生的学习、生活和健康，影响大学生对自己、他人、人生以及社会的看法和态度。

（一）情绪管理概述

1. 情绪的含义

情绪一词在人们的生活中经常被使用，人们在使用这个词时并不感到陌生，在认识和理解上也没有多大的分歧和误解。但要给情绪这一概念下一个严格的科学定义就不那么容易了。由于情绪本身的多样性和复杂性，人们在定义它时众说纷纭，出现了许多分歧和争议。

我国古代汉语最初只用"情"字，到了南北朝以后，才出现"情绪"两字的连用，"绪"是丝端的意思，"情绪"连用便表示了感情复杂之多如丝如绪。李煜的名句"剪不断，理还乱"就形象地表现了情绪的复杂性及难以辨清和加以控制的特点。

心理学家们曾给情绪下过许多定义。如心理学家阿诺德对情绪的定义是"对趋向知觉为有益的、离开知觉为有害的东西的一种体验倾向"。这种体验倾向为一种相应的接近或退避的生理变化模式所伴随。这种模式在不同的情绪中是不同的。另一位心理学家罗伯特·利珀（Robert Ward Leeper）则把情绪定义为是一种具有动机和知觉的积极力量，它组织、维持和指导行为。而苏联心理学家为情绪做出了一个十分概括的定义：情绪是对事物的关系或主观态度的体验。

国内的心理学教科书一般把情绪定义为人对客观事物和对象的态度体验。为了便于理解，我们把情绪定义为人们对外界刺激引起的生理和心理变化的一种主观体验。比如电影中的悲伤镜头会催人泪下，成功会使人异常惊喜等。情绪是由刺激、认知、主观体验、情绪的行为反应几方面组成的反应过程，这几方面的关系是：

刺激情境→对情境的认知评价→产生主观的情绪体验→表现出不同的情绪反应（包括行为反应）。

人的情绪有愉快和不愉快之分，愉快情绪以喜乐为主，不愉快情绪以悲愁为主。不愉快情绪一般指焦虑、愤怒、恐惧、沮丧、不满、忧郁、紧张等，被心理学家称为负性情绪（不良情绪或消极情绪）。

2. 情绪管理的含义

情绪管理是一种善于掌握自我、善于调节情绪，对生活中由矛盾和事件引起的不良反应能适度排解，能以乐观的态度、幽默的情趣及时缓解紧张的心理状态。情绪管理不是要去除或压制情绪，而是在觉察情绪后，调整情绪的表达方式。有心理学家认为情绪管理是个体调节和改变自己或他人情绪的过程，在这个过程中，通过一定的策略和机制，使情绪在生理活动、主观体验、表情行为等方面发生一定的变化。

3. 情绪管理的功能

（1）激发心理活动和行为。每个人都有情绪表现，情绪能够以一种动机形式来引导和激发我们的行为。消极情绪若不适时疏导，轻则破坏情致，重则使人走向崩溃，如恐惧和自卑则会降低活动的积极性；而积极的情绪则会激发人们的热情和潜力，如快乐可以提高人的活动积极性。

（2）调节人的身心健康。中国传统医学认为，怒伤肝，喜伤心，思伤脾，忧伤肺，恐伤肾。意思是说，心理上生病，如过度焦虑、情绪不安或不快乐，会导致生理上的疾病。另外，情绪和心血管、肌肉、呼吸、泌尿、新陈代谢、内分泌也都有密切关系。有关研究指出，当一个人有负面或消极的情绪产生时，如愤怒、紧张，人体内分泌将受影响，从而形成生理上的疾病。由此可见，时常面带微笑，保持愉快心情，并以乐观态度面对人生，有助于增进生理健康。

（3）影响人际关系。人际关系的好坏取决于一个人情绪表达是否恰当。一个人倘若常在他人面前任由负面情绪泛滥，丝毫不加控制，如乱发脾气，久而久之，别人会视他为难以相处之人，甚至将他作为拒绝往来的对象。反之，一个人若常面带微笑、多赞美他人，以亲切态度与别人和谐相处，人际关系自然会逐渐改善。

4. 大学生的情绪特点

（1）丰富性和复杂性。从人的生理发展阶段来看，大学生正处于青春期的中后期，这一时期是人生面临多种选择的时期，学习、交友、恋爱等人生大事基本在这一阶段完成。大学生生理基本成熟，而心理尚未完全成熟（处于心理断乳期），易受到外界的干扰。大学生对人、对事、对社会等各种现象特别关注，对友谊与爱情执着追求，对新鲜事物十分好奇，对学业和未来充满信心，朝气蓬勃、积极进取，拥有许多积极情绪（增力情绪）。但大学并不是伊甸园，也有竞争与压力，考试不及格、朋友误解、恋爱失败，甚至天气变化等都可以导致消极情绪（减力情绪）的产生。可以说，大学生情绪极其丰富又极其复杂。

（2）激情性和冲动性。由于知识水平和认知能力的提高，大学生对自己的情绪能够有所控制，但大学生群体兴趣广泛，对外界事物较为敏感，加之年轻气盛和从众心理，在许多情况下，其情绪易被激发，犹如急风暴雨不计后果，带有很大的激情性和冲动性。如果这种激发结果是积极的，有利于大学生成才，如见义勇为等；如果这种激发是消极的，甚至是反面的，如为了哥们义气或小团体利益不惜违反校规校纪甚至犯罪，就会成为愚蠢的举动。

（3）波动性和两极性。社会、家庭、学校及生活经历，都会对大学生的情绪产生影响。社会的变迁、体制的变革，在社会转型过程中，大学生面对复杂的社会现象易产生困惑和迷茫。家庭的变故、家庭成员关系的亲疏以及学习、交友等个人生活经历也会影响大学生的情绪，使其情绪摇摆不定、跌宕起伏，时而热情激动、时而悲观消沉，表现出极大的波动性。这种情绪的极端形式就是情绪的两极性，容易从一个极端跳到另一个极端。

（4）外显性和内隐性。大学生很多情绪是一眼就能看出的，考试取得第一名或赢得一场球赛，马上就能喜形于色。但大学生在成长过程中，面临学习、交友、恋爱和择业等具体问题时，切入体肤的影响往往深藏不露，具有很大的内隐性。在某些场合和特定问题上，有些大学生常常掩饰、隐藏或抑制自己的真实情感，不像少儿时期那么坦率表露，有时还会表现出内隐和含蓄的特点。

（5）独立性与依赖性并存。随着离开家庭进入大学独立生活以及自我意识的增强，大学生的成人感迅速增强。他们已经获得了一种独立于父母的自主感，自信心和自尊心也有很大提高。所以，一方面他们有着强烈的独立意识，渴望独立生活，希望社会承认并相信他们独立生活的能力；另一方面，由于受社会经验和认识习惯的局限，还无法完全依靠自己的力量来处理学习与生活中的一系列复杂问题，对家庭、学校和社会有明显的情绪依赖性。这种依赖性与迅速发展的独立性并存的特点，常使大学生产生强烈的情绪冲突。

（6）理想与现实的冲突引起的情绪矛盾。大学生正处于身心发展并趋于成熟的时期，他们精力充沛、朝气蓬勃、想象力丰富、生活视野不断扩大，严格的学业训练和独特的校园生活的陶冶，使他们有着较强的自我意识，对社会、生活及未来事业充满信心。然而，理想与现实总是有一些距离，特别是当理想在现实中受挫时，一些大学生就会表现出强烈的情绪冲突。

（二）大学生常见的不良情绪

1. 抑郁情绪

抑郁是一种持续时间较长的低落、消沉的情绪体验，它常常与苦闷、不满、烦恼、忧愁等情绪交织在一起，是最常见的情绪障碍之一。据有关统计，全世界有 4%~5% 的人群在生命中的某个时期可能出现抑郁。抑郁的症状包括自我批评、无望感、自杀思维及无法专心和全面看问题的消极感。在大学生中有抑郁情绪的人比较多，究其原因，主要是受到了一些负面生活事件的影响，如学习成绩落后、失恋、人际关系紧张等。抑郁容易引起的行为变化包括与他人交往时退缩，不像以往那样从事许多享乐的活动，也无法振作起来参与一些其他活动。比较严重的抑郁情绪会对正常的学习、工作和生活产生明显的影响。

一般来说，这种情绪多发生在性格内向、孤僻、敏感多疑、依赖性强、不爱交际、生活遭遇挫折、长期努力得不到回报的学生身上，不喜欢所学专业，或人际关系处理不当、遇到失恋等问题的大学生也会产生抑郁情绪。

2. 焦虑情绪

当人们在生活中感到一些可怕的、可能造成危险的或者需要付出努力和代价的事将要来临，而又感到对此无法采取有效措施加以预防和解决时，就会产生紧张的心情，表现出忧虑、不安、担心和恐慌，即焦虑。这是大学生所体会到的最令人烦恼的情绪之一。焦虑的生理反应是掌心冒汗、肌肉紧张、心跳加速、双颊发红、头昏眼花和呼吸困难。

在大学生中，焦虑常常表现为闷闷不乐、性情大变、脾气古怪、注意力不集中等，产生的主要原因有担心考试、学习、就业等。

3. 自卑情绪

自卑是一种带有自我否定倾向的情绪体验，是对自我的轻视或不满，总觉得自己不如别人。表现为对自己能力或品质评价过低，怀疑自己，看不起自己，担心失去他人的尊重的心理状态。一般说来，轻微的自卑大多与某些具体的挫折经历或者失败经历密切相关，经过及时调整，很快就可以克服。过度的自卑则可能与屡遭失败有关，而且会自我泛化，即把具体的失败体验无根据地泛化到所有的事情上，从而导致长时间的消沉不振。大学生自卑主要表现为害怕失败、遇事退缩、封闭自己等。也有的大学生用别的方式表现出来，如不承认自己的不足并竭力掩饰，以使他人觉察不到自己的自卑，为此常常夸张自己的行为，有时还表现出较强的虚荣心，对自己的不足和别人的评价很敏感，这一切其实都是为了掩饰自卑。

4. 自负情绪

自负是与自卑相反的一种情绪体验，它是一种过度的自我接受和自我评估，通常表现为自以为是、轻视他人和过度防卫。当一个人只看到自己的优点、看不到自己的缺点时，往往会产生自负的情绪，往往取得一点小小的成绩就认为自己非常了不起，完全归功于自己的主观努力，失败时则完全归咎于客观条件，表现出过分的自恋和以自我为中心。大学生的自负情绪并不少见，比如爱挑别人的毛病，很难对别人进行肯定性评价，对于别人的言行或成绩不屑一顾等。自负情绪的产生往往与错误的自我认知和对他人的评价有关。通常那些家庭条件优越、知识面宽、学习成绩好、个人经历顺利、某方面能力较强的大学生，容易产生自负情绪。也有人因为自我评价过高、对他人评价过低而导致这种情绪。但不论何种原因，自负情绪都会助长自私心理，容易破坏人际交往。

5. 愤怒情绪

愤怒是当客观事物与人的主观愿望相悖时产生的强烈的情绪反应。引发愤怒的事件类别因人而异，例如：有的人可能因排队而愤怒，却能镇静地倾听班主任对其行为表现的批评；有的人可能可以安心地排队，但同学批评他的缺点却会强烈地反击。引发愤怒的事件类别与个人的经历、信念以及个人的生活规则有关。对大学生而言，偶尔的愤怒是非常正常的。但太频繁的发怒可能成为问题，因为发怒对一个人的身心健康有伤害，当人发怒时，心跳加速、心律失常，严重时会导致心搏骤停，甚至猝死。另外，发怒会降低人的理智水平，阻塞思维，导致损物伤人，甚至违法犯罪。

6. 冷漠情绪

冷漠是一种情绪反应强度不足的情绪体验，表现为对人对事漠不关心。处于冷漠情绪的大学生，在行为上常表现为对生活没有热情和兴趣；对学习漠然置之，无精打采；对周围的同学冷漠无情甚至对他人的冷暖无动于衷；对集体生活漠不关心，麻木不仁。大学本该是一生中最多姿多彩、富有朝气和热情的时期，然而，有的大学生会表现出一种对人对事漠不关心的情绪体验。从表面上看，冷漠的人似乎对什么都不感兴趣，对周围的人和事总是无动于衷，实际上，他们有一种说不清的压抑感，他们的内心充满痛苦。有心理学家认为，冷漠是个体对挫折情境的一种自我逃避式的退缩性心理反应，它带有一定的自我保护或自我防御性质，是一种对环境和现实的自我逃避的减缩性心理反应，它会导致当事者萎靡不振、退缩逃避和自我封闭，并严重影响身心健康。

7. 恐惧情绪

恐惧是一类带有强迫性质的，不能以人自身的意志和愿望为转移的情绪体验。如对过去一些本来并不感到可怕的事情产生一种紧张恐惧的情绪体验，或者对常人一般不害怕的事物或情境感到恐惧，他们自己也能意识到这种恐惧是完全不必要的，甚至自己也能意识到这是不正常的表现，但却不能控制自己，即使尽了很大努力也依然无法摆脱和消除，因而感到极为不安和痛苦。常见的大学生恐惧情绪主要是"社交恐惧"，也就是大学生在人际交往时，害怕见生人，特别是人多的场合或有异性在场的情况下，产生紧张、焦虑的情绪反应，从而导致令人尴尬的场面出现。

8. 嫉妒情绪

嫉妒是指因他人在某些方面胜过自己而引起的不快甚至是痛苦的情绪体验。其主要特征是把别人的优势视为对自己的威胁，因而感到心理不平衡，甚至恐惧和愤怒，于是借助贬低、诽谤以至报复的手段来求得心理的补偿或摆脱恐惧和愤怒的困扰。如在求职问题上，看到别人某些方面求职条件好，或找到比较理想的工作时，先是产生羡慕，进而陷入痛苦又不甘心的心态，甚至为了不让他人超越自己，采取背后拆台等不良手段。

（三）大学生情绪管理方法

1. 合理情绪疗法

合理情绪疗法也叫认知疗法，由心理学家阿尔伯特·埃利斯（Albert Ellis）所创，主要基本理论是 ABC 理论。在 ABC 理论模型中，A 指诱发性事件，B 指个体在遇到诱发性事件之后对这一事件的看法、解释和评价，C 指个体的情绪及行为结果。人们通常认为，情绪的行为反应是直接由诱发性事件 A 引起的，即 A 引起了 C。但 ABC 理论指出，诱发性事件只是引起情绪及行为反应的间接原因，而人们在遇到诱发性事件之后对这一事件的看法、解释和评价才是引起人的情绪及行为反应的更直接的原因。因此，要改善人们的不良情绪及行为，就要干预非理性观念的发生，而代之以理性的观念。等到劝导干预产生了效果，人们会产生积极的情绪及行为，心里的困扰就会因此消除或减弱，人也就会有愉悦充实的新感觉产生。

大学生运用合理情绪疗法时要把握三点：第一，要认识到不良情绪不是源于外界，而是由于自己的非理性信念所造成的；第二，情绪困扰得不到缓解是因为自己仍保持过去的非理性信念；第三，只有改变自己的非理性信念，才能消除情绪困扰。

2. 适度宣泄法

水管阻塞了，如果不及时疏导，可能会有破裂的一天；情绪也是如此，如果不及时将不良情绪释放出来，郁结在心里，将会越积越大，最终导致情绪崩溃。情绪宣泄可分为躯体和心理两个方面。躯体宣泄，如哭、大吼、击打非破坏性物件（如枕头、布制玩具、沙袋等）、体育运动和文艺活动等；心理宣泄是指借助他人来调整个体的认知状况，以改变一些不合理的信念，比如，向可依赖的人倾诉苦闷、写信、与朋友讨论等。有意识地长期压抑，不仅使人生理功能出现紊乱，也容易引起障碍性情绪的泛化，所以为了身心健康，不良的情绪需要及时宣泄，愉快的情绪也需要恰当释放。

3. 自我暗示法

自我暗示是运用内部语言或书面语言以隐含的方式进行自我调适情绪的方法。自我暗示对人具有很大的影响，它影响人的认识和判断。自我暗示包括积极的自我暗示和消极的自我暗示，前者让人自信乐观，后者令人消沉悲观。积极的自我暗示既可以用来缓解紧张的情绪，也可以用来自我激励。例如：第一次参加求职面试时，可以在进入面试前做几个深呼吸，告诉自己"放松点儿""我一定能行"。我们要学会运用积极的暗示，消除不良的自我意象。特别是对于有自卑情绪的学生来说，可以经常在心里默念"我能行""我会发挥得很好""我一定能成功"等语句，或者写在纸上，或者找个旷野大声地喊出来。这些对走出自卑、消除怯懦有一定的作用。

4. 注意力转移法

注意力转移是指主观上有意识地将注意力从消极、不良的情绪状态转移到其他事物上的一种心理调节方法。当不良情绪出现时，可以采取转移注意力的方法寻找一个新的刺激点，激活新的兴奋中心以抵消或冲淡原来的兴奋中心，使不良情绪逐渐消失。如果感到不高兴、紧张或烦闷，可以去看一场电影或是踢一场球，回来后心情就会舒畅许多。

5. 放松训练法

放松训练是指使有机体从紧张状态松弛下来的一种练习过程。放松有两层意思，一是肌肉松弛，二是消除紧张。放松训练的直接目的是使肌肉放松，最终目的是使整个机体活动水平降低，达到心理上的松弛，从而使机体保持内环境的平衡与稳定。常用的放松训练方法有深呼吸、肌肉放松训练、冥想放松训练。放松练习可以帮助人减轻和消除各种不良的身心反应，如焦虑、恐惧、紧张、失眠等。

6. 音乐调节法

在国外，音乐调节已应用到了外科手术和治疗精神病、抑郁症、焦虑症等病症上，如忧郁烦恼时可以听《蓝色多瑙河》《渔舟唱晚》等意境广阔、充满活力、轻松愉快的音乐，失眠时可以听莫扎特优雅宁静的《摇篮曲》、门德尔松的《仲夏夜之梦》等乐曲，情绪浮躁时可以听《小夜曲》等宁静清爽的乐曲。每个人都可以根据自己的情绪状况选择适合的音乐来调节自己的情绪、情感状态。

 **体验活动**

做情绪的主人

在大学生活中，当发生一些事情让你情绪很差时，你通常采取哪些有效的方法调节自己的情绪？（列举 3~5 条）

_____

_____

_____

_____

活动总结：

情绪管理不是要去除或压制情绪，而是在觉察情绪后，调整情绪的表达方式。我们应该对生活中由矛盾或事件引起的不良情绪反应能适度排解，能以乐观的态度、幽默的情趣及时地缓解紧张的心理状态。

 **实训练习**

自我时间管理

一、训练概述

【目的及要求】

大学生活丰富多彩，要学习的东西很多，要提升的个人能力也有很多，但时间有限，所以大学生要学会管理自己的时间，把时间量化，合理分配、合理利用。自我时间管理是大学生适应大学生活、独立自主地完成学业的重要基础，也是大学生制订、执行个人的学业计划以及规划自己职业生涯的重要基础。本实训的目的在于通过对个人时间的量化管理及分配，培养大学生有效利用时间的习惯，增强其自我管理的意识，为设计及制订自己的学业计划奠定基础。

二、训练内容

【项目背景】

大学的学习、生活与中学有极大不同，认识到大学生活的特点之后就可以根据大学生活的内容来有效安排自己的时间。通过将自己的时间量化，你会发现自己拥有大量的、可以自主调控的时间。你可以用它做许多事情，它足以让你体验到一切大学生可以拥有的生活。合理地利用时间，你会度过一个丰富、充实的大学时光。

【训练步骤】

（1）根据个人实际，计算出一周内各项时间内容（以 h 为单位计算），完成下列空行。

每周的总时间：＿＿＿24h×7d=168h＿＿＿；

每周上课时间：＿＿＿＿＿＿＿＿＿＿＿＿；

每周上自习时间：＿＿＿＿＿＿＿＿＿＿＿；

平均每日自学及做作业时间为＿＿＿＿＿＿，每周自学及做作业时间为＿＿＿＿＿＿＿；

平均每日睡眠时间为＿＿＿＿＿＿，每周睡眠时间为＿＿＿＿＿＿；

平均每日吃饭等零碎生活事务花费时间为＿＿＿＿＿＿，每周类似时间为＿＿＿＿＿＿；

剩下的业余时间：＿＿＿＿＿＿＿＿＿＿＿＿＿＿＿＿＿＿＿＿＿＿＿。

（2）将你的业余时间进行合理的分配，设计出有效的使用方法。

例如：参加一个学生社团，每周参与社团活动一次，花费 5h；

_____；

_____；

_____；

_____；

_____；

_____；

_____；

_____；

_____；

_____。

第七章　适应职业发展

　　在人生路上，我们可能会遇到理想的职场环境，也可能遇到不尽如人意的职场环境。无论所处的职场环境是否理想，最重要的是学会适应。适应职业发展主要是指个体对工作环境、工作任务，以及对自身行为和新的工作需要的适应。万事开头难，作为初入职场的新人，大学生要尽快融入企业，认清自己的角色定位，完成角色转换，同时在职业发展过程中找准发展途径，锤炼职业精神，实现自己的职场进阶。

1. 了解学校与职场、学生与职业人的区别，能够尽快完成职业角色转换。
2. 掌握初入职场的常见问题的解决方式。
3. 熟悉职业道德的基本要求，自觉提升职业素质。

第一节　完成角色转换

人的一生经历着多次不同社会角色的转换。大学毕业走向社会，就是一种典型的社会角色转换，这个转换在人生中十分重要。大学毕业生能够顺利地实现角色转换，可以促进自身尽快地适应新的环境，缩短磨合期。

一、学校与职场的区别

学校和职场的区别，主要体现在以下几个方面：

第一，目标不同。学校的目标是培养人，学生在学校是学知识、练技能的，而职场是使用知识和技能的，企业的目标首先是谋利润、谋发展，然后才是培养人。因此，所有的企业都希望招到有工作经验的员工，都希望新员工能够"招之能来，来之能战"，能够为企业创造财富。

第二，在学校里，学生可以"单兵作战"，独自完成各类作业。但在职场上，几乎所有的任务都需要通过团队协作来完成，而且，个人任务的完成情况会受到上一个环节的制约，也会影响下一个环节，甚至影响整个企业。因此，在职场上，如果不善于与人交流和沟通，不能与人合作，是不能"毕业"的。

第三，学校和职场都看重成绩，但学校看重的是学习成绩，而职场看重的是工作业绩。

第四，学校鼓励学生大胆探索学习方法，提高学习效率。职场则有种种规则和惯例，需要员工用特定的方式去工作。工作后，要养成随时向领导和同事请教的习惯，以便较好地完成工作任务，减少工作中的纰漏。

第五，在学校犯错，后果一般不会危及学校的生死存亡。而在职场，一个小小的失误，不仅会影响个人的发展，还可能会给企业造成重大的损失。

第六，学校的管理相对来说比较松散，学生有较大的自由度。而企业却有着严格的制度，更多地要求服从、遵从，按规章办事，违规即罚。

二、学生与职业人的区别

（一）活动方式不同

学生以学习知识、提升技术技能为主要活动目标。长期以来，学生角色使大学生处在一种接受外界给予的位置，而职业角色则要求运用自己的知识和能力向外界提供自己的劳动。这种从接受到运用、从输入到输出的转换是一种活动方式的重大改变。接受和输入主要是记忆和理解，运用和输出则要求结合实际创造性地发挥，因此，有些毕业生，甚至是学习成绩优秀的佼佼者也会感到一时难以适应。

（二）社会责任不同

学生的主要社会责任通常体现在学习过程中的责任心，而职业人的社会责任体现在对工作对象的责任中，职业人的不负责将直接给社会造成损害。学生走上工作岗位后，社会将以一个职业人的评价标准来对其提出要求，要求其能够独当一面，并与同事亲密合作，充分履行职业责任。

（三）所处环境不同

学生在校园里面对的通常是"寝室—教室（实验实训室）—图书馆—食堂"四点一线的简单而单纯的校园环境，而职业人在紧张的职场上，要面临快速的生活节奏、紧张的工作和加班，还要承受不同地域的生活环境和习惯差异。由于缺乏实际工作经验，刚开始工作时往往不能得心应手，工作压力大，甚至可能有较大的心理负担。

（四）人际关系复杂程度不同

在强调团队和协作精神的今天，和谐的人际关系对职业发展有举足轻重的作用。有些毕业生虽然能力很强，但因为与领导、同事相处不好而陷于困境，人际关系成为其职业发展的绊脚石。相对于学校中的师生关系、同学关系，职场中的人际关系更为复杂，行业之间有竞争，单位中的同事、上下级之间有利益冲突，如果牵涉到业绩、薪水、职务升降等具体问题，往往表现得纷繁复杂，此时学会处理各种人际关系显得尤为重要。

📺 精选案例

小刘毕业于某高职学院服装设计与营销专业，今年23岁。毕业后的两年时间里，他一共换了9份工作。第一份工作是在一家大型外资企业做设计，他干了3个月；第二份工作是在一家大型私营企业做销售，又只做了3个月；随后的时间里，他换了6份工作，做过销售、跟单员、设计助理等；最后一份工作是一家专卖店的销售员，他仅干了2个星期就辞职了。现在小刘又回到了他熟悉的人才市场，又一次重复他已经习惯的动作，投简历→面试→再投简历→再面试。为此，他感到非常苦恼和迷茫，他总是想起学校美好的生活，总感觉工作不如意、行事有规则、干活有压力，同事之间的关系也总是处不好，他不知道自己该怎么办。

三、初入职场的常见问题及解决方式

（一）角色转换问题

角色是指与人们的社会地位、身份相一致的一整套权利、义务的规范与行为模式。大学生在校园里的主要任务是学习，其主要角色为学生角色。步入职场，毕业生面对的是陌生的工作环境、现实化的专业内容，其扮演的角色也发生了变化，谁能尽快实现角色转换，谁就能掌握主动权。

1. 正确认识新的角色

转换角色首先要了解新的职业角色的性质、社会意义、工作要求、劳动条件、行业规范，包括技术规范、职业道德、纪律等，从思想感情上重视它、接受它、热爱它。

2. 安心本职，脚踏实地

刚走上工作岗位的大学生应尽快从大学的学习生活模式中解脱出来，全身心地投入新的工作中去。许多大学生工作几个月后，还不能静下心来安于本职工作，这对角色转换的实现是十分不利的。

3. 甘于吃苦，乐于奉献

甘于吃苦是角色转换的重要条件，只有甘于吃苦，才能面对现实，克服在角色转换过程中遇到的种种困难，及时进入角色。乐于奉献是完成角色转换的重要标志。大学生走上工作岗位后，应当从一开始就严格要求自己，树立主人翁意识，增强社会责任感，培养积极奉献的精神，不计较个人得失，勤勤恳恳、任劳任怨，努力承担岗位责任，促使自己更好、更快地完成角色转换。

精选案例

小溪毕业后进入一家杂志社担任编辑，由于文笔出色、工作认真，赢得了领导和同事的一致好评。不过，杂志社提供给新员工的薪水比较低。工作了一段时间后，有的新员工开始抱怨："原以为进了这家杂志社能拿到很好的薪水和福利，没想到工作都快一年了，也没涨过工资。"

当时杂志社正在进行一系列新刊物的编辑工作，每个人都分配了不少任务。然而，杂志社并没有打算增加人手，编辑部的人也经常会被派往其他部门去帮忙。这样一来，不仅新员工，就连老员工也开始出现不满情绪，整个编辑部只有小溪乐意接受领导的指派。

两年以后，当初和小溪一起入社的员工，有的已经辞职，有的虽然还在编辑部，但待遇仍然没有太大提升。而小溪不但薪水翻了倍，还当上了编辑部的负责人。

一些初入职场的毕业生对自己抱有很高的期望，认为自己一开始工作就应该得到重用，薪水俨然成了他们衡量成功的唯一标准。切记你现在的工作是为了获得更多的工作经验，当工作经验积累到一定程度时，自然会得到升职加薪的机会。

（二）自身能力问题

事实表明，一个人在学校学到的东西是有限的，大部分知识和能力仍需在工作实践中学习、锻炼和提高。尽管大学生在校期间已经学到了一定的知识，但其能力与岗位要求还存在着一定的差距。因此，大学生要根据岗位工作的实际需要，通过向有经验的领导、同事请教和自学，掌握一些相关知识和技能，尽快地熟悉相关业务，早日胜任本职工作。

（三）人际关系问题

人际关系是各种社会关系得以实现的基础，是人与人直接联系的媒介，大学生必须学会处理职场中的人际关系。

1. 处理好与同事的关系

同事之间是天然的合作者，又是客观的竞争者。这种微妙的关系必然使人产生既渴望合作又警觉竞争的复杂心理。要想与同事建立良好的人际关系，需注意以下几点。

（1）相互尊重。相互尊重是处理好任何一种人际关系的基础，同事关系也不例外，要友好平等地与同事相处。对待同事不仅要做到以礼相待，而且要注意不能厚此薄彼。不能在背后议论同事的隐私和损害同事的名誉，不要在上级面前诋毁、攻击同事。

（2）关心同事。同事遇到职位变化、工作受阻和挫折不幸时，要能及时地给予真诚的关心和帮助，及时地伸出援助之手为同事排忧解难。这样可以增进双方的感情，使同事关系更加融洽。

（3）公平竞争。工作中存在竞争是不争的事实，竞争能促进工作有效开展。但是切记：同事之间要公平竞争，不能在背后耍心眼，贬低别人、抬高自己，甚至踩着别人的肩膀往上爬。

（4）宽以待人。同事之间经常相处，误会在所难免。如果是自己的失误，应主动向对方道歉，以获得对方的谅解；当对方误会自己时应主动向对方说明，不可"小肚鸡肠"，耿耿于怀。

切忌意气用事使事态复杂化，以致产生严重后果。如果问题比较严重，可请求上级帮助解决，必要时可诉诸法律，但绝不可凭血气之勇蛮干。

2. 处理好与上级的关系

领导对下属的职业发展和职位升迁有裁决权、评判权，处理好与领导的关系是十分重要的。

（1）尊重上级。单位的领导一般具有较高的威望、较久的资历和较强的能力，也有很强的自尊心。作为下级要经常肯定上级的领导水平，保持其主角地位，适应其工作方法，以维护领导的威望和自尊。

在工作交往中，对上级的尊重可以通过以下行为方式得以体现：① 遇到上级主动称呼问候或让路；② 上下汽车、进出大门和电梯时应让上级先行；③ 经常向领导请示、汇报工作情况，听取上级对工作的意见；④ 与上级交谈时认真倾听，不能顶撞上级，特别是公开场合尤其要注意。即使与上级的意见相左，也应在私下与其说明。

（2）服从安排。领导对下属有工作方面的指挥权，对领导在工作方面的安排和指挥，下级必须服从。上级布置的工作任务要坚决完成，其正确的意见和指示要坚决执行。这不仅是工作顺利开展的重要保证，也是作为下级最基本的礼节礼貌。

（3）学会体谅。上级在工作中由于受到主观、客观条件的影响，难免会遇到各种困难，下属应该体谅上级的难处，不能轻易因为某些要求未得到满足而对领导产生不满。当领导遇到困难时，下属应该主动为其排忧解难。这样既可以避免与上级产生矛盾，又能拉近与上级之间的关系。

（4）注意沟通。工作中要经常与上级进行沟通，不失时机地与上级交换意见，让上级了解你的想法。只有经常与上级沟通，上级才会更深一步地了解你、重用你。

（5）虚心接受批评。在上级批评自己时，一定要虚心接受、坦率认错、及时道歉。哪怕错误不在自己，也要心平气和地向上级说明情况。

 知识拓展

初入职场实现角色转变的"八道关"

1. 心态关

初从学校到社会，不适应、莫名的失落和惆怅是很正常的。如果你刚刚参加工作就有辞职的冲动，一定要用理性战胜感性冲动，应先问问自己：自己的失落和惆怅到底来自哪里？是不是需要再多适应一段时间以后再决定是否离开？

2. 人际关系关

在单位，必须学会与各种各样的人打交道。想要与同事们尽快熟悉，可以帮助他们多做点事。对于新人来说，应端正自我认知，诚心向同事请教，踏实提高业务水平，友善待人，拿捏好分寸。

3. 理想关

学生时期总会有各种各样的理想，但理想并不等于现实，现实与理想之间还是有一定差距的。要理性地对待自己的工作，不能因为一时的成绩而得意忘形，也不能因为一时的挫折而垂头丧气。要有信心和耐心，要清楚地知道，成功是靠自己一步步走出来的。

4. 业务关

工作中需要的知识常常是多方面的，仅仅靠在学校学习的专业知识和技能是远远不够的，需要学习其他各方面的知识和技能。初入职场，特别要注意避免眼高手低。"小事不愿干，大事干不了"是刚参加工作的人常犯的毛病。要注意大处着眼、小处着手，一丝不苟地做好每一件"小事"，可为以后做"大事"积累资源。

5. 意识关

意识关包括以下三点：（1）在职场最重要的是责任，必须努力做到"干一行，爱一行"。（2）职场要求的是高度理性行为，做事要学会由情绪左右转变到职业驱动。（3）职场人考虑的往往是经营绩效和利润，会读书和会创造利润之间并不是天然的正相关。

6. 生活关

初入职场，早晨准时上班，下午准时下班，或许晚上还会加班，再加上工作上的压力，会有些让人吃不消。其实，职场上的生活才是一个人真实的生存状态，工作和生活有矛盾，但并不是不可调和。在繁忙的工作之余，不要疏远了自己的亲人、朋友。

7. 作风关

进入职场，必须每天与自己的惰性做斗争，上班绝不能迟到，如果能够做到比别人提前十几分钟到达办公室，提前搞好卫生，对你尽快融入新环境会很有帮助。另外，也要更加注意自己的仪表仪容，这不仅是为了展示个人的良好形象，也是为了符合公司的风格。

8. 行为规范关

每家公司都有严格的规章制度，作为新人必须绝对遵守，不能踩线。例如：不能用办公电话打私人电话、工作期间不准打游戏等。除了成文的规定外，通常还有一些约定俗成的规则，一般来说，这些规则虽然公司没做硬性规定，但也需要自觉遵守。

 **体验活动**

情景小剧场——职业角色模拟

活动要求：

（1）将全班学生分成若干小组，每组6人，设组长1名。

（2）每个小组从以下情境中选择一种进行模拟训练：

① 实习时，同事都将复印、打扫等工作交给你去做。

②在办公室接到客户投诉公司产品质量问题的电话。

③所在公司遭遇媒体的负面新闻报道，但该报道与事实不符。

④面对一名挑剔、刁难、不好应付的客户。

⑤与同事因小事发生冲突。

⑥主持重要会议时，突然有人捣乱不配合。

（3）学生也可以根据自身专业特点设计其他合适的情境。

（4）在进行模拟训练时，需根据现实情况对情境进行进一步细化设计。

活动总结：

通过体验活动更加直观地了解职场与学校的不同，体验学生角色与职业角色的不同，以便走上工作岗位后能够更好地完成职业角色的转换。

第二节　锤炼职业精神

一、职业道德基本要求

职业道德，就是指从事一定职业的人在职业活动中应当遵循的具有职业特征的道德要求和行为准则。职业道德具有时代性和历史继承性，在不同的历史时期有不同的要求。现阶段，社会主义职业道德的基本要求是"爱岗敬业、诚实守信、办事公道、服务群众、奉献社会"。

（一）爱岗敬业

爱岗就是热爱自己的工作岗位，热爱本职工作。敬业就是用一种严肃的态度对待自己的工作，勤勤恳恳，兢兢业业，忠于职守。爱岗敬业的基本要求是：干一行爱一行；爱一行钻一行；精益求精，尽职尽责；以辛勤劳动为荣，以好逸恶劳为耻。爱岗敬业不仅是社会对每个从业者的要求，更应当是每个从业者的自我约束。

（二）诚实守信

诚实就是忠诚老实、不讲假话。守信就是信守诺言、说话算数、讲信誉、重信用、履行自己应承担的义务。诚实守信就是要以真心真意的态度来待人接物，坚守承诺、表里如一、言行一致。

（三）办事公道

公道就是公平、正义。办事公道是指从业人员在职业活动中要做到公平、公正，不谋私利、不徇私情，不以权害公，不以私害民，不假公济私，恰如其分地对待人和事。在办理事情、解决问题时，要客观地判断事实，重视证据，公正地对待所有当事人，不偏袒某一方，更不能作为某一方的代表去介入。

（四）服务群众

服务群众就是在职业活动中一切从群众的利益出发，为群众着想，为群众办事，为群众提供高质量的服务。服务群众是"为人民服务"的精神在职业活动中的最直接的体现。

（五）奉献社会

奉献社会，就是要求从业人员在自己的工作岗位上树立起奉献社会的职业理想，并通过兢兢业业地工作，自觉为社会和他人做贡献。这是社会主义职业道德中最高层次的要求，体现了社会主义职业道德的最高目标指向。

二、做高素质的职业人

 精选案例

　　陈佳和张明同在一家速递公司工作，是好搭档，由于他们工作一直都很认真努力，老板对他们的表现很满意，准备从他们两人中提升一名经理。张明精明能干、办事灵活，深得老板的赏识，老板在心中已经暗暗决定了经理一职的人选。然而，一件事改变了两个人的命运。一次，陈佳和张明负责把一件大件包裹送到码头。这个包裹很贵重，老板反复叮嘱他们要小心。到了码头，陈佳把包裹递给张明，张明却没接住，包裹掉在了地上，里面的物品破损了。

老板对他俩进行了严厉的批评。"老板，这不是我的错，是陈佳不小心弄坏的。"张明趁陈佳不注意，偷偷来到老板办公室对老板说。老板平静地说："谢谢你张明，我知道了。"随后，老板把陈佳叫到了办公室。"陈佳，到底怎么回事？"陈佳将事情的原委告诉了老板，"这件事情是我们的失职，我愿意承担责任。"

陈佳和张明一直等待处理的结果。过了几天，老板将他们两人叫到了办公室，说："其实，包裹的主人已经看见了你们在码头递接包裹时的情况，他跟我说了他看见的事实。还有，我也看到了问题出现后你们两个人的反应。我决定，陈佳留下继续工作并升职为经理，用你的努力工作来弥补公司的损失。至于张明，明天你不用来上班了。"

（一）培养责任意识

责任意识是指一个人在生活或工作中对待他人、家庭、组织和社会是否负责，以及负责的程度，是不同社会角色的权利、责任、义务在人脑中的主观映像。它包含两方面的内容：一个人既要对自己的行为后果承担责任，又要对他人和社会负责。

一个具有良好的责任意识的员工，至少应做到以下几个方面。

1. 认真做好本职工作

一个职业人责任感的主要表现就是要做好本职工作。为了所在单位的发展，也为了自己的职业前程，我们必须踏踏实实地做好本职工作。事实上，那些在事业中成绩斐然的人，无论从事的是平凡普通的工作还是所谓"高大上"的工作，无不用高度的责任心和严格的标准来对待自己的工作，与其说是努力和天分造就了他们的成功，倒不如说是强烈的责任心促成了他们的成功。

2. 时刻维护组织的利益和形象

时刻维护组织的利益和形象是一个员工最基本的责任。用人单位主要是各种社会组织，如企事业单位、国家机关、民办企业等。良好的形象和声誉是组织宝贵的无形资产，这笔无形资产使得它比同类其他组织具有更高的声誉、更强的竞争力和更辉煌的发展前景。组织的发展可以产生经济利益和社会效益，既为社会做了贡献，也为员工的经济待遇和职业发展奠定了基础。因此，每个员工都应该确立组织利益高于个人利益的观念。

3. 严格遵守组织的规章制度

俗话说：没有规矩，不成方圆。任何组织的科学管理都离不开规章制度。规章制度使员工明白自己应该担负的责任和义务，对员工的言行起引导作用，也是组织能够有效运行的最基本保障。因此，作为一个有责任感的员工，严格遵守组织的规章制度是基本责任。

4. 正视工作中的失误，勇于承担责任

"人非圣贤，孰能无过"，尤其是初入职场的年轻人，更是难免会有工作失误。那么，从一个人对待失误的态度就可以清楚地看出他的责任感。一个缺乏责任感的人，总爱把工作成绩归于自己，而把工作失误推给别人或客观条件。这种做法必然损害组织利益，也有损自身形象。在任何组织中，上司或同事都不会认同这种人。相反，一个有责任感、能够正视自己的失误并及时改正、设法补救的人，很容易得到上司的信赖和同事的认可。

（二）强化敬业意识

当今社会，一个人是否具备敬业精神，是衡量其能否胜任一份工作的首要标准，因为它不仅关系到企业的生存与发展，也关系到员工的切身利益。

1. 以主人翁的精神对待职业活动

企业兴亡，员工有责。企业的命运和每个员工的工作质量、工作态度息息相关，因此，每个人都须认清自己的位置，以主人翁的精神来对待职业活动，树立"企兴我荣，企衰我耻"的意识。主人翁精神是敬业意识的重要因素，这种精神可以从两个方面体现出来：一是要把自己当成组织的主人；二是要把组织的事当成自己的事。如果我们每个人每时每刻在职场上、在每件事情上都能保持这种精神，那么我们就能慢慢地将此变成一种习惯，拥有敬业意识。

2. 谨防和克服工作中出现不敬业的陋习

职场中，有人养成了良好的敬业习惯，也有人缺乏对岗位的认同和敬畏之心，进而做出了一系列不敬业的行为。根据相关调查研究，员工不敬业的表现主要有三心二意、敷衍了事，不求有功、但求无过，明哲保身、逃避责任，怨天尤人、不思进取等。实践证明，养成不敬业的陋习的人，长此以往，很可能会陷入一个恶性怪圈：思想狭隘守旧、工作绩效不佳、难于晋级加薪及不敬业程度进一步加深。此外，由于不敬业者浪费资源、贻误工作、影响绩效，也必然给组织带来损害，这些人自然也会成为组织裁员的对象。

3. 在工作中努力实践敬业三境界

敬业的第一境界是乐业。首先要培养对自己职业的兴趣，要乐于从事自己的职业，即热爱这个职业，这是敬业最重要的一个前提。只有这样，工作再苦再累都会乐在其中，即所谓"痛并快乐着"。

敬业的第二境界是勤业。勤业并不是机械地重复自己每天的工作，而是要有意识地锻炼自己，不断总结经验教训，以提高工作效率、创造更大的价值。

敬业的第三境界是精业。它要求员工对本职工作精益求精，胜不骄、败不馁，戒骄戒躁，练就一流的业务能力，力争成为行业领域的行家里手、业务骨干；同时，随着社会的发展和科技的进步，精业还要求员工动态地维持其一流的业务水平，即不断学习新知识和新技术，与时俱进，使自己的业务能力更上一层楼，真正做到精于此业。

（三）加强诚信意识

诚信是一个人的立身之本，也是一个职业人不可缺少的职业素养。

1. 忠诚于企业

作为员工，只有忠诚于企业，才能通过企业为自己提供的职业发展平台实现自己的职业理想和人生价值。员工要关心企业发展，自觉维护企业信誉，在企业中安心工作，自觉将企业的兴衰和自我的发展联系在一起，用自己的能力和才华为企业的发展贡献自己的力量。

2. 取信于同事

在职场中，良好的人际关系是我们顺利开展工作的保障。抛弃虚伪、以诚相待、以信为荣的人际关系，才是最和谐、最美好的。没有和团队的精诚合作，孤军奋战，在现代职场中会举步维艰，很难成功。在企业中，无论是与人相处，还是开展工作，都要实事求是，坚持原则，信守承诺，与同事平等竞争，不弄虚作假，不营私舞弊。

3. 正确看待利益

在对待利益的问题上，我们要善于处理自我利益与他人利益、眼前利益与长远利益的关系，要坚持诚信的品质，不受眼前利益的诱惑，坚持自己的原则。如果我们把个人利益看得高于一切，就会迷失自我，变成一个自私自利、目光短浅的人。如果我们将个人利益与企业、社会的利益统一起来，不仅能取得个人事业的成功，还能为企业的发展和社会的进步做出更大的贡献。

精选案例

　　小李是一家金属冶炼厂的技术骨干。由于该厂准备改变发展方向，小李觉得该厂不再适合自己，就准备换一份工作。

　　经过选择，小李来到了一家企业面试。负责面试小李的是该企业负责技术的副总经理，他对小李的能力没有任何挑剔，但是向他提出了一个问题："我们很高兴你能够加入我们企业，你各方面都很出色。我听说你原来的单位正在研究一种提炼金属的新技术，你也参与了这项技术的研发，我们也在研究这项新技术，你能够把原单位研究的进展情况和取得的成果告诉我们吗？这也是我们邀请你加盟我们企业的原因之一。"

　　小李回答说："你的问题让我十分失望，我不能答应你的要求，因为我有责任忠诚于我的企业。尽管我已经离开了，但任何时候我都会这么做，因为信守承诺比获得一份工作重要得多。"

　　小李身边的人都为他的回答感到惋惜，因为这家企业的影响力和实力比他原来的单位要大得多，在这里工作是很多人梦寐以求的。就在小李准备去另一家公司应聘的时候，那位副总经理给小李发来了一封邮件，在邮件中他这么说道："李先生，您被录取了，并且是做我的助手，不仅是因为您的能力，更是因为您的忠诚！"

　　从上述案例中可以看出，诚信是一个人的立身之本，员工只有忠诚于企业，才可能得到企业的信任和赏识，并真正地被企业委以重任。

（四）树立竞争意识

　　竞争无时不在、无处不有。只有树立竞争意识，时刻拥有进取心，追求更高的目标，不断提升自己的价值和竞争能力，才能不被日益进步的社会淘汰。

1. 培养危机意识

　　当今社会的就业形势是"能者上，平者让，庸者下"，竞聘上岗，优胜劣汰，在职人员稍有懈怠，随时都有失业的可能。职场员工如果缺乏这种忧患意识和危机感，不好好珍惜所拥有的一切，对工作敷衍了事、安于现状、不思进取，那么不但不可能加薪升职和有更好的发展，甚至连工作都可能无法保住。

🖥 精选案例

　　张某来自一个普通的农村家庭，毕业后，成绩突出的他在一家大型企业找到了令同学们羡慕的工作，张某自己对这份工作也很满意。时间不长，张某对自己的工作就已应对自如，他每天都按部就班地完成上级分给自己的任务。8年后，张某坐上了主管的位置。

　　这时，意料之外的事发生了，张某所在的企业突然被另一家竞争对手企业收购，接着就是机构重组。张某和其他一些老同事被列入了待安置人员的名单中。张某也考虑过下海或跳槽，但是年龄已大，而且这么多年搁置了对新知识的学习，他最终没有勇气做这样的决定。

　　从上述案例中可以看出，职场竞争从来都是激烈无比的。对于职场上的每一个人来说，没有危机意识和竞争意识，会让自己迷失努力的方向，从而被别人轻松超越，直至被淘汰。

2. 提高职业素养

　　竞争不是单纯的争强好胜，它既要求个人有旺盛的竞争意识，更要有良好的职业能力。激烈的职场竞争主要是职业能力的竞争。因此，大学生在校期间就要确定职业目标，学好专业理论知识和技能，强化职业能力。此外，还要重视职业道德、职业意识、心理素质、沟通能力和团队精神等的提升。

3. 正确处理竞争与合作的关系

　　竞争与合作是相伴而行的。竞争离不开合作，竞争获得的胜利，通常是某一群体内部或多个群体之间通力合作的结果。合作也离不开竞争，竞争促进合作的广度和深度，合作又反过来增强竞争的实力。正是这种竞争中的合作和合作中的竞争，推动着人类社会不断发展和进步。因此，步入职场的大学生一定要协调好竞争与合作的关系，既要有竞争意识，还要有团队合作精神。

（五）学习劳模精神

　　"劳动模范"简称劳模，是指在社会主义建设事业中成绩卓著的劳动者，经职工民主评选、有关部门审核和政府审批后被授予的荣誉称号。在我们党团结带领人民进行革命、建设、改革的各个历史时期，广大劳动模范以高度的主人翁责任感、卓越的劳动创造力、忘我的拼搏奉献精神，谱写出一曲曲可歌可泣的动人赞歌，为全国各族人民树立了光辉的学习榜样。每一个时代的劳模都有其特点，但无论时代如何变迁，永远不变的是劳模精神的本质。

"爱岗敬业、争创一流、艰苦奋斗、勇于创新、淡泊名利、甘于奉献"的劳模精神，是工人阶级伟大品格的具体体现，生动诠释了社会主义核心价值观，丰富了民族精神和时代精神的内涵，是激励全国各族人民团结奋斗、勇往直前的强大精神力量。

大学生要以劳模为榜样，向劳模学习，在工作中践行劳模精神。

第一，勤学好问，带着"问题"去学。学习劳模是如何做好本职工作的。要带着自己的思考、带着自己的问题去学，有学习才有进步，有问题才有进步。

第二，取长补短，带着"镜子"去学。劳模就是一面镜子，通过这面镜子，找到差距、发现不足，并认真地分析自己存在差距的原因，不断努力缩小差距，逐步向劳模靠拢看齐。此外，还应常照照"劳模"这面镜子，做到持之以恒向劳模学习，不断克服"小胜即满"的肤浅认识。

第三，尊师重教，带着感情去学。劳模的闪光点就在于他们把工作当事业，把付出当追求，在平凡的岗位上发光发热，值得尊敬。学习劳模精神，首先要尊重劳模，带着一种深厚的感情去学习，带着真诚的心去学习，学习劳模如何在平凡的岗位上做出不平凡的业绩。

（六）培育工匠精神

工匠精神是劳模精神当代品格的核心要素。从本质上讲，工匠精神是一种基于技能导向的职业精神，它源于劳动者对劳动对象品质的极致追求，它具有精益求精、专注执着、严谨慎独、创新创造、爱岗敬业，以及情感浸透、自我融入的基本内涵，既表现了极致之美的品质追求，又体现了敬业之美的精神原色，更展现了创造之美的价值升华。工匠精神的核心是对品质的追求，工匠精神的目标是打造本行业的精品。

当前，我国经济正处于转型升级的关键时期，培育和弘扬工匠精神对于提升我国产品质量、建设质量强国和制造强国具有特殊重要的意义。

对于个人而言，工匠精神体现了对自己所从事的职业的尊重、热爱和坚守，也体现了对消费者、对社会高度负责的态度。大学生要以各行业、各领域的技能大师为榜样，向他们学习，培育自身的工匠精神。首先，应强化责任意识和职业操守。无论是在原材料选取、产品设计环节，还是在生产加工、售后服务环节，都应保持认真负责的态度，坚持高标准、严要求，努力生产出社会需要的产品。其次，应树立职业理想。"三百六十行，行行出状元"，每个人无论身处何种岗位，都应该有追求卓越的理念。对于一线员工和专业技术人员来说，就应树立成为"中国工匠"的职业理想。在工作中应有终身学习的态度和刻苦钻研的精神，不断提升自身的专业技能，在打造更多享誉世界的"中国品牌"中成就自己的精彩人生。

党的二十大报告强调，必须坚持科技是第一生产力，人才是第一资源，创新是第一动力，深入实施科教兴国战略、人才强国战略、创新驱动发展战略，开辟发展新领域、新赛道，不断塑造发展新动能、新优势。新时代需要新作为，大学生应以党的二十大精神为指引，以更饱满的精神状态、更踏实的工作作风、更精细的工作态度做好每一项工作，用"劳模精神""工匠精神"立起新时代标杆。

 ## 知识拓展

初入职场，有哪些事情一定不能做？

1. 要么一言不发，要么滥问问题

初入职场的新人容易走入极端：要么一言不发，出问题了就自己闷头解决，要么就是一天到晚问题不断。前者会让同事觉得你不上进，后者会让同事觉得你很烦人。那么如何拿捏这个尺度呢？首先求助搜索引擎，大部分技能类、常识类的问题都可以通过搜索引擎来解决。如果搜索引擎不能解决，再去问同事。新人入职一定会遇到很多流程上面的困惑，问问旁边的同事就能很快解决。

2. 毫不掩饰自己的负面情绪

一些大学生习惯了释放自己的负面情绪，不开心了就耷拉着脸……然而不让感性因素影响自己的工作情绪也是专业的一种表现。喜欢带着负面情绪工作的人，往往都是同事避而远之的对象。办公室里面谁也不会喜欢一个经常带着负面情绪工作的人。

所以不管你的心情好不好，遇到了什么委屈的事，既然来到公司上班，那就把注意力专注在工作上，尽量避免把这些负能量传递给他人。在平时也要保持乐观向上的心态，营造一个良好的工作环境。

3. 在同一个问题上连续犯错

在同一个问题上连续犯错，要么是因为你的态度不认真，要么就是你的学习能力太差了。无论是哪一种，给人的印象总归都是不好的，前者会让人觉得工作态度敷衍，后者会让人觉得难以委以重任。所以，要尽量避免犯这种低级错误。可以培养记录的习惯，准备一个便携的笔记本或是在自己的电脑上建立一个文档，及时记录下自己的错误及正确做法，并定期总结一下。

4. 没有时间观念

在职场中，没有时间观念是大忌。尤其在职场团队协作过程中，每个人都有自己的位置，每个人的时间都是宝贵的。工作是环环相扣的，因为你的延期可能导致整个项目延期。即使只是开会迟到了，同样可能会影响其他同事。因此，初入职场的新人一定要培养好自己的时间观念，最好能早于规定的时间到达或者提交任务，为他人预留一点准备时间。

 体验活动

劳动模范故事分享会

活动内容：

（1）提前一周宣布"劳动模范故事分享会"的活动安排。

（2）将全班同学分为若干个小组，每组10人左右，选出小组负责人。小组成员分别负责收集资料、制作PPT、讲故事等各个环节的工作。

（3）每位小组成员首先在组内共享资料、分享成果，选派一名最优秀的代表参加全班的故事分享活动。

（4）评选出幻灯片制作得最好和故事讲得最精彩感人的小组，并对其进行奖励。

（5）班级每位成员写出参与劳动模范故事分享会的心得体会，张贴在班级宣传栏进行交流。

活动总结：

通过本次活动引导学生深刻感悟劳模精神，让学生自觉树立具有时代特征的职业道德观念和就业观。

第三节　找准发展途径

一、适应职场，找准定位

大学生习惯了相对单纯的校园生活，走上工作岗位后，常常会感觉到自己与同事之间存在一些矛盾，工作当中有许多困难。这些矛盾和困难导致了大学生对职场的不适应，以致无法很好地完成工作任务，影响职业发展。所以，大学生踏上工作岗位后首先应该找准自身定位，尽快适应职场。

（一）尽快融入团队

大学生走出校门，踏入职场的时候，面对的几乎是一个完全陌生的环境。这时，如果能尽快完成从大学生到职业人的角色转换，得心应手地展开工作当然最好。但如果无法适应新的工作环境，就要根据自己的具体情况分析其中的原因，找到解决方法，以尽快融入团队。因为只有尽快融入团队，才能找准自己在集体中的定位。

（1）如果是身体上觉得疲惫不堪，就要学会有张有弛、忙而不乱、有条不紊地工作，这样自然能消除忙乱，适应工作。

（2）如果是不适应复杂的人际关系，也不必过于烦恼，只要做到以诚待人、热情得体、不卑不亢，就一定能处理好职场中的各种人际关系。

（3）如果是因为一时不能胜任工作而感到不适应，就应该正视问题，踏实地锻炼自己的业务能力，尽快熟悉业务工作。

🖥 精选案例

小叶是某高校模具设计与制造专业的毕业生。在学校里，小叶成绩优异，且因出色的表现曾经获得过多次荣誉，对此小叶特别骄傲和自豪。小叶工作的第一个企业是国内著名企业。在工作中，小叶展示了自己出色的能力。他觉得，自己比其他员工要出色得多，于是将其他同事都看得很低。渐渐地，他发现了一些问题：他工作越来越累，大家都不配合他的工作。不久，小叶无法在企业待下去了。因为没有大家的配合，他就连自己的本职工作都无法胜任。

（二）理智面对冷遇

大学生走上工作岗位后，由于经验不足等原因，工作中遇到挫折和冷遇是在所难免的。对此，要学会理智分析，正确对待。

（1）谦虚好学。大学生在校学习时，实践的机会较少，实践经验不足。所以，在工作中要虚心地向同事学习，绝不能自以为是。

（2）踏实肯干。在工作中，除了虚心学习以外，还要有实干精神。只要能苦干、实干，脚踏实地地干出一番成绩来，领导、同事一定会投以赞许的目光，冷遇自然会消失得无影无踪。

（3）豁达大度。在工作中受到冷遇，有时不一定是自己的原因造成的，但无论如何，对待冷遇一定要沉着冷静、豁达大度，多从自身找原因，认真总结经验教训，这样才有利于问题的解决，否则只能使问题复杂化。

（三）正确看待挫折

初入职场，大学生怀着满腔憧憬和美好设想，想在工作中有所作为，但现实往往与理想有较大差距，难免遭受挫折。如果不能及时调整心态、正视挫折，便容易产生失落、消极的情绪，影响正常的工作和生活。

（1）进行积极的心理自我防卫，谋求心理平衡。例如：将内心愤懑的消极情绪转化为发奋图强、力争上进的积极情绪。

（2）勇于面对问题。遭受挫折并不可怕，可怕的是不敢面对问题。在遭受挫折后，要反问自己四个问题：问题到底是什么？问题的原因是什么？可能的解决方案有哪些？什么是最佳解决方案？坚持思考以上四问，并努力去解决它，就能真正"笑到最后"。

 精选案例

> 小赵和小李同年毕业，同是公司市场部的职员，都是做市场营销的工作。两个人的能力不相上下，每月都能超额完成任务。有时候，小李的任务完成得比小赵的要漂亮得多，但平时很少见到小李微笑的模样，工作一不顺利，他就大发牢骚，甚至冲同事发脾气。而小赵则为人乐观、爽快，有一种知足常乐的态度，他从不被困难吓倒，有时遇到难缠的客户，能自己解决就解决，同事中谁遇到不顺心的事儿，他也是个很不错的倾诉对象。去年年底，小赵晋升为市场部经理，而小李还是普通职员。
>
> 小赵和小李后来的职位之所以不同，很大程度上是因为两人面对挫折的态度不一样。在工作中，我们应该向小赵学习，遇到困难不退缩，积极寻找解决办法。

（四）虚心接受批评

以什么样的态度对待批评，可以反映出一个人的修养和思想道德水平，也会对其人际关系和工作绩效产生一定的影响。对待批评，不同的人有着截然不同的态度：有的人勇于承认自己的错误，并诚恳地接受批评，总结教训并及时加以改正；有的人受到批评就丧失信心、萎靡不振，甚至自暴自弃；还有的人一听到批评便怒火中烧，使领导和同事都"敬而远之"。无疑，后两种态度是不可取的。

对刚刚参加工作的毕业生来说，有则改之，无则加勉，只要你说得对，我就照你说的办，这才是对待批评的基本态度。而笑纳批评则是对初涉职场的大学生的更高要求。

（五）积极消除隔阂

每个人在与人交往的过程中都可能同他人产生隔阂。积极消除隔阂，促进人际关系的不断发展，是每个毕业生都要注意的问题。只有处理好职场中的人际关系，才能尽快融入团队。

人与人之间产生隔阂的原因是多种多样的，隔阂产生的原因不同，消除隔阂的方法也应有所不同。

（1）交往双方不愿或很少展示真实的自我，使得双方对彼此交往的诚意产生怀疑，从而造成隔阂。如果出现这种隔阂，就应该坦诚相处，以心换心。

（2）交往双方因某件事的误会而造成隔阂。每个人的性格脾气、文化修养、价值观念等存在一定的差异，观察问题、认识问题、处理问题的方法也各不相同。因此，在交际过程中出现一些误会是难免的。对此，应该进行善意的解释，消除误会。

（六）努力钻研业务

对于涉世不深、经验不足的毕业生来说，工作中出现某些差错和失误是难免的，但这并不意味着就可以理所当然地出现差错或失误。在实际工作中，还是应该尽可能地避免差错，或将其降到最低限度。

首先，要在现任岗位上钻研业务，履行职责，很好地完成任务。学历、知识不等于能力，只有把知识应用于实践，它才可能转化为能力。

其次，要正视薄弱环节并加以改进。每个人都有自己的缺点和不足，而缺点和不足往往是造成工作失误的主要原因。因此，在具体的工作中要注意弥补自己的不足。

最后，要培养良好的职业品德，树立正确的职业理想和职业价值观。这不仅是做好工作、开拓未来道路的需要，而且是处理好各种人际关系的必要条件，是取得同事认可和领导赏识的基本条件。

 **体验活动**

无敌风火轮

游戏类型：团队协作竞技型。

道具要求：报纸、胶带。

场地要求：一片空旷的场地。

游戏时间：10 分钟左右。

游戏玩法：12~15 人一组，利用报纸和胶带制作一个可以容纳全体团队成员的封闭式大圆环。将圆环立起来，全队成员站到圆环上，边走边滚动大圆环。

活动总结：

通过本游戏，培养学生团结一致、密切合作、克服困难的团队精神；培养计划、组织、协调能力；培养服从指挥、一丝不苟的工作态度；增强队员间的相互信任和理解，培养团队协作能力。

二、持续努力，实现发展

（一）树立在自己岗位上成才的志向

实践证明，只有立志，人生才有崇高志向和追求，才有精神动力和奋斗意志，才能到达胜利的彼岸。如果胸无大志，没有目标、没有追求、丧失精神动力和奋斗意志，消磨时光，实现成才之梦就是一句空话。确立远大志向，不仅能使人有生活目标，而且能激发一个人的奋斗精神和创造热情，从而实现自身的最大价值。也正如高尔基所说："一个人追求的目标越高，他的才能就发展得越快。"在国家快速发展的今天，人才竞争更加激烈，如果我们没有一个明确的奋斗方向，立足岗位，实现成才梦想就只能是幻想。

在企业中，每个人都有一个属于自己的岗位，这个岗位就是我们成才的最佳阵地，每个人对本职工作最熟悉，对岗位特点最清楚，因而就对钻研什么心中有数。立足本职岗位成才，具有现实的可能性，干出成绩、获得成功的机会也最大。例如：生产一线的员工，如果没有一定的专业技术知识，不懂得基本的操作技术，就不可能成为一线的技术能手。因此，我们必须立足岗位，干一行、爱一行、专一行，在平凡的岗位上创造出不平凡的业绩。

（二）在锲而不舍的刻苦学习中成才

"万丈高楼，起于垒土。千里之行，始于足下。"成才需要日积月累、刻苦勤奋、长期坚持、不畏艰难，贪图安逸是无缘成才的。在日常生活中，我们的工作任务重，能自己支配的时间比较少，在这种情况下，要想实现成才的夙愿，必须要有锲而不舍、勤奋刻苦的精神。每个年轻人都要发扬这种精神，珍惜宝贵时光，宁可牺牲一些娱乐和休息时间，也不能荒废学习，即使遇到挫折和困难，也要坚持下去，绝不能半途而废。

 知识拓展

如何应对职业倦怠

职业倦怠是指上班族在工作的重压之下所体验到的身心俱疲、能量被耗尽的感觉。通常有以下三种表现：一是对工作丧失热情，对前途感到无望；二是工作态度消极；三是对自己工作的价值评价下降，甚至开始打算跳槽或转行。

应对职业倦怠，可以从以下几方面入手。

1. 重新审视自己的工作

专家认为重燃员工的工作热忱与激情的方法，应该从重新审视岗位开始。如果员工产生工作倦怠的原因是企业管理混乱、工作职责不清，人力资源顾问应从业务流程梳理开始，重新进行工作分析。如果企业没有规范的业务流程，也不妨在工作分析之前建立规范的业务流程标准。

2. 转换思维方式

职业倦怠期应该多注意自己的优点，多想好的事情。看问题从积极方面入手，可以产生乐观的情绪；而看问题从消极方面入手，就会产生悲观的情绪。但相当多的人会不由自主地选择悲观的态度，所以必须学会调整自己的思维方式以调控自己的情绪。

3. 适当发泄不满的情绪

喜、怒、哀、乐，各种情绪正常人都会有，应当使之有适当的表现机会。压抑情绪只会导致问题越来越多，所以应选择适当的发泄方式。例如：在某个阶段，遇到的挑战比较多，面对的压力比较大，那就可以稍微放松一下，可以去看一场电影、喝一杯咖啡，也可以找一个非常快乐的人，跟他聊聊天，或者通过运动、旅游等发泄出来。

4. 让生活有秩序

有秩序的生活会使你每天头脑清醒，心情舒畅。每天下班前整理好办公桌，定期清理电脑中的文件和电子邮件。干净整洁的办公环境，能够缓解你紧张和忧虑的情绪。此外，家庭生活也对工作有着重要影响。一个从容的早晨、一顿丰盛的早餐也许就决定了你一天的心情和工作效率。没有人会觉得蓬头垢面、饥肠辘辘地赶去上班能让人一天都有好心情。

5. 积极的心理暗示

大部分时候我们的疲劳并不是因为工作，而是因为忧虑、紧张或不快的情绪。请尝试着"假装"对工作充满热情和兴趣，微笑着去接每一个电话，在上司通知周末加班时从内心叫一声"太好了"，每天早上都给自己打打气……这是心理学上非常重要的"心理暗示法"。

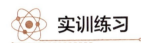

实训练习

职场发展的秘诀

一、训练目的

进一步了解找准职场定位的方法，树立在自己岗位上成才的志向。

二、活动内容

（1）分组。将全班学生分成若干小组，每组 4~6 人，设组长 1 名。

（2）各小组对以下情境进行讨论分析，提出解决办法。

① 初入职场，由于业务不熟练，工作中经常会遇到麻烦和难处，事情出了差错，遭到领导的批评。

② 初到单位，与同事还不熟悉，感觉很孤单。

③ 所做的工作都是一些简单、重复的事情，感觉不受重视，没有什么前途。

（3）各小组走访当地的劳动模范、技能大师，或是在工作上有所成就的本专业毕业生，了解他们的职场经历，并从中总结有用的经验。走访前要做好相关准备工作，如时间、地点的确定，访谈问题的准备等。

三、活动检测

活动结束后，教师可根据表 7-1 进行评分。

表 7–1　探索活动评价表

评分标准	分值	实际得分	备注
积极参与讨论，并能够针对所给情境提出有效的解决办法	25		
走访前做好相关准备工作	25		
能够从所访谈人员的职业经历中总结出对自身有用的成功经验	25		
其他	25		
总分	100		

参考文献

[1] 袁敏. 大学生职业生涯规划 [M]. 北京：北京理工大学出版社，2020.

[2] 余文玉，钱芳. 我的未来我做主：大学生职业生涯规划 [M]. 上海：上海交通大学出版社，2020.

[3] 秦福德，王卫民，刘敏. 模拟职场，规划未来：大学生职业生涯规划与就业指导 [M]. 上海：上海交通大学出版社，2020.

[4] 毕结礼. 职业发展与就业指导 [M]. 北京：机械工业出版社，2021.

[5] 王献玲. 职业生涯教育学 [M]. 郑州：郑州大学出版社，2019.

[6] 许秀娟，刘雅. 大学生职业生涯规划 [M]. 北京：人民邮电出版社，2018.

[7] 鲁玉桃. 点亮未来：大学生职业生涯规划与就业指导 [M]. 镇江：江苏大学出版社，2020.

[8] 王彦敏，杨丽敏，杨颖. 大学生职业生涯发展与规划 [M]. 北京：高等教育出版社，2018.

[9] 张惠琴，李璞，杨德祥. 大学生职业生涯发展规划实操手册 [M]. 北京：高等教育出版社，2013.

[10] 黄必义. 大学生职业发展与就业指导教程 [M]. 北京：高等教育出版社，2018.

[11] 宗敏，夏翠翠. 大学生职业生涯规划 [M]. 北京：人民邮电出版社，2019.

[12] 邱仲潘，叶文强，傅剑波. 大学生职业生涯规划 [M]. 北京：清华大学出版社，2017.